I0048267

L'innovation à tous les étages !

Éditions d'Organisation
1, rue Thénard
75240 Paris Cedex 05
Consultez notre site :
www. editions-organisation.com

DANS LA MÊME COLLECTION

Debra M. AMIDON, *Innovation et knowledge management*, 2001

Alan FUSTEC, Jacques FRADIN, *L'entreprise neuronale*, 2001

Patrick D'HUMIÈRES, Alain CHAUVEAU, *Les pionniers de l'entreprise responsable*, 2001

Des mêmes auteurs

Ces mots qui en disent long, Eyrolles, 1999

La communication interne au service des entreprises, ESF, 1992

DANGER

LE PHOTOCOPILLAGE TUE LE LIVRE

Le code de la propriété intellectuelle du 1er juillet 1992 interdit en effet expressément la photocopie à usage collectif sans autorisation des ayants droit. Or, cette pratique s'est généralisée notamment dans l'enseignement, provoquant une baisse brutale des achats de livres, au point que la possibilité même pour les auteurs de créer des œuvres nouvelles et de les faire éditer correctement est aujourd'hui menacée.
En application de la loi du 11 mars 1957, il est interdit de reproduire intégralement ou partiellement le présent ouvrage, sur quelque support que ce soit, sans autorisation de l'Éditeur ou du Centre Français d'Exploitation du Droit de Copie, 20 rue des Grands-Augustins, 75006 Paris.

© Éditions d'Organisation, 2001

ISBN : 2-7081-2607-5

Marjolaine de RAMECOURT

François-Marie PONS

L'innovation à tous les étages !

Comment associer les salariés à une démarche d'innovation

**Éditions
d'Organisation**

Nous remercions tous nos clients
qui nous ont témoigné de leur confiance
et nous ont fait bénéficier de leur expérience,
ainsi que les équipes du groupe INergie
qui ont contribué à alimenter nos réflexions
et à structurer notre démarche.

Les témoignages ont été recueillis
par Mélanie MOREAU

Sommaire

PREMIÈRE PARTIE

CHAPITRE **1**

© Éditions d'Organisation

Chapitre **7**

Choisir une rampe de lancement : une « start-up » intra-entreprise

© Éditions d'Organisation

© Éditions d'Organisation

Innovation ou **créativité**
recouvrent des notions
beaucoup plus larges
que les mots ont l'air
de le suggérer...

Les introduire dans une
entreprise, c'est insuffler
le goût de l'exploration...

En fait, les seules
entreprises qui n'en
auraient pas besoin sont
celles qui n'ont pas
besoin de changer.
Et je n'en vois pas
beaucoup.

John Kao,
Directeur du département Managing Innovation de l'université de Stanford
(extrait de l'*Expansion Management Review*, n° 92 mars 1999)

Sommaire méthodologique

Vous êtes chargé par votre direction de développer l'innovation à tous les étages de votre entreprise. Ce « Sommaire méthodologique » indique les principales étapes de la démarche avec un renvoi aux chapitres qui comportent les informations, les outils ou les témoignages.

Étapes	Chapitres du livre
1°) Vous voulez avoir une vision globale de la démarche.	**L'innovation à tous les étages en cinq questions** **Sommaire** **Ch 2, Maîtriser les définitions** **Ch 3, À savoir avant de se lancer**
2°) Vous vous entretenez avec votre commanditaire pour définir les enjeux et les défis de sa demande : – quels enjeux ? quels objectifs ? quel état des lieux constaté en interne et en externe ?	**Ch 1, Repérer les enjeux et défis** **Ch 4, Lancer la démarche d'innovation à tous les étages** 1 – Créer des défis mobilisateurs
3°) Vous vous interrogez sur la structure à mettre en place. Vous en discutez avec les responsables fonctionnels en place (Qualité, RH, communication interne, R&D, Marketing, S.I.).	Ch 6, Des méthodes et des dispositifs à mettre en place pour l'innovation participative 3 – S'appuyer sur une structure innovation ?
– vous situez l'innovation participative par rapport aux autres sources d'innovation existantes	**Ch 2, Maîtriser les définitions** 1 – L'innovation à tous les étages – *les tableaux de bord des trois sources de l'innovation*
– vous rencontrez d'autres entreprises qui conduisent cette démarche : vous voulez savoir s'il faut « décréter » ou non la démarche.	Par exemple : SOLVAY (Ch 1,1– Ch 1,2 – Ch 2, 6 – Ch 6,1 RENAULT Ch 1,1– Ch 6,5 – ch 6,7) Défense Nationale (Ch 1,1 – Ch 6,3 – Ch 6,7)

Étapes	Chapitres du livre
	GDF (Ch 1,1 – Ch 6,1– Ch 6,3 – Ch 6,5) MERITOR SULLY (Ch 1,1) ACCOR (Ch 1,2 – Ch 6,4) SODEXHO ALLIANCE (Ch1,3) MAIRIE DU PECQ (Ch 1,3 – Ch 6,5) POMPES FUNÈBRES GÉNÉRALES (Ch1,3) JACQUES DESSANGES (Ch 1,3) RATP (Ch 3,3 – Ch 6,1– Ch 6,3 – Ch 6,7) CNAV (Ch 4,3) EDF-GDF Services (Ch 6,3 – Ch 6,7)) KPN Télécom (Ch 6,4) ADP (Ch 6,4) APRIL ASSURANCES (Ch 6,5) CITROËN (Ch 6,5) UNILOG (Ch 9, 1)
4°) Vous consultez la liste de tous les services de votre entreprise : qui dans chaque service pourra vous accompagner ? Comment organiser un groupe de pilotage ? Comment constituer un réseau d'alliés ?	**Ch 5, Piloter la démarche innovation à tous les étages** 1 – Impulser, coordonner, mesurer, communiquer **Ch 6, Des méthodes et des dispositifs à mettre en place pour l'innovation participative** 5 – Se donner des moyens concrets – *le réseau d'innovacteurs*
5°) Vous organisez une réunion de lancement avec les acteurs identifiés (1 ou 2 maximum par service, un groupe de 20 à 30 personnes maximum) et vous souhaitez : – l'animer d'une façon dynamique	**Ch 8, Favoriser la créativité** 9 – Animer une séance de recherche créative – *développer ses talents d'animateur*
– présenter les objectifs et les défis de la démarche	Voir point 2 : commanditaire
– expliquer ce qu'est l'innovation participative	**Ch 2, Maîtriser les définitions**
– présenter au groupe les différents dispositifs possibles	**Ch 6, Des méthodes et des dispositifs à mettre en place pour l'innovation participative**
– identifier les domaines prioritaires pour innover	**Ch 2, Maîtriser les définitions** 2 – Les domaines de l'innovation participative
– donner un nom et une marque à la démarche	**Ch 6, Des méthodes et des dispositifs à mettre en place pour l'innovation participative** 2 – Donner un sens à la démarche

© Éditions d'Organisation

Étapes	Chapitres du livre
6°) Vous lancez une première communication interne à l'ensemble du personnel : – élaborer une stratégie de communication interne – annoncer le défi et les enjeux – présenter l'innovation participative – annoncer l'étape suivante : diagnostic.	**Ch 4, Lancer la démarche d'innovation à tous les étages** 3 – Mettre en place la communication interne : moteur de l'innovation participative
7°) Vous organisez un diagnostic interne : points forts et points faibles de votre entreprise dans le domaine de l'innovation.	**Ch 3, À Savoir avant de se lancer** 4 – Votre entreprise crée-t-elle les conditions favorables à l'innovation ?
8°) Vous communiquez sur les résultats, vous identifiez des défis très concrets en accord avec votre groupe projet et votre direction.	**Ch 4, Lancer la démarche d'innovation à tous les étages** 1 – Créer des défis mobilisateurs
9°) Vous sélectionnez les dispositifs qui conviennent le mieux à votre entreprise.	**Ch 6, Des méthodes et des dispositifs à mettre en place pour l'innovation participative**
10°) Vous lancez la démarche.	**Ch 4, Lancer la démarche d'innovation à tous les étages** 2 – Franchir les quatre étapes de lancement et de mise en orbite de l'innovation
11°) Vous proposez une formation à la créativité pour votre réseau d'innovacteurs (en vue d'une démultiplication) : – présenter ce qu'est et comment fonctionne la créativité	**Ch 8, Favoriser la créativité** 1 – Faire de la créativité : un état d'esprit, une démarche, des techniques 2 – Pratiquer la pensée magique 4 – Jouer le "I + 3I + I" = une formule qui peut rapporter gros ! 5 – Adopter le parcours EDITO © 6 – Activer les logiques de la créativité
– s'entraîner à la créativité	**Ch 8, Favoriser la créativité** 3 – Maîtriser les aptitudes à la créativité
– animer avec des techniques de créativité	**Ch 8, Favoriser la créativité** 7 – Appliquer les techniques d'animation créative et les outils d'organisation de l'information selon le parcours EDITO©
12°) Vous cherchez à intégrer la démarche d'innovation à tous les étages dans les pratiques du management : – vous proposez à la direction d'adopter un mode de pilotage pour conduire la démarche à tous les étages	**Ch 5, Piloter la démarche innovation à tous les étages** 3 – Définir un guide de bonnes pratiques facilitant la démarche innovation 4 – Établir un autodiagnostic pour progresser

Étapes	Chapitres du livre
– vous partez des résultats du diagnostic et vous mettez l'accent sur les points à développer	**Ch 9, Adopter les pratiques managériales de l'innovation** 1 – Promouvoir un style de management innovant 3 – Accorder puissance, permission et protection pour libérer les énergies 4 – Aider avec des critiques constructives 5 – Renforcer la reconnaissance par l'écoute et le « feed-back » 6 – Stimuler la créativité et l'innovation par les questions 7 – Faciliter l'expression sincère et ouverte par les règles du jeu 8 – Encourager la transgression créative
– vous proposez une démarche 360 °, « spécial leadership pour l'innovation » à l'ensemble des managers	**Ch 9, Adopter les pratiques managériales de l'innovation** 2 – Développer son leadership : profiter d'un 360 degrés pour innover et faire participer à l'innovation

13°) Vous communiquez régulièrement (« tout ce qui n'a pas été raconté au moins trois fois n'existe pas » !) sur les actions, vous mettez en valeur les propositions, vous organisez des événements pour célébrer les succès.	**Ch 4, Lancer la démarche d'innovation à tous les étages**
	2 – Franchir les quatre étapes de lancement et de mise en orbitre de l'innovation
	    – *la célébration des réussites clés*
	
	Ch 6, Des méthodes et des dispositifs à mettre en place pour l'innovation participative
	4 – Créer un système de suggestions
	    – *le traitement des suggestions*
	    – *l'application des idées*
	5 – Se donner des moyens concrets
	    – *les concours et les trophées*

14°) Vous mettez en place des systèmes de mesure Résultats économiques Compétences et motivation des équipes Satisfaction des clients Bénéfices collatéraux internes et externes (image, transversalité, management participatif…)	**Ch 6, Des méthodes et des dispositifs à mettre en place pour l'innovation participative** 6 – Établir la mesure économique du progrès **Conclusion** Les effets induits de l'innovation participative
15°) Vous allez plus loin : – vous intégrez les clients en direct	**Ch 1, Repérer les enjeux et défis** 3 – Introduire un élément perturbateur : le client

© Éditions d'Organisation

Étapes	Chapitres du livre

– vous mettez en œuvre une démarche de bench-marking
– vous créez un système d'apprentissage permanent
	Ch 6, Des méthodes et des dispositifs à mettre en place pour l'innovation participative
	5 – Se donner des moyens concrets
	  – *Le benchmarking participatil*
	
	Ch 1, Repérer les enjeux et défis
	2 – Créer de nouvelles compétences pour l'entre-prise
	  – *l'innovation participative est source d'apprentissage*
	
	Ch 4, Lancer la démarche d'innovation à tous les étages
	3 – Mettre en place la comunication interne : moteur de l'innovation participative
	  – *la communication interne : « apprentissage communicationnel »*
	  – *la communication interne au service de l'information intelligente*

– vous mettez votre Intranet au service de la démarche Innovation à tous les étages	**Ch 4, Lancer la démarche d'innovation à tous les étages**
	3 – Mettre en place la communication interne : moteur de l'innovation participative
	  – *les NTIC : l'information au service de l'innovation participative*
	  – *Intranet, un outil idéal*

– vous lancez une « start-up » interne	**Ch 7, Choisir une rampe de lancement : une « start-up » intra-entreprise**
– vous invitez les acteurs à réfléchir sur les valeurs et les croyances qui facilitent et qui empê-chent le bon fonctionnement de l'innovation parti-cipative	**Ch 9, Adopter les pratiques managériales de l'innovation** 9 – Provoquer les attitudes créatives grâce aux croyances adaptées 10 – Aider à se tourner vers l'avenir

« Il faut agir à tous les niveaux de l'organisation... ce que fait le personnel au niveau de la base a plus d'impact que ce que nous faisons nous-mêmes. C'est lui qui nous permet de nous démarquer, de nous prémunir contre l'excès debureaucratie. Si l'organisation est assez souple, on peut faire ressortir des idées excellentes.
Aussi encourageons-nous la prise de risques.
Si quelqu'un échoue, on ne le fait pas passer au peloton d'exécution, bien au contraire ! On le félicite d'avoir couru un risque. »

James Brohead, PDG de Florida Power & Light aux États-Unis.
(Cité dans Créativité et développement personnel, TQM, Qualité en Mouvement N° 34)

L'innovation à tous les étages en cinq questions

Première question : pourquoi innover est vital ?

Un client satisfait peut être un client infidèle. Un client qui changera de marque de voiture pour une option nouvelle ou pour un service exceptionnel, qui changera de banque pour un dixième de point de taux, qui changera de supermarché pour une plus grande facilité de parking, etc.

Dans une période de forte consommation, créer la préférence en permanence est une nécessité. Innover est un impératif. Les observateurs s'accordent à reconnaître que quatre patrons européens sur cinq placent l'innovation au rang de priorité ou pensent qu'il faut le faire.

Ainsi, nous avons identifié quatre défis et enjeux à l'innovation participative :
- Innover au plus haut niveau, pour mobiliser l'ensemble du personnel
- Créer de nouvelles compétences pour l'entreprise
- Introduire un élément perturbateur : le client
- Maîtriser son avenir

Qui n'avance pas recule. L'innovation est vitale. Elle génère croissance et gains humains et économiques. *« Les deux tiers de la croissance viendront de l'innovation, alors que dans le passé, ils provenaient d'acquisition »*[1]. Qui innove aujourd'hui vivra demain !

---

1. À propos d'un dirigeant du Groupe Nestlé, cité dans l'article du *Monde* du 28-29 janvier 2001 : *L'entreprise en quête de créativité à tous les étages,* Le 11ᵉ colloque de Zermatt a rassemblé un grand nombre de cadres et de dirigeants d'entreprise en quête de nouvelles idées pour leur entreprise. Ils étaient entre les mains de créatifs de haut vol : économistes, artistes, scientifiques, sportifs... Un thème a émergé, au-dessus des questions de mondialisation des marchés et des concurrents : la créativité. La nécessité d'être créatif à tous les étages de l'entreprise. L'impérieuse mission des cadres est de se donner des défis intellectuels, des « défis de l'esprit » et de rassembler les qualités essentielles : pour être innovant, se poser, être tenace, garder la tête froide, visualiser la situation idéale et travailler avec les autres.

Deuxième question : parle-t-on toujours de la même innovation ?

L'innovation elle-même est en train d'innover. Traditionnellement, elle part d'un nouveau produit qu'elle met sur le marché. Le client apparaît alors comme l'« *output* », le point final.

Actuellement, la tendance s'inverse : le client a le rôle d'*input*, de point de départ. L'utilisateur a le premier et le dernier mot ! *« Fini les discours techniciens »* comme le dit si bien un PDG d'une grande firme[2]. Une telle rupture culturelle ouvre le champ immense de l'« intimité » avec le client, à la créativité des enseignes de toute nature.*« Soyons lucides, avoue un dirigeant*[3], *sur de nombreux produits, nous vendons quasiment la même chose que nos concurrents. Il s'agit d'être innovant dans la façon de parler aux clients... »*.

Troisième question : qu'y a-t-il de nouveau dans l'innovation ?

Le changement serait une simple étape dans l'innovation s'il ne jetait qu'un défi de plus aux experts des R & D et du marketing. En réalité, l'innovation dans la relation, celle qui part du besoin et du désir du client, celle qui s'exerce autant sur le produit que sur la manière d'accompagner ce produit chez le client, fait appel à des ressources d'un autre ordre et d'une tout autre échelle... Toute l'entreprise, tous les salariés, tous les services, tous les étages sont directement impliqués.

Nous assistons à la venue au monde d'une nouvelle génération d'innovation : « l'innovation – acteur », qui naît dans l'esprit même de ceux qui l'utilisent, qui la produisent, qui l'appliquent. Des entreprises, comme Solvay ou Accor, ont eu l'astuce d'appeler les relais de l'innovation : les innovacteurs. Tout un programme ! Une façon clin d'œil d'exprimer la révolution, radicale et domptée en apparence, que la société est en train de vivre.

Tous les étages de l'entreprise participent. *« Avec la mondialisation et la création de géants, nous ne pouvons nous en sortir que par l'innovation. Il ne faut pas se limiter à la recherche et développement et au commercial, nous devons être créatifs dans les usines et à la comptabilité »*.[4]

---

2. Christian Brabant, PDG de Wirlpool France, cité dans *Enjeux les Échos*, n° 146, avril 1999.

3. Jean-Paul BRUNSTEIN, Président du Directoire de Hartman, cité dans un article du *Monde* du 28-29 janvier 2001 : L'entreprise en quête de créativité à tous les étages.

4. *Ibid.*

© Éditions d'Organisation

L'innovation descend de sa tour d'ivoire. Avant, elle concernait les 5 à 10 % du personnel ayant en charge la conception de la stratégie et l'organisation. Maintenant, elle touche l'ensemble du personnel et fait parfois même participer les clients.

Certaines approches stratégiques distinguent classiquement trois leviers : l'intimité client, la supériorité produit, la qualité de service. L'innovation innovante globalise ces leviers en associant étroitement le rôle de chaque acteur dans une même démarche participative. La proximité avec les besoins du client est indissociable de l'innovation des produits et des services.

Quatrième question : pourquoi se réjouir de l'innovation participative ?

Le participatif est un art difficile mais tellement puissant. Sans angélisme, pourquoi ne pas reconnaître que c'est un bonheur de participer à un projet stimulant ? Que c'est ressourçant de donner libre cours à sa créativité ? À l'inverse, le plus pernicieux des gaspillages n'est-il pas celui qui nie cette capacité de penser, de créer et de décider que toute personne porte en elle ? La passion et le plaisir de créer sont à la source de l'innovation. Rien de ce qui a de la valeur n'a pu être créé sans passion. C'est un plaisir de créer et c'est un plaisir d'aider les autres à inventer, de proposer des idées et de les réaliser. Et l'ère des loisirs et de l'information que nous vivons multiplie le nombre d'« innovacteurs », actifs et potentiels.

Cinquième question : pourquoi ce livre ?

Les articles et ouvrages sur la créativité, sur l'innovation, sur la participation abondent. Ils ont considérablement aidé nombre de responsables d'entreprise à progresser. Ce livre ajoute sa pierre à un édifice qui s'érige dans un contexte paradoxal. Il n'y a presque plus personne pour contester que les idées innovantes surgissent autant du terrain que d'en haut... et beaucoup encore pour estimer qu'il s'agit là d'un simple exercice récréatif visant à « donner le sentiment aux gens qu'ils sont écoutés ». Nous constatons que les occupants de la « maison entreprise »[5], construite sur plusieurs étages, ont parfois du mal à considérer qu'il s'agit d'un bien commun. Quel occupant d'une chambre ou d'un bureau à l'étage néglige-

---

5. Maison, se dit *éco* en grec, d'où le mot économie : les règles de la maison.

rait ceux d'en haut et d'en bas ou dénigrerait complètement le rôle de la cuisine, du salon, de la cave, du jardin ou du grenier ?

Heureusement, les dirigeants qui veulent à tout prix décloisonner leur société, horizontalement et verticalement, se font plus nombreux chaque jour. Ce sont souvent les mêmes qui pensent que la créativité se décide et se cultive à tous les niveaux. Ils en font un véritable principe de management, ce qui les conduit parfois à faire face à un autre paradoxe : les freins sont aussi forts en bas qu'en haut !

La démarche d'innovation participative est globale ou elle n'est pas. Toute tentative de faire de la créativité par-ci et du participatif par-là est vouée à discréditer la créativité et le participatif.

Aussi nous voulons rendre hommage aux personnes que nous avons rencontrées et qui ont mis en place des démarches et des dispositifs qui irriguent l'ensemble, qui stimulent chaque acteur à être innovacteur.

À côté des témoignages qui montrent que les choses avancent, nous proposons les outils de créativité, de management et de communication que nous avons utilisés avec nos clients.

L'*innovation à tous les étages* traduit un état d'esprit qui repose sur une double croyance :

• beaucoup d'individus ont en eux le feu de l'entrepreneur. Aux managers de les identifier, de les accompagner, d'exploiter concrètement leur contribution et de les reconnaître, autant en terme de gratification que de rétribution.

• l'entreprise regorge de compétences et d'expertises individuelles mal exploitées. Aux managers de les croiser et de les rendre performantes dans le travail collectif (le fameux *teamwork*).

« Nous souhaitons que 44 000 personnes travaillent au service du client »[6]

L'Innovation à tous les étages est un guide destiné à tous ceux qui d'une façon ou d'une autre, doivent animer des équipes ou aider d'autres à le faire et qui veulent que leur entreprise fasse le saut dans le troisième millénaire.

---

6. Peter AUGUSTON, Directeur Général SKF (Cité dans Créativité et développement personnel, *Qualité en Mouvement*, N° 34).

© Éditions d'Organisation

Première partie

Pourquoi adopter une démarche d'innovation participative ?

Trois raisons d'Innover absolument :

▶ En réponse à un nouveau produit ou service naissent 10 nouveaux besoins.

▶ Le service résulte d'un système d'acteurs et évolue avec lui.

▶ La robotisation industrielle ouvre l'ère de la création et de l'information.

Chapitre 1

Repérer les enjeux et défis

1 INNOVER AU PLUS HAUT NIVEAU : UNE AMBITION MOBILISATRICE POUR L'ENTREPRISE

« L'innovation (comme le changement) ne se décrète pas », a-t-on l'habitude d'entendre. C'est plus faux que vrai !

Quand l'innovation est voulue au plus haut niveau de l'entreprise, quand elle est officiellement annoncée comme une stratégie, elle libère les esprits, elle est permission, elle devient mobilisatrice. Bref, quand le président le veut, cela fait bouger les choses.

Parce que les hommes d'aujourd'hui ont le goût des défis, parce que les résultats seront mesurables économiquement et qu'un salarié préfère vivre dans un lieu d'expression que dans le culte de la prudence, l'innovation est une politique mobilisatrice.

Dans ce chapitre nous vous proposons de (re)découvrir trois dimensions politiques de l'innovation en entreprise :
• l'innovation quand elle est volonté du président,
• l'innovation quand elle vise à rapporter économiquement,
• l'innovation quand elle devient une valeur…humaine clé dans la culture d'entreprise.

Exemple

INNOVONS, C'EST DÉCIDÉ

Au début des années 90, le groupe chimique SOLVAY était encore une maison, un univers à ne pas bousculer, habitué à réussir sur la base de sa force tranquille. Quand des consultants arrivaient, ils pouvaient s'entendre dire « ne faites pas de vagues ».

Au milieu des années 90, la volonté des dirigeants vient secouer peu à peu cette culture de la stabilité, de la discrétion. Il va bientôt être possible de faire des vagues, cela va même devenir une nécessité.

Ce changement de culture voulu est à l'image de nombreuses entreprises qui ont connu, parfois en seulement 5 ou 10 ans une révolution culturelle. Qui a sonné l'heure du grand réveil dans ces entreprises ?

Quelle mouche a piqué ce groupe international pour qu'en 1999 Solvay France choisisse ce slogan : « l'audace au quotidien » ?

Qui a pu venir déranger à ce point une culture établie depuis 1863 pour décréter ainsi l'innovation ? La « mouche du coche » n'est autre que le président lui-même du groupe dans une déclaration affichée en 1998 :

« La réussite de SOLVAY est et restera basée sur la compétitivité et l'innovation, deux caractéristiques indispensables et étroitement liées ». Les objectifs sont clairement énoncés : obtenir grâce à cette démarche d'innovation une croissance de 10 % par an avec un retour sur investissement supérieur ou égal à 15 %. ∎

© Éditions d'Organisation

« Faites des vagues, et s'il vous plaît, des vagues rentables ».

Voilà de façon officielle lancée la balle dans le camp de tous ceux qui ont des idées, des rêves, des projets mais qui jusqu'à présent ne les exprimaient pas.

« Sans innovation, la stratégie est inutile ; sans stratégie, l'innovation n'a pas de but. »
John KAO, fondateur de Idea Factory

Voilà aussi l'innovation passée au rang des valeurs directement rentables : non seulement, une innovation peut faire gagner de l'argent immédiatement mais en plus l'innovation devient une attitude à partager au sein du groupe : c'est la condition pour rester compétitif.

Bravo à ce président qui a si catégoriquement marqué le coup !

Exemple

Chez RENAULT, l'innovation participative a été dès 1990 placée par son président dans une logique économique.

Le terrain était préparé quand Monsieur Lévy, PDG de Renault au moment de lancer un « changement de culture » affirmait à ses 5 000 cadres réunis à Paris : « Je ne veux pas que l'on considère d'un côté 5000 personnes qui pensent pendant que 65000 exécutent. Je veux que ce soit 70 000 personnes qui ensemble participent avec toutes leurs intelligences réunies au progrès de l'entreprise ».

C'est ensuite la mesure des économies réalisées qui contribue à rendre crédible l'innovation participative. Antoine HÉRON, chez Renault, met en avant l'importance des gains obtenus grâce à des innovations proposées par le terrain : les économies inattendues résultant des propositions du personnel apportent une contribution de l'ordre d'1 milliard de francs aux résultats du groupe, soit 152 449 017 euros.

Le personnel est souvent le premier surpris par l'ampleur économique que représente leur tâche. Les gains obtenus par l'innovation ne sont pas issus que d'une succession de bonnes petites idées surgies par hasard.

C'est aussi dans le cadre du pilotage de grands projets que l'innovation participative est source de gains économiques. Ils arrivent parce qu'une volonté stratégique a été affirmée au départ dans tel ou tel projet.*

L'exemple de la Twingo est intéressant. Sa conception en faisait un véhicule original mais trop cher. La Twingo est devenue rentable après de fortes actions de réduction de coût réalisées. en partie grâce à des idées venues du terrain stimulées par un management provoquant la recherche du « juste nécessaire ».

* Intervention de Antoine HÉRON, Responsable de Initiative et Créativité, Groupe du 5 septembre 2000, « Club Innovation » organisé par INergie.   ■

> **Exemple**
>
> **LA VALEUR AJOUTÉE DE L'INNOVATION POUR CEUX QUI NE « VENDENT » RIEN**
>
> Au ministère de la Défense, en 1988, est créée la Mission pour le Développement de l'Innovation Participative : c'est une équipe de 5 personnes directement rattachée au ministre. En 10 ans, elle a reçu 1 200 innovateurs pour 800 projets dont 500 ont été soutenus.
>
> Les exemples de réussite sont nombreux, variés et traduisent une forte capacité d'innovation au sein du ministère de la Défense.
>
> Un simulateur permet d'entraîner les cadres des petites unités d'infanterie au combat en localité.
>
> Un vêtement pare-balles anti-éclats, conçu par un adjudant parachutiste : 5 000 de ces vêtements étaient déjà en service en 1999.
>
> Un chariot franchisseur de surbau (base des cloisons étanches dans les navires) : cette innovation a gagné le Prix du président de la république au Concours Lépine.
>
> Une nouvelle cible aérienne plus économique.
>
> Un endoscope pour explorer et donner une image du cerveau.
>
> Un produit déglaçant pour faciliter le sauvetage des personnes tombées dans les crevasses.
>
> Un kit de fixateurs externes, radiotransparents et universels, qui homogénéise les divers systèmes de broches employées pour les blessés.
>
> Un programme informatique qui facilite l'exploitation des informations du sonar dans les sous-marins nucléaires...
>
> Le Général Alain BONAVITA estime qu'il ne faut pas avoir comme seul objectif une cible économique ou financière. Si les entreprises se limitent à la rentabilité de l'idée, de nombreuses suggestions vont tomber aux oubliettes. Celles qui pourraient intéresser d'autres entreprises, celles qui vont permettre de sauver des vies humaines, de mieux guérir, de faire de grands pas en matière de sécurité des personnes,...
>
> Source : Exposé du Général Alain Bonavita sur l'Innovation Participative le 14 avril 1999 à l'Association des Amis de l'École de Paris, le Bulletin n° 5 du Pôle Initiative et Créativité – Institut Qualité et Management – Mouvement Français pour la Qualité – décembre 1999 – Entretiens en février 2001. ■

L'innovation : « l'audace au quotidien » chez SOLVAY France

Par ce slogan, l'entreprise indique une double condition de succès pour mener sa démarche d'innovation :

- le défi au jour le jour,
- le choix stratégique de faire de l'innovation un enjeu prioritaire auquel chaque membre (usine, centre de profit, filiale, équipe,...) du groupe doit apporter sa contribution.

Cela veut dire que la culture de la prudence va se trouver confrontée à des élans créatifs, que la culture du « vivons heureux, vivons cachés » va être peu à peu remise en question.

© Éditions d'Organisation

Le défi au jour le jour, comment se traduit-il concrètement ?
« On se lance des défis » : les managers lancent des défis à leurs collaborateurs, les collaborateurs lancent des défis aux managers, les uns et les autres se lancent des défis entre eux.

C'est le goût du défi qui est mobilisé, surtout quand il s'agit de défis rentables.

Réunir des acteurs d'horizons différents

Il ne s'agit pas de résoudre un dysfonctionnement mais de permettre à des personnes d'horizons différents de partager leurs connaissances de leur marché et de leur technologie.

Les défis sont variés et de nature différente : pas d'étiquette du défi innovateur ou non. Le défi lui-même est un moteur de l'innovation, au même titre que le feu est un facteur culinaire clé (tandis qu'en lui-même il n'a aucun rapport avec la cuisine). Ainsi : *« créer un planning prévisionnel pour l'hébergement des stagiaires dans un Centre de Formation »*, innovation par rapport à l'habitude de forfaitiser qui fait réaliser une économie de 700 000 KF annuels, soit 106 714 312 euros[1] est un défi qui rapporte, qui change les procédures traditionnelles. De même, inventer une nouvelle formulation à base de PVC à partir des combinaisons inexplorées « parce qu'on ne l'a jamais fait »[2] peut rapporter des centaines de millions de francs. Tout comme encore décider d'économiser un million par mois en reconfigurant l'ensemble des pratiques logistiques entre clients et fournisseurs internes… Tous ces exemples sont choisis parmi des milliers : ils montrent tous comment un défi vise à un gain et exige une contribution collective à tous les niveaux de l'entreprise.

Le choix stratégique de faire de l'innovation, quand il est un enjeu prioritaire auquel chaque membre du groupe doit apporter sa contribution, se formalise, se décrète, s'annonce, s'exhorte même parfois, en deux mots : se veut et guide une stratégie, dépassant la stricte nécessité à court terme de « résoudre des problèmes ». C'est toute la différence entre la proaction et la réactivité, entre viser un horizon à long terme et traiter l'urgence !

Et surtout, cela devient une affaire de culture.

---

1. Extrait du « Catalogue 2000 » des Idées Tertiaires, Renault, DRHG – Service Initiative et Créativité.
2. Solvay Soplachim.

Exemple

L'IMPORTANCE DU MESSAGE

En 1990, la Direction Générale de RENAULT a demandé une révision complète du système de suggestions, raconte Antoine HÉRON. Pour résumer la situation, il n'hésite pas à recourir à une boutade : « chez TOYOTA, on dénombre 40 idées appliquées par an et par personne tandis que chez RENAULT on en compte 1 par personne tous les 40 ans ! » TOYOTA estime que l'implication active du personnel dans le « progrès permanent » permet de doubler le rythme de productivité annuelle de l'entreprise.

Le bilan aujourd'hui est le suivant :

- 90 % de participation dans les établissements industriels,
- un délai moyen de traitement des propositions de 15 jours, au niveau local et de l'ordre de 3 mois pour les autres propositions,
- une organisation particulièrement réaliste et ouverte sur une véritable dynamique de « progrès permanent ».

Intervention de Antoine HÉRON, Responsable de Initiative et Créativité, Groupe du 5 septembre 2000, « Club Innovation » organisé par INergie.

Le POINT   L'exemple de RENAULT nous suggère trois enseignements :

1. Décréter que l'innovation fait partie des priorités stratégiques de l'entreprise et l'annoncer.

2. Clarifier la stratégie de l'innovation,

par exemple, formaliser les axes qui vont la guider :
- R&D, marketing,
- innovation participative,
- rôle clé du management, « provocateur de progrès. »

3. Valoriser les résultats par rapport aux résultats généraux de l'entreprise

Faire part de la mesure par exemple, des économies nouvelles réalisées ou des délais de traitement des propositions. Ce mode de communication est indispensable pour intégrer la démarche au fonctionnement de l'entreprise. Sans cette rigueur, l'innovation participative risque d'être discréditée dans l'esprit des gens.

© Éditions d'Organisation

On entend souvent dire : « l'innovation ne se décrète pas ! ». Comme on dirait d'un message qu'il est paradoxal : « soyez créatif » par exemple.
Or, l'innovation est une priorité, qui se décide et la créativité peut être le résultat d'un processus qui s'organise.

Inscrire l'innovation dans le système de valeurs de l'entreprise

Rares sont encore les entreprises qui font de l'innovation une valeur essentielle, un levier affiché haut et fort. Dans l'industrie, elles sont plus nombreuses parce qu'elles ont intégré parfaitement les démarches qualité. Leur expérience en qualité les a fait mûrir à souhait pour les ouvrir désormais à l'innovation.

Dans des groupes comme Renault, c'est à la fois la culture qualité et l'impulsion du président qui a mis le feu aux poudres de l'innovation.

Si de grands groupes internationaux comme Solvay ont su faire de l'innovation une stratégie mobilisatrice en la présentant comme la sœur jumelle de la compétitivité, certaines entreprises souhaitent aller encore plus loin : elles placent l'innovation comme une des valeurs humaines fondamentales qui feront le succès de l'entreprise.

Certains sociologues grinceront des dents en voyant que nous parlons de culture « voulue » : c'est le propre des consultants en management de penser que l'on peut déclarer et orienter petit à petit une culture d'entreprise pour peu qu'on le veuille vraiment.

L'innovation, une valeur...humaine

Prenons deux exemples pour illustrer cette inscription de la créativité dans le système de valeurs de l'entreprise, une des valeurs clé de la culture voulue d'entreprise.

Le premier cas est celui de la Direction Transport de GAZ DE FRANCE.

Le deuxième cas est celui d'un site de production du groupe MERITOR.

Exemple

La Direction Transport compte 4 500 personnes. Son rôle est d'acheminer le gaz d'un point d'entrée du réseau jusqu'à un point de sortie. La Direction Transport a lancé une « démarche initiative » en veillant à l'intégrer dans une démarche plus globale d'entreprise (à l'image des projets d'entreprise lancés dans les années 80) : le dispositif ARIANE. Ce projet vise à « forger par le sens et par l'action l'identité du transporteur de GDF. ARIANE est fondé sur cinq piliers :
• le professionnalisme,
• la compétitivité,
• l'initiative,
• le développement,
• la confiance.
Chacune de ces valeurs comprend un volet d'actions spécifiques dont les Trophées de l'Initiative. Cette démarche Initiative a pour objectif de transmettre auprès des collaborateurs un nouvel état d'esprit. Comme dans toute organisation de grande taille, le personnel peut légitimement se poser des questions telles que :
• qu'est-ce que je peux apporter à mon travail quotidien ?
• quel peut être mon apport personnel à ce que je suis en train de faire ?

- comment faire en sorte que la tâche ne soit pas vue comme quelque chose de subi mais comme quelque chose où l'on est acteur ?
- comment imaginer que je pourrais enrichir la tâche qui m'est confiée ?
- comment tenter de maîtriser, au lieu de simplement exécuter, les tâches qui me sont confiées ?
- comment faire de mon travail un outil de dialogue avec des collègues et d'autres services ?

Voici des questions que les 4 500 personnes de la Direction Transport peuvent être amenées à se poser au-delà de la dimension purement technique de leur métier.

D'après le supplément à Gaz de France, *Information*, n° 551, mars-avril 2000. ■

Inscrire l'innovation dans le bagage culturel de l'entreprise, c'est aussi le cas de MERITOR SULLY, un des principaux sous-traitants de l'industrie automobile, premier équipementier français à avoir obtenu la qualification QS 9000, lauréat en 1998 du Prix Français de la Qualité.

Exemple
────────────────────────────

Voici un extrait du « credo » de MERITOR SULLY témoignant d'un niveau d'exigence et d'implication hors du commun :

« Nous croyons que l'excellence est la référence absolue
dans tout ce que nous faisons,
nous y parvenons en encourageant et valorisant :
le respect de la personne,
une communication honnête et ouverte,
le développement de la réussite personnelle,
la fierté de contribuer et de participer aux succès de l'entreprise,
l'implication, la coopération et le travail d'équipe,
la créativité, l'innovation et l'initiative,
la prise de risque mesurée,
l'appréciation et la récompense des résultats obtenus. »

Dans la culture d'entreprise de MERITOR SULLY, l'engagement des hommes et des femmes de l'entreprise est un axe récurrent, c'est la valeur suprême sur laquelle se greffent toutes les autres, donc cela va de soi, l'innovation.

Pour porter un tel credo, il vaut mieux y croire : et c'est une femme qui s'en est chargée, GUADALUPE TAMAYO à travers le programme « Pont de Sully » lancé en janvier 1999. Ce programme comprend une série d'actions de communication, de formation et avant tout de progrès. L'objectif est d'obtenir une totale implication du personnel, de prendre en compte le client à tous les niveaux. La réunion quotidienne, de 9h15 à 9h30 entre des représentants des opérateurs et l'équipe de direction, permet d'identifier les problèmes, les suggestions, les souhaits. C'est au tour de l'équipe de direction de s'engager immédiatement sur la mise en œuvre d'une action rapide et efficace.

La panoplie d'actions mises en place pour ponctuer le programme pourrait effrayer s'il n'y avait pas ce credo, ce cocktail de valeurs rarement affichées avec autant de cohérence et de simplicité en entreprise.

YANNICK ANDREU SABATER, Responsable Qualité, relève les signes de réussite de l'ensemble de la démarche : « le taux d'absentéisme en baisse, le nombre croissant d'idées émises, le nombre des demandes de formation, des actions individuelles, ainsi que les résultats obtenus en PPM (Parties par Million)…traduisent les effets positifs de notre démarche sur la motivation et la participation du personnel ».

D'après un article paru dans le Bulletin n° 5 du Pôle Initiative et Créativité, Institut Qualité et Management – Mouvement Français pour la Qualité – décembre 1999. ■

© Éditions d'Organisation

2 CRÉER DE NOUVELLES COMPÉTENCES POUR L'ENTREPRISE

> Les douze compétences clés :
> ▪ Travail en équipe
> ▪ Flexibilité
> ▪ Mobilité
> ▪ Polyvalence
> ▪ Créativité
> ▪ Interdépendance
> ▪ Apprentissage permanent
> ▪ Ouverture au changement
> ▪ Remise en cause
> ▪ Adaptation
> ▪ Interactivité
> ▪ Anticipation
> ▪ ...

L'innovation participative représente un enjeu majeur au niveau des compétences. Elle requiert des compétences nouvelles dans un environnement qui a très largement favorisé les compétences technologiques et très largement entretenu la confusion entre la connaissance d'un domaine et la capacité à les appliquer efficacement dans une situation en mutation. La question des compétences est en pleine réflexion aujourd'hui. Elle a été abordée très explicitement en 1998, lors des Journées Internationales de la Formation organisées par le MEDEF, faisant bénéficier les participants de l'expertise d'intervenants qui ont largement contribué à renouveler le concept même de compétence.

Six points de ce thème semblent plus directement liés à l'innovation participative :
1) De la maîtrise d'une technique à la maîtrise d'une situation.
2) Les douze compétences clés.
3) La démarche compétences et la démarche d'innovation participative ont un point commun : la valeur ajoutée avant tout.
4) Réinventer son métier est une forme innovante de compétence.
5) Les compétences collectives d'une entreprise sont le fondement de l'innovation à tous les étages.
6) L'innovation participative est source d'apprentissage.

> « Toute compétence demandée à l'individu est une compétence dont l'entreprise doit aussi faire preuve. »

De la maîtrise d'une technique à la maîtrise d'une situation

Les années 90 nous ont montré, avec une certaine brutalité, qu'une véritable compétence se manifestait dans l'action, face à des situations instables et précaires. Il ne s'agit pas de nier la nécessité de posséder des connaissances technologiques et méthodologiques, y compris dans des domaines non techniques (socioculturels, psychologiques, commerciaux, par exemple), mais d'insister sur l'importance des compétences dites relationnelles et/ou situationnelles.

Exemple

François LEPOIVRE, coordinateur Qualité et Innovation chez SOLVAY FRANCE explique que le résultat de la politique d'innovation est autant de nature culturelle qu'économique. « Le résultat de notre démarche après trois ans d'expérience en France : des hommes nouveaux ». Il définit par la métaphore de l'« homme nouveau » un nouveau profil d'innovateur, de tous ceux qui, par leur contribution à la démarche d'innovation :
– se sont appropriés de nouvelles méthodes de travail lors des groupes transversaux,

– ont découvert un « nouvel espace d'aventures »,

– ont joué un rôle d'« agitation » positive,

– ont créé un « nouvel état d'esprit »,

– ont fait émerger des talents nouveaux,

– ont manifesté (le plus souvent d'abord à eux-mêmes) des talents d'« entrepreneurs ».

La démarche participative a besoin d'acteurs qui ajoutent à leur maîtrise de la technique une maîtrise des situations où ils exercent leur activité.

Source : Présentation du 5 décembre 2000 au Club Innovation organisé par INergie ■

Les douze compétences clés

Nous avons recensé une douzaine de compétences qui aident à maîtriser les situations, à les rendre favorables à l'épanouissement de l'innovation à tous les étages de l'entreprise.

• **adaptation** : trouver une solution nouvelle dans une situation imprévue. Le contraire de la sur-adaptation qui consiste à se conformer systématiquement aux exigences d'une autorité.

• **anticipation** : imaginer plusieurs hypothèses possibles à partir d'une situation donnée et faire de la prévention pour faciliter les effets positifs et en réduire les effets nocifs.

• **apprentissage** : être réceptif en permanence aux données nouvelles, les mettre en perspective avec l'existant, formaliser son savoir pour le capitaliser et le transmettre.

• **créativité** : déceler un problème et le résoudre et s'organiser pour une mise en œuvre efficace et novatrice.

• **interactivité** : se faire comprendre et écouter, intégrer les idées des autres, réorienter une vision en fonction du feed-back.

• **interdépendance** : se concerter avec les acteurs en présence et associer leurs forces de proposition à un même projet.

• **flexibilité** : répondre aux exigences des clients, avec les variations et les imprévus que cela comporte quoi qu'il arrive, dans les limites de la loi et du raisonnable et sans sur-adaptation !

• **mobilité** : profiter d'un changement de fonction et/ou de site pour découvrir les aspects enrichissants d'un environnement nouveau.

• **ouverture au changement** : être à l'affût et/ou à l'initiative d'un changement pour acquérir de nouvelles compétences et/ou proposer des idées sur mesure, à la situation en devenir.

• **polyvalence** : exercer des missions de nature différentes et établir des liens entre elles.

• **remise en cause** : accepter d'entendre des idées contraires à sa manière de penser, de les comprendre, notamment après les avoir reformulées

© Éditions d'Organisation

avec leur(s) auteur(s) et d'en retenir sincèrement et honnêtement des aspects inattendus, totalement étrangers à sa propre perception.

• **travail en équipe** : partager ses idées et ses informations, recueillir les propositions individuelles et les organiser en projet collectif enrichi des points forts (le contraire du consensus mou !).

Bien des exigences nouvelles apparaissent qui nécessitent d'associer au savoir-faire de base (sous-entendu : technique) des compétences d'ordre relationnel qui aident à rebondir sur des situations déroutantes ou imprévues. L'expérience montre que plutôt que de travailler sur l'anticipation, on préfère souvent former les individus à « gérer les crises » (pure réactivité) dont la succession conduit en général au repli voire à la régression.

Ces compétences se traduisent dans le quotidien par la capacité de :

• faire preuve d'initiative et être force de proposition,

• manifester un niveau d'intelligence pratique pour innover à partir de situation nouvelle,

• acquérir les nouvelles compétences nécessaires pour maîtriser l'innovation engendrée,

• transmettre ses compétences aux autres et les aider à développer les leurs,

• engager sa responsabilité dans une situation donnée et identifier sa part de responsabilité sur un résultat global,

• chercher des opportunités dans un contexte défavorable,

• revendiquer l'autonomie : oui, se retirer du jeu collectif : non,

• se motiver soi même sans compter exclusivement sur la reconnaissance de la hiérarchie.

> « La démarche demande un certain temps avant d'aboutir aux changements culturels dont SOLVAY a besoin. En même temps, la démarche est indispensable : il n'y a pas de résultats sans démarche, pas plus que de démarche sans résultats. » François LEPOIVRE, coordinateur Qualité et Innovation, SOLVAY

La démarche compétences et la démarche d'innovation participative ont un point commun : la valeur ajoutée avant tout

Les constats fournis par l'analyse de Michel CROZIER[3] quant à la logique de compétences apportent du sens à la démarche d'innovation participative. Ils mettent en valeur le hiatus qui existe entre l'acquisition d'un diplôme et la capacité de mettre en œuvre une compétence, entre le statut du cadre et le rôle du leadership, entre le statistiquement mesurable et la qualité relationnelle. Entre posséder un titre et créer de la valeur ajoutée.

---

3. *L'avenir Autrement*, intervention dans le cadre de Objectifs Compétences, Journées Internationales de la Formation, organisées par le MEDEF en 1998.

Quelques exemples des constats que fait Michel CROZIER, regroupés dans la colonne « vers une société de compétences » sont éclairants pour la démarche d'innovation participative.

VERS UNE SOCIÉTÉ DE COMPÉTENCES	INNOVATION PARTICIPATIVE
L'école chez nous, est d'un bon niveau ; elle apporte beaucoup de connaissances mais pas la façon de s'en servir.	L'innovation est une manière d'observer et de décrire différemment les processus comportementaux et les mécaniques pour créer de nouvelles façons de faire et d'être face à des situations. C'est l'art d'anticiper des réponses à des besoins réels et latents.
Nous sommes encore une société du diplôme et nous devons devenir une société des compétences.	L'innovation nous incite en permanence à passer du conceptuel au concret et réciproquement. C'est totalement l'inverse de la démarche élitiste qui vise à reléguer (*versus* déléguer) la mise en œuvre à des exécutants (moins diplômés par principe) tandis que l'état-major galonné et diplômé se réserve la noble tâche de la réflexion. Chacun, dans le cadre de sa mission, doit concevoir et mettre en forme.
Le passage à la société de compétences commence par une révolution du management qui devra devenir plus transparent et se centrer sur le gouvernement des rapports humains plutôt que sur le quantitatif immédiat.	L'innovation est un lien vivant entre le long terme et le court terme (anticipation, réactivité) : elle s'oppose à gouverner par des résolutions successives des crises et propose de décider un avenir (prospective *versus* prévision).
La capacité de coopération tend à devenir plus importante que l'ordre hiérarchique.	L'innovation participative ne fait que nommer, combiner, partager, fertiliser les compétences et générer une compétence nouvellement reconnue : la capacité de « coopération » entre les acteurs (*versus* capacité de commandement) .

« *La crise vient du fait que l'on veut entrer dans l'avenir à reculons sans rien changer à nos organisations et à nos comportements* ». Cette affirmation sibylline de Michel GODET, expert en prospective, habitué à fustiger tout alibi à l'immobilisme, met le doigt sur le point central de la question. Les compétences se mesurent à l'activité et les connaissances au savoir.

© Éditions d'Organisation

Le rapport de L'ISMER (Institut Supérieur de Management et de l'Entre-prise en milieu rural) « De l'activité à l'emploi par l'insertion » fait remonter quelques constats significatifs sur « ce qui fait qu'un projet réus-sit plutôt qu'un autre ? »

1) les hommes et les organisations font la différence,
2) l'activité crée l'emploi (et non l'inverse),
3) l'insertion crée l'employabilité et valorise les compétences,
4) l'initiative et l'innovation sont les premiers à générer de l'activité,
5) l'accompagnement augmente les chances d'aboutissement.

Ce qui est vrai pour une activité qui se lance est vrai pour lancer et relan-cer l'activité dans une entreprise qui existe depuis longtemps.

L'équation « *compétences + innovation + résultats* » vient se substituer à « *diplômes + conformité + statuts* ».

Mais ce changement ne résultera pas d'une attaque de front des institutions : la stratégie du Cheval de Troie est plus efficace ! Chacun là où il est, s'il entreprend une démarche de changement constituera en micro ce qu'il est difficile d'envisager en macro. L'ensemble évoluera avec la multiplicité des changements locaux, au niveau des équipes.

D'où l'importance du management de proximité. La clé de voûte d'une unité de production ou de service est l'équipe. Le chef d'équipe repré-sente le personnage central. De plus en plus, il ne sera pas reconnu à son statut : combien de managers de proximité ne sont pas « cadre » et com-bien de « cadres » ne sont pas managers ? Mais il sera reconnu à la qualité de l'activité produite par son équipe. Une « société de compétences » est visible aux activités et aux valeurs ajoutées qu'elle génère. Elle n'est pas estimée *a priori* à la stature de ses structures.

L'innovation participative s'inscrit dans ce courant. En même temps que son succès est favorisé par une logique compétence, elle favorise elle-même le succès d'une logique compétence.

Exemple
_____

Quand ACCOR, premier opérateur hôtelier, à la fois opérateur et propriétaire, à travers son projet d'entreprise « Réussir ensemble » lance des défis aussi radicaux que :

• relancer le développement : croissance de plus de 10 % du parc hôtelier depuis 1999. Ce qui se traduit actuellement par l'ouverture d'un hôtel par jour.

• un reengineering total de l'hôtellerie : d'une structure par marques, Accor est passé à une structure par pôles : économique, affaires et loisirs, tourisme.

• réussir un bond en avant technologique. Le changement a été soudain et rapide, en particu-lier au niveau de la mise en place des systèmes d'informatisation et d'internet/intranet,

• développer les synergies entre les métiers du groupe : hôtel et agence de voyages par exemple.

Il ne peut se reposer ni sur sa formidable structure ni même sur sa notoriété. « Sur ses lauriers, peut-on dire ! D'autant que traditionnellement, ACCOR ouvert au développement de produits nouveaux n'a pas d'historique d'innovation participative. Le groupe lance Innov@ccor qui représente surtout une démarche de management. Innov@ccor est une démarche qui avant tout :

– vise 130 000 personnes dans le monde,

– veut promouvoir tout ce qui est créativité et initiative,

– illustre concrètement une des valeurs du Groupe : l'innovation par la diffusion des meilleures idées sur l'ensemble des sites dans le monde.

Innov@accor doit s'intégrer dans toutes les habitudes managériales du groupe en terme d'évaluation, de reconnaissance.

L'innovation participative représente un élément moteur dans la création de valeur et de la culture compétence.

Bruno de Montalivet, de la Direction Générale des Ressources Humaines d'ACCOR, Présentation faite le 5 décembre 2000 au « club d'innovation participative » organisé par INergie. ■

Réinventer son métier est une forme innovante de compétence

> C'est une vraie compétence que d'être capable d'innover en permanence.

La question des compétences a trouvé une dimension nouvelle par rapport aux catégories classiques des savoirs, savoir-faire et savoir-être. Au commencement était le savoir-faire. « *Je sais faire du feu* », « *je sais tuer un mammouth et le dépecer* », « *je sais fabriquer une pale d'hélicoptère* », « *je sais comment faire le compte d'exploitation d'une société* », « *je sais écrire un article de presse* »…

On dit de celui qui sait accomplir une tâche techniquement reconnue et conforme aux canons de la profession qu'il « a du métier ». Que c'est un bon professionnel… Mais qui n'a pas entendu « *je n'ai pas été embauché pour ça* » dans une situation de changement ?

L'innovation conduit à reconfigurer les métiers. Une entreprise qui savait très bien réaliser des équipements pour les voitures à cheval à la fin du siècle dernier a pu disparaître en quelques années si elle ne s'était pas mise à imaginer comment transférer son savoir-faire pour fabriquer des équipements pour automobiles.

Il en va de même pour des individus. Les exemples ne manquent pas. Dans le domaine des technologies, c'est le cas de certains ingénieurs d'affaires initialement mandatés pour intervenir en tant qu'experts techniques sur les chantiers conduits par leurs fournisseurs. Ces mêmes ingénieurs doivent maintenant évaluer les devis et se prononcer sur le rapport qualité prix des résultats obtenus. De conseillers techniques ils sont devenus acheteurs. Leur savoir-faire technique est le même à la base, mais leur mission a radicalement évolué.

© Éditions d'Organisation

C'est également le cas pour des ingénieurs qui conçoivent des composants électriques. Jusqu'à aujourd'hui, leur métier consistait à créer des produits plus ou moins robotisés et plus ou moins sophistiqués. Mais la demande évolue. L'innovation réside davantage dans la capacité d'élaborer des systèmes capables, par exemple, d'équiper un complexe hôtelier pour accueillir des familles pendant les vacances, des séminaires professionnels pendant les périodes ouvrées et des manifestations exceptionnelles (congrès, rencontres…) pendant deux ou trois jours consécutifs.

De concepteurs de composants, ils deviennent architectes de systèmes qui permettent d'utiliser les composants dans des configurations différentes et évolutives. Dans ce cas, deux nouvelles formes de compétences se greffent au savoir-faire traditionnel. Il leur faut :
• développer une vison globale,
• répondre au besoin spécifique d'un utilisateur.

Les ressources qui permettent de passer de l'un à l'autre se trouvent dans la douzaine de compétences citées plus haut. Leur métier de base consiste à concevoir des composants isolés, la nouvelle demande des clients s'exprime en systèmes complexes adaptés à des besoins spécifiques.

Pour répondre à cette demande innovante pour eux, les ingénieurs doivent :
1) modifier leur métier de base. Ce qui exige de leur part de faire preuve d'ouverture et de vision globale (passer du métier de constructeurs de composants à celui d'architecte) et d'écoute du client (passer de leur logique de concepteur à celle de l'utilisateur)
2) associer leurs compétences à d'autres compétences, celles des installateurs. Ces mêmes installateurs, habitués à mettre en place des systèmes préfigurés, devront eux aussi faire les mêmes démarches d'ouverture que leurs collègues.

La situation des ingénieurs électriciens, exemple que l'on peut retrouver dans tous les métiers, montre que l'innovation exige une capacité de faire évoluer ses compétences initiales et créer des compétences collectives en associant ses propres compétences à celles d'autres métiers.

Savoir-faire	+	Attitude	=	Compétences
Concevoir un composant électrique		S'ouvrir à une vision globale		*Être capable de créer un système flexible opérationnel à partir d'une demande complexe et spécifique*
Concevoir des installations fonctionnelles		Écouter l'utilisateur		

Le POINT — *La compétence est le savoir-faire en action*

Ce qu'on appelle la « logique de compétences » se distingue de la notion de « savoir », fondée sur une « logique de diplôme », par la capacité d'un individu à agir efficacement dans une situation donnée. La compétence se mesure aux résultats qu'elle permet d'obtenir autant qu'au savoir qu'elle requiert. Non seulement elle fait appel à des capacités qui dépassent les savoirs liés à un métier mais elle implique aussi de transformer ce métier.

En cela, la « logique compétences » est aussi une logique d'innovation. Elle recouvre une capacité de renouvellement : être capable d'exercer une fonction signifie aussi être capable de la modifier, voire de la réinventer.

La compétence qui permet de réinventer son propre métier consiste à être capable de croiser un savoir-faire technique avec une attitude d'ouverture, de remise en cause, d'anticipation, d'écoute.

Les compétences collectives d'une entreprise sont le fondement de l'innovation à tous les étages

La compétence dont chacun fait preuve est une composante d'une compétence collective. L'ensemble des acteurs d'une même entreprise constitue un réseau de compétences. Toutes ces vérités sont bonnes à dire mais pas toujours simples à vivre !

> « L'homme souhaite un monde où le bien et le mal soient nettement discernables, car est en lui le désir indomptable de juger avant de comprendre »
> Milan KUNDERA

Les compétences relationnelles sont indissociables des compétences techniques dans une démarche d'excellence, d'autant que toute démarche d'excellence dépend elle-même d'une forte capacité d'anticipation et d'innovation.

Dans une telle logique, les compétences individuelles sont naturellement amenées à se conjuguer pour constituer des compétences collectives.

L'exemple de l'équipe dirigeante d'une société de biotechnologie est intéressant dans la mesure où les acteurs en scène sont tous de très haut niveau. Plus les experts sont pointus dans leur discipline et plus leurs connaissances ne couvrent que partiellement le domaine d'innovation.

Le comité de direction est composé d'experts scientifiques, médicaux, marketing, business. Aucun de ces brillants sujets issus d'institutions renommées ne maîtrise à lui seul le tiers des savoir-faire nécessaires au fonctionnement de la société.

Jouer le jeu des compétences collectives est vital. Il ne s'agit pas de laisser le directeur du développement s'enfoncer dans des partenariats juteux mais incompatibles avec l'enjeu de la recherche, pas plus que laisser la recherche dériver vers un travail fondamental trop accentué qui l'exclurait des règles du marché. Il s'agit en permanence d'aider l'autre à s'ajuster. Peau de banane interdite ! La moindre perte de temps équivaut à laisser la concurrence prendre les devants.

© Éditions d'Organisation

▶ DEUX VRAIES
FAUSSES
CROYANCES
Privilégier l'esprit
d'équipe érode
l'esprit d'initiative.
Les idées géniales
sortent d'individus
isolés alors que la
somme de petites
idées viennent
d'une dynamique
de groupe.
Qui a prouvé qu'un
groupe ne pouvait
pas être génial et
relever un gros
défi ?

L'attitude résolument constructive est une forme de compétence sans laquelle l'innovation se noierait dans les polémiques et dans les débats. L'attitude constructive est l'inverse du « oui, mais » et du « béni oui-oui » : elle consiste à écouter, à comprendre, à détecter les forces existantes et à construire collectivement.

L'innovation participative est source d'apprentissage

De manière schématique, on distingue trois ordres dans l'application des compétences :
• pratique : les connaissances et les savoir-faire concrets,
• relationnel : l'aptitude à rencontrer, à écouter, à comprendre les personnes qui constituent le réseau nécessaire à l'exercice des compétences,
• situationnel : les capacités à s'adapter et d'agir en toute autonomie.

Ces trois ordres sont exactement ceux qui permettent à l'innovation participative de s'épanouir dans l'entreprise et d'apporter son lot de réussite et de satisfaction. L'entreprise doit être claire sur ce qu'elle attend de ses collaborateurs. Des sociologues comme Philippe ZARIFIAN montrent combien les compétences jouent un rôle dans le lien social et organisationnel. Un individu peut-être très créatif et totalement marginalisé si les responsables de l'entreprise n'apportent pas leur soutien en terme de ressources, d'exploitation et de reconnaissance.

Quand Francis MINET met l'accent sur le changement historique qui a conduit le travail à se « dématérialiser », à transformer un ouvrier travaillant directement le métal, le bois ou la pierre en un opérateur surveillant et régulant une machine, il note au passage la disparition du contremaître chargé de trouver des solutions. Il n'a plus sa place en tant que telle. Et ce qu'on demande aujourd'hui aux managers de proximité, chefs d'équipe en tête, ce n'est pas de faire preuve d'inventivité permanente pour pallier les dysfonctionnements mais bien de créer un contexte favorable à l'innovation où chacun joue son rôle et exerce sa responsabilité. Où chacun – ou chaque équipe – est capable de mener une action à ses phases opératoires et finalisées.

Personne n'est compétent en soi. On est compétent pour quelque chose de précis y compris pour faire évoluer ses domaines de compétences. Piaget évoque le phénomène d'« équilibration « qui implique que dans l'action, la compétence mise en œuvre donne les résultats attendus et qu'une situation qui ne se déroule pas comme prévu est source d'apprentissage. L'alternative permanente entre l'attendu obtenu et l'imprévu survenu est peut-être la source la plus fertilisante de créativité. Elle consolide des pratiques qui nous permettent d'atteindre un niveau de qualité optimale tout en intégrant le retour d'expérience nécessaire à l'amélioration continue sur tous les plans : technique, relationnel, organisationnel. Ce minimum vital à l'excellence pourrait se satisfaire à lui-même s'il ne menaçait pas d'engendrer l'inertie.

> « La compétence est compréhension des situations et des actions pour les prendre en charge » Pierre ZARIFIAN, 1995

Il y a eu la mode du « chaos management ». Derrière ce fantasme un peu démiurge se cache une idée forte : la peur que ce qui marche bien (trop bien, diront les Cassandre) fasse oublier que tout organisme évolue tant qu'il est vivant et qu'il doit évoluer pour rester en vie ! L'évolution devient source d'apprentissage quand elle est décidée plus que subie. Toute forme de prospective et d'anticipation est d'abord soutenue par la volonté de viser telle cible et non tant de prévoir, comme on le dit de la météo. Excellence, anticipation, innovation : tiercé gagnant des entreprises qui s'imposeront.

Le POINT

La première et la plus basique des compétences consiste pour chaque collaborateur à savoir pour qui et pour quoi il travaille et à quels besoins il a répondu.

▷ Pour qui ?

Les démarches de l'innovation participative et des compétences ont une clé de voûte commune : le client...

Le client externe et le destinataire de chaque tâche.

Aucune tâche n'a de sens si elle ne s'adresse pas à un destinataire identifié qui renvoie systématiquement un feed-back à son fournisseur (ou auprès de qui le fournisseur provoque un feed-back)

Une tâche apporte une solution ou aide à apporter une solution : elle génère une valeur ajoutée.

L'esprit des démarches participatives et des compétences fonctionne sur ces principes.

▷ Pour quoi ?

Toute tâche s'inscrit dans une mission. La réponse souriante au téléphone de la standardiste fait partie de sa mission d'accueil.

Toute mission contribue au succès de l'entreprise. La mission d'accueil de la standardiste est une composante majeure de l'image.

Les démarches d'innovation participative et de compétence ont un besoin impératif en commun : connaître la finalité et la perspective du projet de l'entreprise dans lequel elles s'inscrivent.

La créativité de chacun est un facteur d'innovation dès lors que la finalité est connue et comprise.

La créativité fonctionne comme la pression dans un conduit : si celui-ci est trop large, la pression est nulle. Plus le cadre est précis, plus les idées émises sont denses, ciblées, prêtes à devenir des actions.

© Éditions d'Organisation

3 INTRODUIRE UN ÉLÉMENT PERTURBATEUR : LE CLIENT

Le client au cœur de l'innovation

Deux grands bouleversements sont venus pousser les entreprises à innover :
• le client est devenu le point de départ, l'input de la production et des services ; auparavant, il n'en était que le point final.
• Le client veut être informé sur tout ce qu'il consomme.

Qu'est-ce que ça change fondamentalement ?
• le besoin du client est une source inépuisable d'innovations : cette mine d'idées doit être à ciel ouvert !
• le client n'est pas seulement consommateur de produits, il veut aussi être considéré et reconnu : la relation humaine est un champ immense d'innovations quasiment vierge !

Les raisons de la perte de clients

Selon une étude du groupe Mac Graw Hill, menée en 1992, les raisons invoquées en feront réfléchir plus d'un.

Dans 4 % des cas : le client déménage ou meurt,

5 % : le client a des relations personnelles avec un concurrent,

9 % : l'offre des concurrents est plus performante,

14 % : le client a été insatisfait d'une prestation antérieure,

Et dans 68 % des cas : le client n'a reçu aucune nouvelle, aucune information, aucun signe de son fournisseur. Indifférence totale !

Cette étude américaine est totalement confirmée par les tendances d'aujourd'hui où les premiers thèmes d'insatisfaction des clients, d'après la base de données d'INit Satisfaction[4], sont :
1) Le manque d'écoute et de considération : on ne s'intéresse plus à eux, les gens ne sont plus joignables, les commerciaux font deux fois moins de visites, il n'y a plus d'êtres humains aux commandes.
2) L'absence d'engagement.

L'importance de la relation clients

Il est clair que de telles informations nous montrent l'importance et l'urgence d'innover dans le domaine des relations avec les clients ! Les clients ont besoin qu'on s'occupe d'eux et apprécient aussi qu'on leur

---

4. Société d'étude marketing spécialisée dans la satisfaction du client.

permette de s'occuper de nous. Les clients aiment donner leur avis. Et leurs idées. Pas forcément d'une façon mécanique au téléphone entre 7 et 8, par l'intermédiaire d'un enquêteur chargé de cocher des cases à toute allure. Un client est intéressé par les solutions apportées par son fournisseur. Et il sait que ces solutions seront d'autant plus adaptées à ses besoins qu'il a participé au processus de conception.

Par ailleurs, tout fournisseur franchit un pas de géant dès l'instant où il identifie ce que son client va gagner, après lui avoir réglé la facture. Question de motivation toute simple : qu'est-ce qu'un client a gagné d'avoir travaillé avec vous ?

> « Tout ce qui resserre vos liens avec un client existant accroît le chiffre d'affaires que vous réaliserez avec lui »
> Michael TAYLOR[5]

Les clients ont besoin qu'on s'occupe d'eux, les prestataires ont besoin de savoir ce qu'ils apportent d'unique à leurs client : deux pôles qui l'un mis en contact avec l'autre à l'instar du courant électrique sont capables d'éclairer une ville entière !

L'*Eurêka* d'Archimède était bien l'illumination surgie de la rencontre d'une exigence : le roi qui voulait connaître la quantité d'or contenu dans la couronne et de l'obsession d'un savant : résoudre une énigme et faire avancer la science.

Le POINT L'innovation participative, à tous les étages de l'entreprise, ne peut se passer de ce déclencheur qu'est le client. Pour cela, chaque acteur doit avoir un minimum de familiarité avec les clients et connaître leurs besoins. L'innovation participative ne se contente pas « de mettre le client au cœur de l'entreprise », elle l'associe au projet de l'entreprise et à ses défis innovateurs.

Exemple

2 INNOVATIONS SUR 3 VIENNENT DES CLIENTS CHEZ SODEXHO ALLIANCE

Chez SODHEXO ALLIANCE, l'innovation est un processus participatif explique Marja-Liisa PIHLSTRÖM, Directeur de l'Innovation, elle vient des collaborateurs qui sont les plus *proches du client*. L'innovation n'est pas réservée à des managers ni à une direction Recherche et Développement. « Les collaborateurs sont encouragés à participer au concours pour le Forum Mondial de l'Innovation tous les 2 ans. C'est une culture de l'innovation que l'on fait partager ».

L'innovation est l'un des supports clés du dynamisme du groupe SODEXHO ALLIANCE. Être au service des collectivités nécessite une attention sans cesse renouvelée à l'égard de chaque client et de chaque convive. SODHEXO ALLIANCE doit innover pour les satisfaire. 2 innovations sur 3 naissent de l'écoute du client. La plupart du temps, les innovations présentées sont le fait d'une équipe qui les a imaginées et mises en œuvre sur le terrain.

5. Arthur D. Little (Cité dans *L'Innovation, un cercle vertueux*, Tom Peters, Village mondial).

© Éditions d'Organisation

Qu'est-ce qu'une innovation chez SODHEXO ALLIANCE ?

Il s'agit d'une offre qui n'existait pas, produit et service ou d'une offre nouvelle sur un segment de marché dans un pays donné entraînant des résultats mesurables.

« Chez SODEXHO, l'innovation doit répondre à 4 critères, explique Marja-Liisa PIHLSTRÖM :

1) L'amélioration de la satisfaction clients et convives. Nous disposons de trois outils de mesure pour l'évaluer : l'augmentation du chiffre d'affaires, le renouvellement de contrats, la réussite aux appels d'offre.

2) La satisfaction du personnel : ne pas compliquer le fonctionnement interne.

3) L'amélioration des résultats : chiffre d'affaires, marge, profit...

4) L'amélioration de l'image de SODEXHO.

Une innovation pour être reconnue doit avoir été testée sur le terrain au minimum 6 mois.

Les Forums de l'Innovation SODEXHO ALLIANCE en quelques chiffres

- Au total, les 5 premiers Forums Mondiaux ont présenté 256 innovations,
- 85 % des innovations présentées dans les forums nationaux et d'activités émanent du terrain; les autres viennent des services « supports » (finances, marketing),
- Le forum mondial de l'innovation 2000 a récompensé 20 innovations sélectionnées sur 300, présentées par 1000 collaborateurs au cours de 16 forums nationaux d'activités.

(Dossier de presse SODEXHO ALLIANCE, juin 2000)

■

Chez SODEXHO ALLIANCE, quatre facteurs clé participent à l'innovation : les clients, les concurrents, l'environnement et le personnel. Les innovations sont provoquées aux deux tiers par les clients. Quand il y a un problème, les clients ou convives réagissent et poussent nos employés à trouver des solutions à travers l'innovation ».

> **2 innovations sur 3 sont provoquées par les clients.**

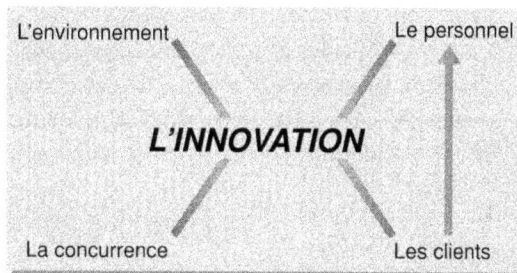

L'environnement   Le personnel

L'INNOVATION

La concurrence   Les clients

Entretien de janvier 2001.   ■

© Éditions d'Organisation

Halte aux a priori !

Quelques *a priori* à dépasser pour faire fonctionner une démarche participative et innovante :

1er *a priori* : c'est trop délicat de faire venir des clients participer à nos réunions internes !

2e *a priori* : ceux qui détiennent les fichiers ne voudront jamais nous livrer le nom de « leurs » clients !

3e *a priori* : les commerciaux et les chefs de produit ne voudront pas participer à une démarche qui met des clients en contact avec les salariés dont ce n'est pas le métier.

4e *a priori* : la hiérarchie va craindre d'être remise en question par ce que pourront dire les clients.

L'innovation avec les clients en trois clés

■ *1re clé : le client achète une solution*

> « Ce ne sont pas des meubles que nous vendons. Ce sont des rêves ! » Judy GEORGE, PDG de Domain Home Fashions

Le client par principe provoque l'innovation pour une bien simple raison : il achète une solution. Il n'est *a priori* ni intéressé par un procédé et encore moins par un problème !

Intégrer le client dans une recherche de produit ou de service nouveau est d'autant plus fructueux qu'il va tendre spontanément vers l'efficacité et le magique : exprimer la solution attendue comme si elle existait déjà !

■ *2e clé : un client en chair et en os est plus motivant pour la créativité qu'un résultat d'étude ou un concept marketing*

Si les démarches avec les clients se multiplient c'est parce qu'elles apportent un oxygène nouveau accessible à tous. La communication des résultats d'une étude de marché livré à l'état brut intéresse moins de 3 % des salariés de l'entreprise. Ce qui est nécessaire pour les spécialistes du marketing et des R & D, devient rebutant pour le reste de l'entreprise.

> Le client est notre premier patron (signature d'un grand magasin new-yorkais des années 30, figurant sous une photo immense couvrant tout le fond du hall d'accueil du siège et représentant une foule de clients dans les rayons).

La démarche consiste à interviewer les clients pour savoir ce qu'ils veulent et l'idée du produit vient à partir de ces échanges. Le client est perturbateur quand il déclenche des idées nouvelles à partir de l'expression de ses besoins et que ces idées ne vont pas dans le même sens que ce qui était prévu !

■ *3e clé : la familiarité avec le client à tous les niveaux est un facteur d'ouverture*

Organiser des rencontres entre les clients et les salariés de l'entreprise bouscule le système de valeurs en place et fait prendre conscience que les salariés doivent satisfaire leurs clients avant leurs chefs. Le prédominance de la hiérarchie est remplacée par celle du service. La relation d'obéis-

© Éditions d'Organisation

sance à des ordres donnés est remplacée par la volonté d'apporter ensemble des solutions. Ce changement ne peut se faire que grâce à une certaine familiarité avec des clients rencontrés en chair et en os. C'est une façon concrète de libérer l'énergie nécessaire à une innovation audacieuse.

Exemple

Un ingénieur d'un groupe industriel nous confie : « Les clients peuvent entrer dans l'usine, ce n'est plus un secret, les portes sont ouvertes, des panneaux aident les visiteurs à s'orienter. Quand les clients viennent, ils sont accueillis par le commercial et ça se discute autour de la machine. Les principaux signes de ces changements se voient dans le langage par exemple. Auparavant, il y avait beaucoup d'ironie, voire de colère contre le client ; maintenant on en parle en équipe » ■

L'orientation client comme levier d'innovation ou de progrès n'est pas un scoop. Certains secteurs d'activité traditionnellement peu habitués à cette écoute client en ont désormais fait le fer de lance de leur dispositif de participation du personnel.

Exemple

C'est le cas de la mairie du Pecq-sur-Seine ou des Pompes Funèbres Générales.

La très dynamique mairie du Pecq-sur-Seine fait reposer son dispositif d'innovation participative sur une forte culture client. Si cette mairie est considérée comme une « ville pilote », c'est grâce à sa capacité à tenir compte du point de vue de ses habitants. La directrice des ressources humaines décrit cette écoute client :

« Nous effectuons des enquêtes de satisfaction auprès de la population une fois par an, à la sortie de la mairie, à différents moments de la journée pour toucher tous les échantillons de la population. Les résultats sont diffusés auprès du personnel dans le journal interne et dans une note de synthèse.

Pour vérifier le respect de la charte sur l'accueil téléphonique (accueil, amabilité, efficacité, rapidité) nous procédons à des appels mystères. De ce côté nous obtenons une note de 9,5 sur 10.

Nous effectuons aussi des enquêtes avant de nous lancer dans des projets qui nécessitent un lourd investissement en équipement. Ceci pour ne pas faire d'erreur avant d'utiliser l'argent du contribuable. Par exemple, nous avions le projet de mettre en place un système de paiement par carte bancaire pour toutes les activités périscolaires. Nous avons soumis cette idée aux habitants et le sondage a donné 70 % de réponses favorables ».

D'ailleurs, le maire comme le personnel de la mairie parlent de « clients » pour les habitants. Ce sont des clients qui payent un impôt et auquel nous devons un service de qualité.

Aux Pompes Funèbres Générales, le personnel est impliqué mais il est réparti géographiquement sur de nombreux secteurs et sur 1 200 points de vente. Aujourd'hui, c'est le client (ou les familles plus exactement) qui joue le mieux un rôle fédérateur entre les 62 secteurs. Le Directeur Qualité, Pierre Giraud, décrit comment est mise en place l'innovation participative. « Nous envoyons des questionnaires aux familles et éditons tous les trimestres les résultats. Avec un retour de 37 % de la part des familles, nous établissons des résultats locaux et nationaux. Chacun des 62 secteurs reçoit ses propres résultats ainsi que des éléments sur le meilleur secteur pour pouvoir se situer. Le personnel propose des améliorations à partir des résultats clients.

Ce qui est intéressant, c'est que la base de la réflexion, c'est la parole du client. » ■

> **Le client est notre premier patron** (signature d'un grand magasin new-yorkais des années 30, figurant sous une photo immense couvrant tout le fond du hall d'accueil du siège et représentant une foule de clients dans les rayons).

Un client veut une maison carrée ?

Quand un client vient vous voir et vous dit qu'il veut une maison carrée, la réponse classique est de lui construire sa maison carrée.

Une réponse innovante consiste par exemple à lui demander ce qu'une maison carrée représente pour lui : la sécurité ? l'esthétisme ? l'équilibre ? la stabilité ? la nostalgie de l'architecture Vauban ?

Puis à définir avec lui ce qu'il recherche exactement.

Et à trouver avec lui des solutions d'application.

Ouvrons une fenêtre sur d'autres possibilités, identifions l'*a priori* qui se cache derrière toute demande et innovons avec notre client !

Le POINT *La participation du client*

- Faire participer des clients à des séances de créativité et de prospectives « comment voyez-vous… le bâtiment, l'automobile, le moyen de transport, la santé… dans 20 ans ? Quel rêve faites-vous ?

- Organiser des visites chez les clients : dans certaines entreprises, plus de 90 % des employés ont participé à des visites chez les clients.

- Inviter des clients à des séminaires destinés à les former sur des produits ou des services dans le but d'une meilleure utilisation et d'un apport critique créatif.

- Animer des formations action à partir de séquences vidéo faites avec des clients qui expriment des attentes, des satisfactions, des déceptions.

- Le client est à l'ordre du jour de toutes les réunions : Comité de Direction, réunions de service, etc. Un client à l'ordre du jour ne signifie pas un tour d'horizon des impayés, des contrats ou des parts de marché ! Il s'agit bien d'échanger des nouvelles sur les clients : son entreprise, ses projets, ses interrogations…

- Le client participe aux événements de l'entreprise : les conventions, les journées portes ouvertes, les vœux… le client est invité à s'exprimer en direct, à échanger avec les collaborateurs.

- Les collaborateurs peuvent aussi être les journalistes de leur entreprise : ils rencontrent le client dans son entreprise ou sur le lieu de « consommation » et ils rapportent ses propos à travers une vidéo.

- De même que les entreprises publient des « trombinoscopes » de leurs collaborateurs, elles publient un trombinoscope des clients destiné à chaque collaborateur ! Dans des sites de production ou des entrepôts, déployer une communication visuelle décrivant le client. Dans chaque recoin d'une entreprise de VPC, mettre les photos des clientes et des clients types.

- Faire élire le chef de rayon ou la caissière du mois par les clients, comme cela se pratique dans certains magasins anglo-saxons.

© Éditions d'Organisation

Orienter une démarche d'innovation à partir d'une étude de satisfaction client

> *Ma thèse est que les clients sont dans l'entreprise. L'entreprise qui pense qu'elle est face au client est morte.*
> Jean-Louis LEVET, chef du service développement technologique et industriel du commissariat général au Plan

Une entreprise qui commande une étude de satisfaction à un cabinet spécialisé en attend beaucoup : la découverte ou la confirmation pour elle des services les mieux perçus et des services les plus mal perçus représentent un tremplin formidable à l'innovation. Quoi de plus légitime que l'expression d'un client ?

Chaque point perçu négativement est un vrai sujet pour l'innovation participative : un thème de réflexion en direction, des thèmes de travail à tous les étages.

Exemple

Voici un extrait des résultats de l'entreprise de service B... Les points les plus critiqués étaient les suivants :

1) Le respect des délais promis dans la réalisation des opérations.

2) La compétitivité des tarifs proposés.

3) La cohérence entre le discours commercial et la prestation rendue.

4) La compétence des différents interlocuteurs au siège de la société.

5) L'adéquation de la proposition écrite par rapport aux besoins.

6) La qualité du suivi technico-commercial après le déroulement de l'opération.

7) La présentation tarifaire (simplicité, attractivité, compréhension).

8) La clarté, la lisibilité et la compréhension des factures et des documents proposés.

Ces sujets de mécontentement ont fait l'objet de séances de créativité avec le Comité de direction qui ont débouché sur des engagements nouveaux vis-à-vis des clients. Chaque engagement s'est traduit par un chantier.

Par exemple :

L'entreprise B..., s'engage à :

– faire que chaque étape clé, de l'aval à la prestation, soit transparente au client,

– ce que le service commercial soit en parfaite adéquation avec les services de production pour une réponse pertinente dans les délais promis,

– fournir au client un système de devis et de facturation très claire et facile d'utilisation,

– ce que tout client soit bien orienté et bien conseillé...

LES CHANTIERS QUI ONT SUIVI ONT MIS EN FORME CES ENGAGEMENTS SOUS LA FORME SUIVANTE :

Tout engagement implique des actions nouvelles à conduire en interne. Par exemple:

L'ENTREPRISE B... S'ENGAGE À	Ce qui implique que B... va :
Avoir une traçabilité parfaite de chaque étape clé du processus de distribution	– Alerter le client à chaque étape clé du processus de distribution, – Prévenir le client de chaque incident de distribution connu, – Retourner voir le client (n jours) après, – Traiter toute réclamation sous n heures et fournir une réponse sous n jours ouvrés, – Fournir aux meilleurs clients un bilan de distribution incluant les résultats d'un contrôle interne de distribution, – Envoyer au client n semaines après l'intervention une enquête de satisfaction dont les résultats sont présentés une fois l'an.

Et chaque implication se traduit par une action détaillée.

Descriptif	Besoin client	Actions	Acteurs	1re étape
Alerter les clients	Être informé	• téléphoner sous 24 heures • etc.	Le service...	Créer un signal « alerte » sur tous les postes des acteurs qui doivent intervenir.

Chaque membre du Comité de direction parraine le pilotage d'un chantier. L'ensemble de l'intervention a été placé sous l'égide de la qualité et de l'innovation

En terme de qualité : comment alerter systématiquement les clients et en mesurer l'impact ?

En terme d'innovation : qu'est-ce que nous n'avons jamais fait, que nos concurrents n'ont jamais fait et qui surprendrait positivement nos clients ? ■

≫ C'est parfois difficile de convaincre l'interne du bien-fondé d'un projet d'entreprise lancé par le management. C'est toujours légitime de répondre par l'innovation à une insatisfaction des clients.

© Éditions d'Organisation

« **Témoignage**

Bernard Saint Dizier, Responsable Assurance
Qualité, Jacques Dessange

Ce sont les acteurs qui sont en contact avec les clientes qui sont intéressants

Monsieur Saint Dizier dirigeait les salons de coiffure Jacques Dessange au Havre et à Rouen. Il a été récemment nommé RAQ au siège de la société Jacques Dessange à Paris. Dans cette nouvelle fonction, il a mis en place les 35h et la politique d'intéressement dans les salons de coiffure de Paris, Rouen. Ces mesures s'appliqueront bientôt en province.

1. Comment définissez-vous l'innovation ? Les collaborateurs ont-ils été associés ? Si oui, comment ?

« L'innovation participative c'est la participation de tout le monde. Pourquoi ? Parce que ce sont les acteurs qui sont en contact avec les clientes qui sont intéressants. Souvent, on fait des trucs pour nous (la décoration, par exemple) sans avoir l'avis de la cliente. Or, ce sont les besoins explicites et implicites de la cliente qui constituent les réels besoins.

L'innovation participative, c'est une superbe idée.

Cela fédère. Ce sont des intelligences qui s'additionnent.

Dans mes salons, il y avait deux structures participatives : la boîte à idées et le cercle de qualité. Ces structures sont valables dans une petite organisation.

Le cercle de qualité se composait de quatre personnes représentant l'ensemble du personnel du salon : une hôtesse, un apprenti, une coiffeuse, une technicienne. La composition du cercle de qualité changeait tous les trimestres.

On se réunissait une fois par semaine pour aborder quatre thèmes : l'hygiène, l'accueil, la boîte à idées, la technique. Chaque participant dans le cercle est responsable d'un de ces thèmes vis-à-vis des autres collaborateurs. On discutait sur tous ces thèmes : quel est le problème et quelle est la solution ?

À la fin du trimestre le cercle rédigeait un rapport. Et le quatrième mois, on réunissait tout le personnel et on débattait encore de ce que l'on pouvait améliorer. Puis on établissait des protocoles.

On abordait des détails, par exemple : *qui privilégier entre la cliente qui paye et la cliente qui entre dans le salon ?*

Le personnel avait l'habitude de s'occuper en priorité de la cliente qui arrive. Or, c'est l'autre qu'il faut chouchouter. De même, on a repéré qu'il fallait cacher la caisse dans un meuble en forme de bar avec des formes arrondies. Sinon, l'hôtesse à l'accueil ressemble véritablement à une caissière, surtout si elle est assise sur un tabouret !

On s'est aperçu que la cliente de 9 heures trouvait le salon *clean* alors que la cliente de 14 heures trouvait beaucoup moins *clean* ! On a prévu une réouverture de 13 heures avec le nettoyage et la remise en place des produits dans la vitrine.

Les collaboratrices du cercle de qualité sont aussi allées se faire coiffer dans d'autres salons de coiffure. C'était une sorte de « benchmarking ». Le but n'était pas de fliquer les salons concurrents mais toujours d'encourager de nouvelles idées. Elles avaient une fiche pré-formatée sur laquelle elles devaient tout noter sur l'accueil téléphonique, la propreté, l'hygiène…

D'ailleurs dans les autres salons, elles ont vraiment vécu des choses insupportables ! Depuis, elles ont amélioré leur comportement vis-à-vis des clientes. Par exemple, certaines ont été traumatisées par un coiffeur qui les a lâchées 32 fois pour répondre au téléphone. Du coup, mes employées chouchoutent vraiment nos clientes !

Les protocoles étaient élaborés sous forme d'une charte qui reprenait toutes les étapes du service : accueil téléphonique, accueil physique, shampoing au bac…On y inscrivait tout un savoir-faire que la cliente ne doit pas connaître.

Si ce n'est pas écrit et pas répété, ce n'est pas valable.

Les chartes n'étaient pas affichées dans tous les salons au même moment. J'attendais que les salariés soient prêts.

C'est cette addition de services qui encouragent les clientes à payer un peu plus cher.

Pour accompagner ces changements, il y a des formations obligatoires pour chaque métier au siège. Les hôtesses, les techniciennes, les coiffeurs, même s'ils ont 25 ans de métier, doivent venir suivre un stage de 3 jours tous les ans. Dans la coiffure, tout bouge très vite — coloration, pigments – et il faut se maintenir. Par exemple, il faut savoir-faire la coupe qui figure sur les posters que l'on affiche dans nos salons !

La boîte à idées était relevée toutes les semaines et on discutait des idées lors des réunions du cercle qualité. C'était toujours des idées simples. Il y était donné suite après calcul de leur coût comparé aux gains d'efficacité.

Le personnel a pris conscience que si l'on voulait une prestation globale de qualité, il ne fallait pas s'arrêter à la coiffure mais prendre en compte la personnalité de la cliente, la décoration, la musique d'ambiance…Toutes ces petites choses ont un coût et expliquent que nos tarifs sont un peu plus élevés.

Quelques exemples d'idées retenues :

— un deuxième téléphone portable pour que tout le monde puisse répondre au cas où l'hôtesse serait déjà en ligne,

— une hôtesse supplémentaire en fin de semaine,

— l'accueil diffus : l'hôtesse puis tous les employés, un par un, saluent la cliente qui entre,

— sponsoriser la Transat du Havre,

— envoyer une lettre à chaque nouvelle cliente pour qu'elle inscrive ses observations, ses commentaires. En cas de problème, la cliente était invitée à revenir jusqu'à ce que le problème soit réglé,

— les 50 meilleures clientes du salon ont reçu un bouquet de fleurs à leur domicile,

— déjeuner dans un grand restaurant pour observer ce qu'est un service de très grande qualité. Nous avons invité tous les employés dans le meilleur restaurant de Honfleur.

L'innovation, peut consister à améliorer ce que l'on sait faire ou cela peut être de l'innovation innovante. La boîte à idées servait à l'innovation innovante. D'ailleurs, parfois, les employés ont déliré. » !

2. Comment rémunérez-vous les idées adoptées ?

« Pendant les années de fonctionnement de la boîte à idées et du cercle de qualité (1997-1998), chaque employé a reçu une prime de 1 000 F. En cas d'idée exceptionnelle, je m'étais engagé à donner une prime exceptionnelle. »

3. Quels sont les résultats de l'innovation participative dans votre société ?

« La boîte à idées et le cercle de qualité ont existé pendant 2 ans (1997-1998).

Au cours de ces années, nous avons obtenu le prix de la qualité, le grand prix qualité Mercure d'or, le prix accueil de la ville de Rouen, une page consacrée à notre expérience dans la revue Le Revenu.

Grâce à ces prix et au respect de la charte, nous avons augmenté notre chiffre d'affaires de 30 % en 1997-1998.

On est situé en quatrième position des salons Jacques Dessange de province, or Rouen n'est pas la quatrième ville de France.

Mais le grand résultat de toutes ces idées c'est la synergie, le travail en équipe car chaque métier a pris conscience des difficultés des autres métiers dans le salon de coiffure.

Actuellement, les chartes sont toujours respectées grâce à la vigilance des managers. Il y a toujours des réunions pour avancer ».

4. Quelle est la place de l'innovation participative dans la société JACQUES DESSANGE au siège ?

« Le groupe a une longue tradition d'écoute de ses franchisés pour innover.

Dernièrement, dans le cadre de la politique qualité, nous avons organisé une réunion avec les top managers de JACQUES DESSANGE. Ils étaient regroupés par région et ont participé à un brainstorming sur les choses obligatoires, spécifiques, complémentaires à faire. On en a retiré cinq thèmes essentiels sur lesquels des sous-groupes ont travaillé. Chaque sous-groupe avait un rapporteur pour présenter une idée sur le thème. Du 1er janvier au 30 juin 2001 vont avoir lieu deux séminaires par région pour reprendre ces idées et dégager des projets d'amélioration. C'est l'innovation participative qui nous intéresse.

Les projets seront élaborés en fonction des besoins spécifiques des régions mais ils pourront être appliqués à l'échelle du groupe s'ils répondent à des besoins partagés.

Dans le cadre de l'innovation participative, nous avons le projet de mettre des programmes de formation sur l'intranet de JACQUES DESSANGE. On installera même des bornes pour les clientes. Elles pourront y consulter nos services, notre gamme de produits, l'horoscope et la météo ».

(décembre 2000)

© Éditions d'Organisation

4 MAÎTRISER SON AVENIR

Vouloir fabriquer le futur

Le besoin d'innovation aujourd'hui s'inscrit dans un environnement instable caractérisé par sa complexité : incertitude, interdépendance, diversité.

Le management stratégique qui consiste à programmer des prévisions en fonction du passé ne fonctionne bien qu'en période stable. Aujourd'hui, il est obsolète. Le management ne doit plus chercher à prévoir mais à anticiper.

Les structures traditionnelles inspirées par le schéma taylorien ont évolué vers des structures divisionnelles et matricielles. Malgré leur intention d'apporter plus d'autonomie, c'est le cas des centres de profit, de taille humaine et de remise en cause d'une ligne hiérarchique unique et unilatérale, les rigidités demeurent qui limitent l'innovation et la créativité individuelle.

Certains théoriciens comme BARTLETT et GOSHAL disaient déjà en 1989 qu'il fallait dépasser la notion même de structures et refondre le système de décision pour créer une flexibilité stratégique et organisationnelle. Il ne s'agit plus de s'adapter au présent en tentant d'imaginer l'avenir, mais bien de créer de nouveaux avantages concurrentiels pour développer le futur.

Se donner des objectifs opportunistes prend tous son sens aujourd'hui, si l'on entend ce terme de deux manières différentes :
• prendre ce qui vient et être hyper réactif,
• écouter l'ensemble des acteurs internes et externes et anticiper en fonction des éléments captés.

> Affirmer une intention ferme de devenir ce qu'on veut être, et prêter attention en permanence à ce qui nous entoure.

Cette manière de diriger qui concilie la réactivité et l'anticipation est sans doute la plus propice à l'innovation. Elle génère un système d'organisation et de management radicalement différent de ceux que nous connaissons généralement aujourd'hui. Les frontières entre l'interne et l'environnement sont de moins en moins identifiables. Aux structures bien délimitées se substitue le fonctionnement en réseau.

Les paradigmes ont changé. Les exigences aussi. L'organisation doit satisfaire simultanément trois impératifs :
• être globalement compétitive,
• être capable de réponses spécifiques ou locales,
• être en mesure de transférer des savoir-faire managériaux ou techniques entre les pays.

Une telle simultanéité exige autre chose que des ajustements : nous sommes bien en présence d'un changement de type II, selon la définition de NIZARD.

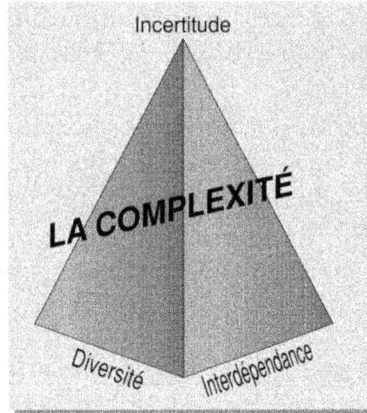

La complexité conditionne l'environnement aujourd'hui, pur produit de la démultiplication industrielle, de l'extension et la rapidité des réseaux d'information, de la valorisation de la « matière grise ».

Le **POINT** Les facteurs qui composent la complexité définissent surtout la multiplicité des interactions :

– l'interdépendance,
– l'incertitude,
– la diversité.

Fabriquer son futur n'est pas prévoir : une prévision fiable ne peut se faire qu'en bonne connaissance des composants du contexte (économiques, sociaux, politiques, environnementaux voire scientifiques) mais anticiper une orientation à prendre et décider d'aller dans ce sens.

Comment fabriquer son futur ?

Si l'on observe les initiatives dans lesquelles se lancent les entreprises qui anticipent et fabriquent leur futur, on retrouve trois constantes :
• à long terme : tisser des réseaux pour s'assurer une interdépendance maximum,
• à moyen terme : lancer des start-up, sortes de fusées d'avant-garde pour prendre le leadership,

© Éditions d'Organisation

• à court terme : initier des expérimentations en programmant des actions pilotes et/ou des prototypes dans une perspective de généralisation et modifications à mesure de la mise en œuvre.

À long terme : tisser des réseaux pour une interdépendance maximum

L'idée est d'utiliser et de développer les ressources, en particulier les compétences, et de fonctionner en réseau.

COULSON-THOMAS propose un schéma de fonctionnement en réseau qui nous semble compatible avec les structures actuelles et leur potentiel de changement.

Son schéma repose sur un noyau central (*core group*) qui définit la vision et la mission du réseau. Les unités satellites qui fonctionnent autour de ce noyau sont unies par la vision et déterminées par leurs compétences plus que par les marchés.

L'objectif est de répondre au trois exigences en simultanée :

• Compétitivité : création de valeur ajoutée au moindre coût structurel.

• Réponses spécifiques : équipes dédiées par projet.

• Transferts de savoir-faire : NTIC au service d'un know how partagé.

L'avantage en terme de flexibilité et de richesses est évident. Mais il existe bien sûr le risque de déperdition, de matière grise notamment, et de dilution, faute d'un management de proximité présent et rigoureux. Il est imaginable cependant, et certaines entreprises vont dans ce sens, de jouer l'idée du réseau tout en conservant la main sur un lien institutionnel qui reste à inventer. Les questions qui se posent d'emblée concernent l'inévitable équation : « contribution à la communauté/ rétribution de sa part », ainsi que la propriété intellectuelle des moyens et la formation permanente des acteurs, de l'initiation des nouveaux arrivants à la mise à niveau des plus anciens.

À moyen terme, lancer des start-up comme fusées d'avant-garde et leadership

Certains pensent qu'aucune structure traditionnelle n'est pas en mesure de se transformer en réseau, à cause notamment d'un héritage administratif trop lourd. Jeux de pouvoirs fondés sur le statut des acteurs plus que sur leurs compétences. À ceux-là, nous pouvons apporter une réponse qui se fait jour de plus en plus dans la pensée des managers innovants : plutôt que de prendre trop de temps à bousculer une structure existante, il vaut mieux promouvoir l'innovation à travers la création de start-up internes et externes comme autant de fusées qu'on lancerait depuis l'énorme vaisseau.

Ces start-up représentent autant de projets innovants. Leur mission peuvent concerner des cibles externes, nouveaux produits et services, nouveaux marchés ainsi que des cibles internes, apports de nouvelles compétences, par exemple.

À court terme : initier des expérimentations en programmant des actions pilotes et/ou des prototypes dans une perspective de généralisation et modifications à mesure de la mise en œuvre

> L'incertitude ne se maîtrise pas. En revanche, la pratique de l'innovation et de la créativité nous familiarise avec l'incertitude. Et nous permet de naviguer confiant en eaux inconnues.

Le sort des entreprises qui se sont lancées dans l'innovation radicale est très variable. Les unes font marche arrière, les autres se contentent finalement d'une évolution progressive. Rares sont celles qui font cohabiter les deux stratégies. Pour réussir durablement dans le domaine de l'innovation, selon Robert SHELTON (directeur du Cabinet Arthur D. Little's Technology and Management Practice, qui travaille à Palo Alto), il faut réunir trois conditions :
• faire de l'expérimentation un mode de pensée
• gérer le volume des opérations commerciales
• placer les équipes au contact des grands partenaires

L'innovation radicale n'existe pas sans un travail d'expérimentation continue pour tester, réfuter, modifier ou valider des concept nouveaux.

Le POINT

Quel que soit le choix de l'entreprise, celle qui manifeste une intention stratégique mobilise l'intelligence économique et humaine.

Fabriquer son futur c'est aussi mettre en place une série de dispositions en interne qui permettront d'exploiter et de soutenir les réseaux, les start-up et les expérimentations.

Les dispositions et les pratiques à mettre en place sont les suivantes :
• recrutement selon des critères différents
• groupe de travail multidisciplinaires
• management de proximité
• mobilité entre les fonctions
• règles de rémunération fixe et variable très claires
• communication interne performante
• reconnaissance de leviers de motivation externes à l'entreprise
• éthique professionnelle reconnue.

Réflexions inspirées par l' article « L'entreprise face à la turbulence », Michel DENARDAUD, Docteur en Sciences Économiques Université d'Aix en Provence. MCS, N° 422, 2 novembre 1993. ■

© Éditions d'Organisation

Chapitre

2

Maîtriser les définitions

Une idée **innovante** ici peut être complètement **banale** ailleurs. Et réciproquement !

1 L'INNOVATION À TOUS LES ÉTAGES

L'innovation à tous les étages part d'un constat simple : au cours de son histoire, l'entreprise a connu une progression que l'on peut identifier en trois grandes étapes :

1. L'innovation « mono-étage » R et D : la maîtrise technique des ingénieurs

Traditionnellement, l'innovation est la spécialité des bureaux d'étude de Recherche et Développement qui disposent des outils de la maîtrise technique.

Les objectifs d'avancée technique proviennent des améliorations demandées par les clients, des solutions aux dysfonctionnements, à la recherche de produits et services nouveaux ou différenciés. Les outils sont :
• le centre de recherche et son programme : méthodes et cerveaux,
• la veille technologique : antériorité et intelligence économique,
• la recherche et développement : gestion de projet, ingénierie concourante (réduction des délais et des coûts).

2. L'innovation marketing : la maîtrise stratégique des marketers

Quelle place votre entreprise attribue-t-elle à chacune de ces sources d'innovation ?

La nécessité de conjuguer anticipation et réactivité se traduit par un pilotage stratégique fondé sur deux pôles : l'intuition et la réalité externe telle qu'on la perçoit, telle qu'on l'analyse, telle qu'on l'évalue. Ses méthodes recouvrent :
• l'analyse des marchés et de la concurrence : marketing, diagnostics quantitatifs et qualitatifs, courbe de vie des produits, vision prospective, etc.,
• la définition d'objectifs prioritaires en fonction des situations problématiques, des projets de développement, de l'adéquation entre l'offre et la demande par rapport à son positionnement, les critères discriminants (« *Unic Selling Proposition* »),
• l'exploration créative des voies de croissance : du prolongement de l'offre au scénario de rupture.

3. L'innovation à tous les étages : la multidisciplinarité de tous les acteurs

La multidisciplinarité est une forme de maîtrise en elle-même : elle représente une compétence d'entreprise indispensable et complémentaire aux compétences des spécialistes. Elle incarne également un critère nouvellement intégré à la notion de compétence : l'implication et l'adaptation, compétence qu'on attend autant de l'organisation générale que de chaque acteur.

Le POINT *Les tableaux de bord des trois sources de l'innovation*

Par source

SOURCES	Domaines d'actions	Investissements (% CA)	Nombre d'acteurs concernés	Objectifs	Résultats
R & D					
Marketing					
Innovation à tous les étages					
TOTAUX					

Par domaine d'action

| Domaines d'action | Participation de chaque source chiffrée en % CA /Temps homme | | | | | |
| | R & D | | Marketing | | Innovation à tous les étages | |
	% CA	T/H	% CA	T/H	% CA	T/H
TOTAUX						

À l'aide de ces tableaux, vous pouvez situer la part de l'innovation dans votre entreprise sur une année. L'objectif est de renforcer la valeur ajoutée de chaque source et d'en croiser les apports au maximum dans chaque domaine.

2 LES DOMAINES DE L'INNOVATION PARTICIPATIVE

Il n'y a pas de domaine réservé à l'exercice de l'innovation participative. Les domaines de l'innovation participative sont par définition ceux qui correspondent aux composantes de l'activité : les produits et services, bien sûr, mais aussi l'organisation, le management, les métiers, les relations sociales.

© Éditions d'Organisation

Ce qui justifie principalement l'intervention d'une démarche « innovation participative » dépend moins du domaine lui-même que de la manière d'obtenir les résultats escomptés.

L'innovation participative est fondée sur :
*   la contribution multidisciplinaire de plusieurs acteurs experts dans un domaine spécifique, elle met donc en avant le fonctionnement en réseau,
*   la confrontation utilisateur-producteur, pas seulement à travers une relation client fournisseur (externe ou interne) mais d'une façon plus globale, en vue de découvrir de nouvelles fonctionnalités au regard des besoins exprimés.

Expertise du spécialiste ou expertise de l'utilisateur ?

▷ Valoriser l'interaction entre l'expertise du spécialiste et celle non spécialiste de l'utilisateur.

Pour être pertinent dans la démarche de l'innovation participative, il est nécessaire d'ouvrir la signification du concept d'expertise.

A priori, l'expert est une personne choisie pour ses connaissances techniques, chargée de faire des constatations, des examens ou des appréciations.

Classiquement, l'expertise s'applique à des disciplines reconnues : sciences « dures » et sciences « molles », techniques de toutes sortes (high tech, sports, jeux …).

L'innovation consiste aussi à donner une nouvelle dimension au concept d'expertise – en s'appuyant notamment sur le rôle de l'expérience – et à reconnaître qu'il existe une véritable expertise d'utilisateur diagonalement différente et complémentaire de l'expertise du spécialiste concepteur, constructeur et auditeur.

Souvent, des groupes de travail bloquent parce que les participants ne maîtrisent pas le domaine dans lequel ils doivent innover. Et leur production se limite malheureusement à des banalités décevantes.

En réalité, ils ne maîtrisent pas le domaine en question en tant que spécialistes. Ils le maîtrisent beaucoup mieux en tant qu'utilisateurs, dès l'instant où ils savent analyser leurs besoins. Il faut alors les aider à développer leur expertise (on pourrait dire leur compétence) d'utilisateurs : capacité d'analyser leurs besoins et capacité de créer des idées innovantes à partir de cette analyse.

Ce fut le cas très récemment d'un groupe qui pratique la technique d'innovation participative dite du « bocal » sur une recherche concernant les compétences et les talents. Ce groupe a pour mission de créer un mode de fonctionnement innovant dont l'objectif est d'exploiter et d'enrichir les compétences de chacun. Les séances ont très bien fonctionné tant qu'il s'agisait de définir les défis et les enjeux. Elles ont commencé à bloquer dès l'instant où il fallait trouver des idées innovantes dans un domaine, celui des Ressources Humaines en l'occurrence, dont aucun des participants n'est spécialiste. Tandis qu'ils sont clients utilisateurs potentiels du système à inventer.

Il convient donc de faire appel à leur créativité dans leur rôle d'utilisateurs. Puis d'injecter sous une forme ou sous une autre l'expertise d'un ou plusieurs spécialistes (un consultant spécialisé, le spécialiste interne de la gestion des compétence et une autre entreprise benchmarkée, par exemple) et innover à partir de cette double expertise : spécialiste et utilisateur non spécialiste.

Exemples

QUELQUES EXEMPLES D'INNOVATIONS PARTICIPATIVES RÉALISÉES AU COURS DE CES DERNIÈRES ANNÉES DANS TOUS LES DOMAINES DE L'ENTREPRISE

Nous avons recensé des exemples d'innovations qui résultent d'une démarche participative entre des acteurs représentant des expertises multidisciplinaires et des rôles différents : utilisateurs et producteurs.

1) Nouveaux produits dans le domaine automobile

Problématique :
• comment faire pour créer une offre nouvelle 30 % moins cher dans un matériau donné « M » ?

Méthodologie :
• les experts fabricants du matériau « M » faisant partie de business unit différentes dans un même groupe international, chacun spécialiste dans des secteurs d'activité très divers (bâtiment, chimie, aéronautique, etc.) se réunissent autour d'un directeur de clientèle spécialiste du secteur commanditaire de la recherche (l'automobile)
• Le directeur de clientèle transmet tous les besoins de son client fabricant automobile (trouver un revêtement intérieur isolant, léger et peu coûteux, par exemple)
• Chaque spécialiste fournit ses propositions dans son domaine
• Le directeur avec le groupe formalise une proposition innovante pour son client fabricant automobile (à partir par exemple d'un isolant utilisé pour la toiture) : l'avantage de cette innovation qui a fait participer l'ensemble des expertises du groupe s'évalue en terme d'efficacité éprouvée et de diminution des coûts (volet R & D en l'occurrence)

2) Nouveaux services dans le domaine de la distribution

Problématique :
• comment utiliser les informations de proximité des livreurs à domicile pour offrir de nouveaux services aux clients émetteurs (VPCistes et annonceurs en général, par exemple)

© Éditions d'Organisation

Méthodologie :

- Des groupes de livreurs et de coursiers se réunissent avec des experts marketing et des clients : chacun exprime ses enjeux et ses besoins et travaillent en créativité pour trouver de nouveaux services proposés aux clients émetteurs, en terme de qualification de cibles et de fichiers, ou d'analyse des besoins des clients livrés, par exemple

- Les propositions de nouveaux services sont sélectionnées en fonction de leur efficacité et de leur faisabilité (notamment par rapport au strict respect des règles de confidentialité en vigueur)

- Les nouveaux services sont formalisés, les livreurs et coursiers sont équipés du matériel informatique nécessaire et chaque course fait l'objet d'un double service : distribution et recueil d'information à fournir en retour.

3) Nouvelle politique client dans un groupe pétrolier

Problématique :

- comment passer d'une politique client disparate et cloisonnée à chaque business unit du Groupe à une politique globale et rationalisée au niveau de l'ensemble du Groupe ?

Méthodologie :

- identifier l'ensemble des clients d'un même groupe organisé en business unit par ligne de produits ? (sachant que de nombreuses B.U. ont des clients identiques sans le savoir)

- des responsables fonctionnels et opérationnels de toutes les B.U., représentant chacun une étape des différents parcours client, (de la prospection commerciale à la facturation, du service des réclamations au SAV) se réunissent pour visualiser (au sens propre du terme) les systèmes de fonctionnement interne

  Attention ! Le piège à éviter dans ce genre de problème est de concentrer toutes les recherches dans un seul domaine et donc un seul axe: le domaine commercial, par exemple

- Par croisement et recoupement, les carrefours sont identifiés et des nouveaux systèmes de gestion sont créés pour définir une nouvelle politique Groupe

  Idée ! Dans le cas cité, le point qui a été identifié lors des groupes était le contrôle de gestion qui centralisait toutes les facturations du Groupe et permettait de donner ainsi une visibilité de l'ensemble en temps réel.

4) Nouvelle démarche commerciale résolument « terrain »

Problématique :

- Comment multiplier par 2 ou 3 le temps des commerciaux sur le terrain (et diminuer d'autant le temps passé dans un bureau)

Méthodologie :

- Réunir tous les acteurs actifs dans la relation commerciale : commerciaux, marketing, SAV, ingénieurs d'affaire et ... clients (en un ou plusieurs groupes pourvu que chacun soit mixte) et identifier ensemble les besoins et les enjeux des uns et des autres (en terme de proximité, de réactivité, d'informations, etc.)

- Créer des modes de fonctionnement radicalement nouveaux qui intègrent les enjeux de chacun en terme satisfaction des clients (besoin de proximité et personnalisation), de motivation des commerciaux (contribution-rétribution, équipement fiable et ultra mobile), des intérêts de l'entreprise (fidélisation de la clientèle, réduction des charges, flexibilité)

Idée ! Une des propositions les plus radicales est de supprimer les bureaux pour les commerciaux et de les remplacer par des structures mobiles (téléphone, internet) et domiciliées chez le commercial lui-même.

À noter que ce problème n'est plus nouveau aujourd'hui. Il mérite d'être cité comme l'exemple de ce que représente une véritable innovation (révolution ?) dans certaines entreprises qui ont employé des moyens radicaux. Souvent ce problème était associé à une recherche de réduction de coût. Il faut retenir qu'en l'occurrence l'équation est particulièrement créative et radicale dans la mesure où plus le commercial passe de temps sur le terrain, plus il est censé apporter des affaires nouvelles et moins ses besoins structurels (installations fixes au siège) sont importants.

5) Nouvelle configuration de l'accueil d'une Préfecture

Problématique :

• Comment créer une nouvelle disposition architecturale et ergonomique qui réponde aux besoins des clients et des agents administratifs ?

Méthodologie :

• Chacun des 80 agents est interrogé pour recueillir sa perception de l'existant en terme d'attractivité et de rejet, ses visons d'une Préfecture idéale, ses attentes et ses besoins pour bien remplir sa mission auprès des clients, l'image qu'il pense que les services de la préfecture donne à l'extérieur

• Une centaine de clients sont interviewés in situ pour recueillir leur perception de l'accueil existant et de l'accueil attendu

• L'ensemble de ces perceptions est traduit créativement en terme d'organisation et d'architecture pour produire une configuration totalement innovante qui associe les besoins des clients (confidentialité dans certaine situations, par exemple) et ceux des agents (proximité des archives papiers à équidistance de tous les guichets par exemple)

• Après validation auprès de l'ensemble des acteurs, la proposition a été transmise à un expert qui établit le programme de mise en œuvre.

Ce cas montre qu'un projet de refonte d'organisation, avec tous les aspects ergonomiques, architecturaux et managériaux qui sont liés, peut passer par la participation créative des acteurs sans devenir un reengieering, sans doute plus radical mais qui se soucie rarement de l'appropriation des innovations par les acteurs humains concernés, tant internes qu'externes. ∎

Les domaines qui s'ouvrent : relationnel et social

La majorité des exemples que l'on peut citer aujourd'hui sont liés aux domaines des produits, des innovations techniques, des services, de l'organisation (les grands changements occasionnés par le bouleversement radical des métiers du back-office et du front-line, par exemple), du management (on pourrait évoquer la remise en cause institutionnelle et hiérarchique que représente la pratique du 360 degrés !). On constate également que les deux parents pauvres des domaines les plus fréquemment

© Éditions d'Organisation

traités sont ceux qui touchent au relationnel et au social. La dominante technique est encore très affirmée.

Il reste des champs de recherche très vastes à ouvrir sur la relation de l'individu avec son environnement professionnel (comment faciliter l'expression de la créativité et de l'intelligence des utilisateurs dans leur environnement bureautique, par exemple), sur la capacité de transmettre les savoirs, sur les formes de travail collectif et en réseau, sur la valorisation de l'imaginaire et de l'émotionnel dans la contribution à la performance, sur des pratiques de travail qui concilient des valeurs humaines fondamentales, tels le respect ou la convivialité et l'extrême instrumentation de l'activité.

Quant au domaine social, il trouve encore moins de place, même si c'est celui qui appelle des innovations bien plus radicales que celles précédemment citées au nom de multiples questions qui se conjuguent. Voici quelques exemples auxquels il est plus qu'urgent d'apporter des réponses et qui exigent une réflexion de tous à tous les étages de l'entreprise :

* par rapport à la vie privée et/ou familiale : comment équilibrer l'activité professionnelle et la vie personnelle quand dans une famille, les deux conjoints travaillent ? Comment donner le temps nécessaire à l'éducation des enfants tout en exerçant une activité professionnelle ? Comment mettre à profit les nouvelles technologies et organisationnelles pour libérer du temps sans compromettre la rentabilité de l'entreprise ?

* par rapport à l'équité des sexes : comment permettre à une femme d'assurer des responsabilités et de faire une carrière conventionnellement réservées aux hommes ?

> Le problème n'est jamais de faire germer dans sa tête des pensées nouvelles et innovantes mais de réussir à en arracher les anciennes. (Dee Hock, fondateur de l'entreprise Visa)

* concernant l'interaction entre secteurs marchands et non-marchands : comment intégrer des projets à but social et citoyen dans les démarches d'entreprise – quand on sait que 97 % des salariés déclarent qu'ils seraient plus fidèles à leur entreprise si elle menait une politique d'entreprise citoyenne (selon une enquête Ipsos, menée en 2000, au niveau européen) – Comment relever des défis extérieurs à l'entreprise pour développer en interne des valeurs d'innovation et d'ouverture ? Comment créer une différentiation compétitive par l'écoute et le soutien à la société ?

Autant de chantiers ouverts sur un avenir proche qui désenclaveraient le monde du travail de son particularisme socioéconomique. Autant d'attentes qui redonneraient à beaucoup la motivation de s'investir dans des causes qui placent l'intérêt des êtres humains au cœur du débat, qui dépassent les oppositions stériles entre le tout économique et le tout social.

Exemple

LES CHAMPS D'ACTION DES « CRÉACTIONS » IDENTIFIÉS CHEZ ALSTOM

- **32 %** des « créactions » (idées issus de la participation des salariés) permettent l'amélioration des conditions de travail et protègent l'environnement)

- **33 %** permettent l'amélioration la simplification des processus, la diminution de temps de cycle

- **14 %** concernent l'amélioration de la qualité

- **10 %** la sécurité

- **11 %** le produit

Challenge ALSTOM/ N° 11 – Janvier 2000   ■

3 L'INNOVATION PARTICIPATIVE : TOUTE UNE HISTOIRE

L'innovation participative relève d'une pratique démocratique. Le fait de donner la possibilité aux représentants du peuple de s'exprimer trouve ses racines dans l'Antiquité gréco-latine.

C'est en redécouvrant les racines du mot suggestion que Antoine HÉRON, nous conduit aux ancêtres des dispositifs d'innovation participative[1].

Voici quelques points de repères chronologiques :

« Suggestum » au premier siècle de notre ère : un grand podium sur le Forum de la ville de Pompéï d'où les orateurs haranguaient la foule. L'initiative venait d'Athènes et fut reprise par Rome.

C'est un lieu élevé depuis lequel on pouvait développer et défendre ses idées.

Deux siècles plus tard, à Rome, au Colisée, le suggestum n'est plus le lieu de l'expression publique et du courage mais le lieu réservé à l'Empereur, d'où celui-ci peut, en toute sécurité, voir le spectacle.

Cela devient un lieu de prestige où on se donne à voir.

Mais ces initiatives ne se limitent pas au monde gréco-latin. À la fin du premier millénaire, au 9e siècle, les Vikings permettent, sur l'Ile de Man, à chaque citoyen de proposer par écrit une loi ou un amendement de loi.

---

1. Un article très intéressant écrit par Antoine HÉRON dans le *bulletin* n° 6 du pôle Initiative et Créativité – Institut Qualité et Management – Mouvement Français pour la Qualité – décembre 2000.

La feuille écrite doit être déposée le jour de la promulgation des lois nouvelles : la réponse est donnée l'année suivante, jour pour jour, lors de la nouvelle cérémonie. Ce dispositif est encore en vigueur aujourd'hui.

Au Japon, au 18e siècle, les Shogun font appel aux idées de leurs sujets.

Dans l'industrie, c'est en 1880, dans une entreprise de construction navale en Écosse, qu'est créé sur place le premier système de suggestion afin « de rendre le chantier plus efficace et plus sûr, et d'augmenter l'intérêt des employés ».

En 1890, chez Kodak, un employé propose à Monsieur Eastmann de nettoyer les carreaux de l'atelier pour pouvoir éteindre les lumières. Pour cette proposition économique, cet employé se vit remettre 2 dollars.

Ces initiatives font tâches d'huile et de nombreuses entreprises adoptent ce système. C'est à partir de 1920 environ que les premiers systèmes de suggestions font leur apparition officielle en France.

Dans les années 60, les systèmes de suggestions sont mis en place dans les entreprises au Japon, dix ans plus tard, ils sont intégrés et donnent toute la mesure de leur efficacité. En Europe et aux États-Unis, ils suscitent un nouvel intérêt auprès des dirigeants d'entreprise qui les repositionnent le plus souvent dans le cadre de leur démarche de Qualité Totale.

4 L'INNOVATION PARTICIPATIVE : RUPTURE OU AMÉLIORATION À PETITS PAS ?

L'innovation : rompre avec l'existant, revenir sur le passé, se projeter dans l'avenir... cherchez le paradoxe !

L'exemple de la roue est édifiant à cet égard.

| Exemple |

Pendant des millénaires, l'homme portait les charges sur son dos ou les fixait sur celui d'un animal et, quand il cheminait au pied d'une pente, il se méfiait des pierres qui dévalaient en roulant à toute allure. Jusqu'au jour où il a eu l'idée d'en faire une roue. L'histoire ne dit pas combien de temps il a fallu à l'homme pour transformer une pierre ronde en roue, la percer d'un trou pour y glisser un essieu et l'utiliser en moyen de transport.

En film accéléré, nous assistons à une véritable « rupture utile ».

Pendant des millénaires...

L'homme croule sous le poids d'une charge énorme. Cette situation est vraiment pénible et parfois insoutenable ! Il y a ceux qui se résignent, ceux qui font faire la tâche à d'autres, ceux qui se disent qu'il existe sûrement un autre moyen. Bien sûr, les animaux sont chargés eux aussi. Progressivement, on améliore le système. Cinq hommes bien organisés portent plus en équipe que cinq individus séparément. Deux chevaux tirent plus de charge que cinq hommes ! On pourrait mieux faire, beaucoup mieux faire ! Perdre beaucoup moins d'énergie mais comment ?

Et puis un jour !

Une pierre ronde dévale une pente. Un témoin de l'incident a un éclair de génie, il voit cette pierre reliée à une autre par un tronc d'arbre. Et sur ce tronc d'arbre… la roue est inventée.

Et depuis ce jour…

Les roues sont reliées par des essieux, des bâtis sont fixés dessus, le chariot est inventé, il est tiré par des animaux et peut transporter dix fois plus de charge avec la même énergie.

La « rupture utile » n'est pas une amélioration de plus. Elle change radicalement de principe et ce changement apporte des gains de productivité significatifs. ∎

> **Que faites-vous dans votre entreprise pour encourager ceux qui transforment les pierres rondes en roues ?**

L'exemple de la roue est métaphorique : l'entreprise regorge de porteurs de charge qui regardent des pierres dévaler des pentes !

Le POINT   *Comment pratiquer la rupture utile*

1. Prendre conscience que ce que nous faisons et comment nous le faisons est aberrant !
(Transporter des charges est utile, le faire à dos d'homme est aberrant !)

2. N'avoir de cesse de faire autrement.

3. Ne pas essayer de faire en mieux ce qui existe déjà : rendre la pratique actuelle insupportable, rendre son point faible criant, c'est dans l'exacerbation que réside le point de rupture.

4. Être curieux de tout et surtout de ce qui n'a rien à voir avec notre préoccupation : l'innovation se trouve dans un autre système.

Exemple

Pour un citadin sur deux, le déplacement de son domicile à son bureau est la source numéro un de sa fatigue. Ce n'est pas aberrant de travailler, c'est aberrant de gaspiller son énergie à venir travailler.

Pour corriger cette situation il s'agit d'améliorer son moyen de transport : de la voiture à la moto, par exemple. Ou bien : améliorer les parcours de transport public. En réalité, ces changements n'apportent que quelques bénéfices, vite anéantis par l'habitude et par l'ancrage négatif que le transport quotidien représente pour beaucoup.

L'exacerbation se trouve dans le fait d'avoir à se déplacer tous les jours et non dans le fait que ce déplacement soit plus ou moins confortable ou rapide.

© Éditions d'Organisation

La réponse ne se trouve pas dans des rues plus dégagées ou des métros plus aériens ou plus automatisés mais dans les systèmes d'information : ce que nous pouvons faire tous les jours avec les clients et fournisseurs à travers le monde entier (la pierre ronde qui dévale la pente ou qui sert de meule), on peut le faire avec les salariés (la pierre ronde qui sert de roue) et cela porte un nom : le télétravail. ∎

TÉLÉ ACCUEIL DERNIER STYLE EN CALIFORNIE

(Information du journal de 8 heures, France Inter, vendredi 9 mars 2001)

La standardiste d'un grand hôtel de la Silicon Valley n'en pouvait plus de faire 150 km le matin et 150 km le soir pour venir à son travail. Sur place, les locations étaient trop chères pour elle. Elle ne supportait plus de partir à 3 heures du matin et de revenir à 8 heures le soir, de ne plus voir ses enfants. Elle décida donc de donner sa démission. Mais dans le secteur, les emplois qualifiés sont rares. Et on a besoin de personnes bien formées pour un public exigeant et habitué à un niveau élevé de service. Le directeur de l'hôtel réagit immédiatement : il finança une installation qui permit à la standardiste d'accueillir en direct les clients de chez elle ! Un petit studio a été aménagé dans sa maison qui lui permet d'être vue et entendue sur un grand écran installé à la réception de l'hôtel et de voir et d'entendre les clients qui arrivent. Elle apparaît sur un fond raccord avec la couleur du mur de la réception. Coût de l'opération : 50 000 dollars. Des clients curieux de cette nouvelle forme d'accueil affluent. Une standardiste heureuse de continuer de pouvoir travailler et d'avoir le temps de voir ses enfants. Certaines innovations connaissent des dénouements heureux, surtout celles qui permettent de concilier nécessité et priorité. ∎

Le POINT   Listez tout ce que vous ne supportez pas, identifiez le point d'exacerbation et repérez la « pierre ronde » qui se cache autour de vous

---

5 LES DIFFÉRENCES ENTRE L'INNOVATION ET LA RÉSOLUTION DE PROBLÈME

L'innovation est-elle un nouveau nom plus branché pour qualifier les démarches de résolution de problème ?

En apparence oui : la « résolution de problème » est une appellation besogneuse, adaptée dans les années 80 à l'époque où le management à la japonaise était prôné. Dire que l'on innove est plus moderne : cela traduit le sens de l'objectif, « innovation » est utilisé aussi bien pour la démarche que pour le résultat.

Et innover est positif alors que dans « résolution de problème », il y a problème donc souci quotidien. Nous préférons nous projeter dans l'avenir plutôt que faire le ménage ou des réparations.

Innover est plus mobilisateur, cela évoque le management à l'américaine, ouvert, dynamique et sans censure, à l'époque où le libéralisme économique fait rage.

Résolution de problème	Innovation
Part d'un manque ciblé, d'une lacune, d'un dysfonctionnement.	Part d'une envie, d'un pari, d'un rêve.
Vise un gain à obtenir progressivement à petits pas. Ex. : Réduire chaque année les coûts de maintenance de 2 %.	Vise un gain significatif à obtenir dans un temps court : un grand saut. Ex. : Réduire en un an les coûts de maintenance de 10 % à qualité de service égale.
Volonté d'amélioration de l'outil ou du produit : – Disposer d'un voyant lumineux sur la badgeuse, – Éviter la déformation de telle pièce sur un assemblage au cœur d'une centrale nucléaire, – Faire en sorte qu'un sachet de thé s'ouvre plus facilement.	Volonté de changement de l'outil ou du produit : – Remplacer le système de la badgeuse, voire se passer de badgeuse, – Identifier les produits du futur en matière de moteurs des centrales nucléaires, – Trouver de nouveaux concepts pour faire aimer le thé en boisson chaude.
Les objectifs sont plus qualitatifs, moins mesurables, apparemment plus faciles à atteindre : – Améliorer les relations entre les services achats et ceux de la publicité, – Mieux accueillir les nouvelles recrues, – Exploiter davantage les informations contenues dans les réclamations clients.	Les défis sont insurmontables, cela en devient provocant : – Supprimer 50 % des tâches administratives, – Assurer une polyvalence globale, – Avoir un stock de pièces de rechange deux fois moins important avec le même taux de disponibilité, – Se passer de bureau fixe. Le défi s'exprime en résultats mesurables ou concrets à obtenir.
Porte sur des problèmes segmentés : – Dans un aéroport, empêcher les voyageurs de passer des chariots à bagage d'un étage à l'autre, – Réduire l'attente des clients au service réservation téléphonique.	Porte sur un objectif global pour l'ensemble des acteurs de l'entreprise : – Devenir leader sur tel segment de marché, – Refondre le processus de maintenance pour l'ensemble des fabrications d'un site.
Un problème a été résolu de façon ciblée : nous n'avons pas besoin de compétences nouvelles pour faire vivre la solution apportée. Exemples : – La solution, c'est de mettre deux commerciaux dans un même bureau, – Tel service va améliorer sa participation à tel processus, pendant que les quatre autres services concernés par ce processus ne vont rien changer à leurs pratiques.	Les innovations apportées se traduisent par une nouvelle organisation du travail ou une façon différente de croiser les compétences dans l'entreprise. Souvent, la solution innovante exige la maîtrise de nouvelles compétences. Exemples : – Les commerciaux n'ont plus de bureaux et ils doivent développer toutes les compétences liées à l'information et à la communication à distance, – Les cinq services concernés modifient leur façon de contribuer à tel processus.
Le succès repose sur la fiabilité, la précision des observations.	Le succès repose, en plus, sur la façon d'animer la démarche, l'écoute, l'information réciproque pendant la démarche.

© Éditions d'Organisation

L'innovation relève un défi pendant que la résolution de problème chasse un dysfonctionnement.

En bons gaulois pragmatiques, nous irions vite dire qu'il s'agit de démarches similaires et que seules les « appellations » divergent : si nous entendons de plus en plus les entreprises dire qu'elles innovent, c'est parce que c'est plus mobilisateur d'innover que de chasser les problèmes.

Jouons au jeu des différences entre résolution de problème et innovation ?

À partir de quand une démarche dépasse la « simple » résolution de problème pour obtenir le noble label d'innovation ?

À bien observer les entreprises qui se sont jetées à l'eau, les démarches d'innovation seraient plus ambitieuses. Les deux principales différences entre la résolution de problème et l'innovation sont :

• l'ampleur des objectifs,
• la démarche globale entre le moment où l'on nomme l'objectif et le moment où l'on a abouti.

Le tableau précédent décrit toutes les nuances qui font la différence finale entre une démarche de résolution de problème et une démarche d'innovation.

6 QUALITÉ ET INNOVATION PARTICIPATIVE : UNE MÊME FINALITÉ, L'EXCELLENCE

Exemple

MOI, J'INNOVE ! JE NE FAIS PAS QUE DE LA QUALITÉ !

Chez l'un de nos clients dont la politique d'innovation était lancée officiellement, chaque patron de filiale estimait faire de l'innovation. « Moi, j'innove, disait l'un, dès qu'un de mes clients me demande un produit qui n'est pas référencé dans mon catalogue, je lui fabrique le produit sur mesure, dans la bonne quantité, avec la bonne couleur,… ». Un autre patron estimait qu'en ayant amélioré nettement son processus de production, il avait fait preuve d'innovation. Un troisième estimait avoir été le premier à commercialiser un produit sur son marché.

Inutile de se gratter la tête pour savoir lequel a plus innové que l'autre ou qui a plutôt fait de l'amélioration continue ! ■

La quérulence, le fait de se chercher querelle entre qualiticiens et promoteurs de l'innovation participative, a été fréquente dans les années 90. Quand une innovation a été mise en place, les débats sont nombreux pour savoir si elle relève d'une démarche qualité ou d'une démarche d'innovation.

Certains pour trancher estiment que le label « innovation » ne doit être attribué qu'aux innovations fortes, de rupture. Mais la frontière entre une « forte » amélioration continue et une « petite » innovation est floue.

Cette gué-guerre sémantique vient peut-être du fait que les premiers à avoir parlé d'innovation participative en France à la fin des années 80 y ont vu une démarche différenciée et complémentaire des démarches qualité. Aujourd'hui, tout est résolu par la recherche de l'excellence qui réunit qualité totale et innovation des salariés.

> « La participation, c'est la démocratie bien comprise : il y a peu d'innovations sans participation ».
> Amiral Le Pichon

Exemple

Chez SOLVAY FRANCE, les équipes de direction n'ont pas voulu choisir entre Qualité et Innovation. Certes, l'impulsion donnée par la DG Groupe (au niveau mondial) pour développer l'innovation incite à enregistrer dans le lot des innovations des actions qui auraient autrefois été labelisées Qualité.

Il ne faut pas opposer Qualité et Innovation. D'ailleurs, François LEPOIVRE, coordinateur Qualité et Innovation, explique que dans le cadre de la politique Innovation,… « nous avons mis en place trois générateurs de valeurs » :

- la poursuite et le renforcement du Kaizen : par l'amélioration continue,
- l'innovation par la rupture : des changements radicaux, des défis,
- les actions transversales animées en réseau : les groupes Marchés/produits,

Ces trois générateurs viennent s'ajouter en complément des travaux de Recherche et Développement. Comme chez RENAULT, SOLVAY distingue l'innovation participative, destinée à mobiliser le plus grand nombre et l'innovation institutionnelle, et les fait fonctionner en synergie.

Aujourd'hui, nous avons complètement dépassé le débat Innovation ou Qualité. Pour nous, tout ce qui contribue à améliorer notre business en terme de chiffre d'affaires et de retour sur investissement est créateur de valeur. La bonne réponse, c'est donc Qualité et Innovation. »■

Le POINT　*Qualité totale et innovation ont plus de points communs que de différences*

Le personnel doit être encouragé à travailler mieux, plus intelligemment et non pas plus durement.

Le personnel opérationnel est le mieux placé pour identifier les problèmes et proposer les solutions.

Chacun est incité à se renseigner et à mieux comprendre l'ensemble de l'organisation, au-delà de sa propre tâche.

Chacun est encouragé à remettre en cause ses habitudes de travail.

L'orientation client joue un rôle déclencheur : la mesure de sa perception, sa satisfaction ou sa non-satisfaction est à l'origine des projets mis en œuvre.

Les résultats obtenus nécessitent de prévoir un système de reconnaissance de la contribution du personnel.

L'ensemble de la démarche concourt à l'excellence de l'organisation, des produits et des services proposés.

© Éditions d'Organisation

Les bénéfices apportés par les démarches d'innovation et de qualité totale

Tout effort effectué par l'entreprise peut être situé autour des quatre points cardinaux de ce schéma. À l'origine utilisé par les experts en qualité, ce tableau peut tout aussi bien décrire les actions d'innovation proposées et mises en place de façon participative dans votre entreprise. Toute action de progrès, qu'elle relève d'une démarche d'innovation participative ou d'une démarche qualité trouvera sa place dans ce tableau.

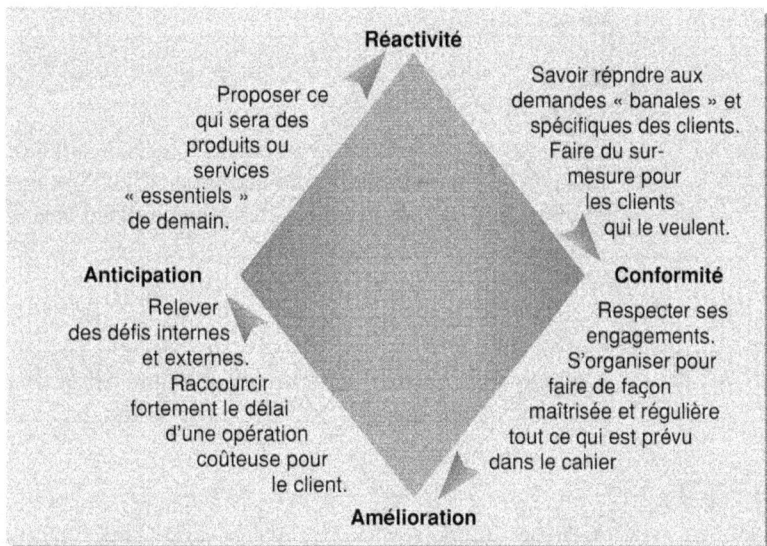

L'essentiel est de répondre à la question : « quand nous avons mis en place telle action innovante », était-ce en vue :
• d'être réactif ou de prouver notre réactivité,
• d'être en conformité avec les exigences de nos clients/de la norme,
• d'améliorer les produits, les services, les conditions de travail, la rentabilité,…
• d'anticiper les besoins futurs de nos clients, de comprendre ce qui sera « l'essentiel », le « conforme » de demain.

Ce schéma emprunté à l'univers de la qualité est adapté pour caractériser le degré de contribution de chaque action innovante mise en place.

■ La réactivité stade zéro

Sur cette grille, la réactivité représente le stade « zéro », le tout premier stade nécessaire à la qualité et à l'innovation : que devient une entreprise qui ne peut pas répondre à une demande spécifique formulée par un client ou qui ne sait pas tenir compte d'une réclamation ? Cela demande en effet de faire preuve d'innovation.

■ La garantie de conformité face aux attentes client

Depuis le déploiement des démarches qualité, les clients savent aussi demander une mise en conformité. La mise en conformité est une base solide pour consolider les processus et éviter préventivement les sources de dysfonctionnement. Comble de l'innovation, certaines démarches innovantes ont précisément pour objectif de se mettre en conformité avec les attentes des clients.

■ L'amélioration d'un produit ou service, d'une organisation, de conditions de travail

L'innovation commence aussi à embrasser les améliorations, même si la façon de s'y prendre dans une démarche d'amélioration est plus radicale, nombre de programmes d'amélioration peuvent être mis dans le cadre de l'innovation.

■ L'anticipation des besoins du client, de ce que seront les standards de demain

L'anticipation est bien sûr au cœur de l'innovation, en ce sens qu'elle prépare déjà ce que deviendront les critères de qualité de demain.

Exemple

C'est le cas de la Branche Combustible de FRAMATOME ANP qui associe des dizaines d'ingénieurs et de commerciaux pour déterminer les produits du futur.

ESSILOR, numéro 1 mondial des verres optiques a pratiqué un fort *reengineering* de son processus d'innovation pour pouvoir se démarquer de ses concurrents. Les mises sur le marché de nouveaux produits sont parfois le seul moyen de garder la confiance de ses actionnaires.

Jacques RUH, DG des ventes annonce dans le *Nouvel Économiste* (Mars repart à l'offensive) : maintenant, nous allons passer aux innovations avec trois nouveaux produits par an pendant cinq ans. Soit quinze fois plus qu'avant où la politique était : « un tous les cinq ans ». ■

> *Un peu d'amélioration éloigne de l'innovation, beaucoup en rapproche. Est-ce la somme de petits pas qui font de grandes ruptures ou de petites ruptures qui font faire des grands pas ? !*

Plus que jamais les entreprises cherchent à prendre du territoire, des parts de marché, des parts de confiance et se lancent dans une course à l'anticipation des besoins de demain.

Là aussi, les salariés peuvent faire preuve d'une véritable force de proposition en complément de l'indispensable travail effectué par les services de recherche et développement.

Outils PRATIQUES *Autodiagnostic. Exemples de leviers d'excellence à propos de :*

LA RÉACTIVITÉ : réponse adaptée

- Un client fait une demande urgente : quelle réponse apportons-nous dans les meilleurs délais ?
- Un client exprime un besoin nouveau : quelle réponse adaptée sommes-nous capables de lui fournir ?
- Un client fait une réclamation : quelle gestion et quel traitement mettons-nous en œuvre ?
- Une crise atteint notre entreprise ou notre secteur d'activité (vache folle, catastrophe du Concorde, par exemple) : quelle communication, quels nouveaux engagements de service avons-vous mis en place ?
- Un nouveau produit arrive sur le marché : que proposons-nous de plus performant ?
- Une loi (comme l'Euro, l'ARTT, etc.) est prévue : comment adaptons-nous notre organisation et notre offre pour y faire face ?

LA CONFORMITÉ : assurance qualité et certification

- Avons-nous mis en place les normes *ad hoc* pour maîtriser les risques de non réalisation des objectifs qualité ?
- Quels dispositifs existent pour capitaliser le savoir-faire de l'entreprise ?
- De quels arguments disposons-nous pour démontrer au client la qualité de nos produits et de nos services ?
- Les processus sont-ils tous contrôlés ?
- Les pratiques sont-elles homogènes ?
- L'application des procédures est-elle systématique ?
- Avons-nous défini un référentiel interne exigeant ?
- Notre documentation qualité est-elle actualisée ?
- L'organisation est-elle certifiée ?
- Le personnel est-il formé à accueillir des auditeurs ?

L'AMÉLIORATION : démarche de progrès

- Des démarches (kaizen, par exemple) sont-elles conduites à tous les niveaux de l'entreprise ?
- Des dispositifs de résolution de problème sont-ils mis en place à chaque dysfonctionnement observé ?
- Des objectifs progressifs (réduire les coûts de 2 %, améliorer les relations entre les services…) sont-ils accompagnés de plans d'action formalisés ?

– Des outils comme le PDCA sont-ils utilisés dans la conduite du progrès ?

– Les collaborateurs sont-ils nombreux à participer à des conduites de projet ?

– Les résultats attendus de chaque action sont-ils mesurés régulièrement et suivis d'actions correctrices ?

▷ L'ANTICIPATION : innovation et prospective

– Lançons-nous des défis « impossibles » pour faire de véritables sauts qualitatifs en peu de temps ?

– Traduisons-nous systématiquement et créativement des insatisfactions identifiées (études de satisfactions, focus groupes…) en offres et engagements de service nouveaux ?

– La volonté de remplacer… un produit, un outil, une mode d'organisation… prime-t-elle celle de les améliorer ?

– Détectons-nous les besoins latents des clients ?

– La créativité est-elle pratiquée (méthode, état d'esprit) ?

– La veille est-elle active (en externe et en interne) ?

– Que font ou disent nos clients d'aujourd'hui qui peut nous donner un indice sur leurs besoins de demain ? À quoi rêvent-ils : en quoi cela peut-il nous donner un indice sur nos besoins de demain ?

Le découvreur trouve quelque chose d'existant et méconnu jusqu'alors.

L'inventeur crée quelque chose de nouveau et « invendable ».

L'innovateur réalise quelque chose de nouveau et de productif.

▷ Et comme le disait le Général de Gaulle : « Des chercheurs qui cherchent on en trouve, des chercheurs qui trouvent, on en cherche »

Faire la différence entre l'invention et l'innovation

Une invention, c'est la création de quelque chose qui n'a jamais existé.

Une innovation, c'est souvent le transfert d'un outil ou processus dans un univers différent.

Par exemple, l'application du système du code-barre pour connaître les composants chimiques d'un mélange sur une ligne de production ou pour répertorier le matériel de marine dans l'armée.

© Éditions d'Organisation

Projet et problème même combat !

Le mot innovation, s'il comporte le sens de nouveau, vient d'un terme latin : *innovare* qui signifie retour en arrière.

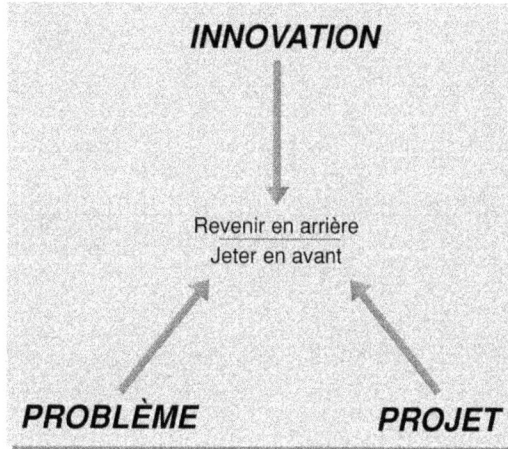

Qu'en est-il des deux mots les plus naturellement liés à l'innovation : projet, dont la finalité mobilise les énergies pour trouver du nouveau efficace et problème, à l'origine de bien des innovations porteuses de solutions inédites et souvent déclarées impossibles ?

Projet et Problème partagent une étymologie identique : jeter en avant, le premier du latin *(pro-jactere)* le second du grec *(pro-bleim)*

Est-ce aussi surprenant quand on sait que toutes les innovations sont des répliques artificielles transposées d'un phénomène naturel ? La musique, du vent, la roue, des troncs d'arbres, le tissu, du cocon, l'avion, de l'oiseau, la voiture, des mammifères à quatre pattes, l'informatique, du cerveau... ?

Attention : un problème peut cacher un projet !

Deuxième partie :

Comment se lancer dans l'innovation à tous les étages ?

3

À savoir avant de se lancer

1 NAISSONS-NOUS CRÉATIFS ?

Naissons-nous créatifs ? La question nous est souvent posée. La réponse s'impose d'elle-même dès que chacun prend conscience qu'il fait preuve de créativité face au moindre problème quotidien à résoudre. Les uns excellent dans le bricolage, d'autres dans le jardinage, la cuisine, la décoration, la façon de raconter une histoire, l'humour, les montages financiers, etc. La créativité est une compétence qui peut s'exercer dans de multiples domaines : elle est perfectible, développable, « professionnalisable ».

Les capacités indispensables

Chaque acteur de l'innovation doit acquérir et/ou révéler des capacités d'interdépendance, d'utilisation d'informations efficientes, d'émission de propositions innovantes, de croyance en l'impossible et d'harmonisation du plaisir et du devoir.

1) La confiance en soi et dans les autres
La capacité d'interdépendance :
• donner et recevoir des autres,
• agir en toute liberté,
• respecter les règles du jeu communes.

2) La connaissance de son entreprise et de son environnement
La capacité d'utiliser des informations efficientes.
• trouver l'information utile,
• trier les informations,
• intégrer les informations à sa réflexion pour l'enrichir, la transformer, la modifier, la remettre en cause de A à Z…
• (r)envoyer les bonnes informations aux bons acteurs.

3) De la méthode
La capacité de produire des propositions innovantes, seul(e) et en équipe.
• explorer une situation, les données d'un projet ou d'un problème,
• disséquer les données, les décrire, les comprendre, les analyser et dépister les bons angles d'attaque,
• imaginer des solutions innovantes efficaces et pertinentes,
• trier les plus intéressantes : ambitieuses, rentables, faisables à court terme,

© Éditions d'Organisation

• organiser la mise en œuvre et concrétiser une excellente idée en réalisation efficace.

4) Du talent
La capacité de croire ce qui est possible dans l'impossible.
• transformer un handicap en ressource,
• s'aventurer avec confiance dans l'inconnu, voire l'absurde,
• défendre une vision sans savoir encore comment y aller.

5) De l'énergie
La capacité d'harmoniser plaisir, devoir et contrat.
• identifier dans l'action ce qui apporte le plus de plaisir,
• reconnaître la satisfaction, la sienne et celle des autres,
• être tenace, parfois envers et contre tout,
• miser sur la réussite estimée en terme de résultats mesurables.

Le POINT
La créativité est nécessaire et non suffisante dans la capacité d'innover.
Elle est nécessaire pour trouver des idées nouvelles et les organiser efficacement.
Elle n'est pas suffisante car innover c'est aussi communiquer :
capter et utiliser les informations à traiter, « vendre » ses propositions et les transformer en bénéfices tangibles.

---

2 L'EXPLORATION DU SYSTÈME

Avoir une vision systémique

C'est une recette connue. Tous les consultants en conduite du changement vous expliqueront qu'il ne faut pas à l'heure d'innover avoir le nez dans le guidon mais qu'il faut prendre du recul et avoir une vision globale du lieu d'innovation.

L'ennui c'est que même quand on cherche à englober le tout, à avoir la vision la plus panoramique possible, on a, comme en photographie, toujours un angle d'attaque qui obsède !

Qu'est-ce que le système ?

Avoir une vision systémique reste souvent un vœux pieux tant notre vision est vite contaminée par cet angle d'attaque. L'angle de vue pourra être sociologique, comme le propose Michel CROZIER ou plus structurel comme le proposent souvent les cabinets conseil en organisation.

Gare à la pensée managériale unique

Les consultants en conduite du changement sont paradoxalement souvent les meilleurs vecteurs d'une pensée managériale unique. Ils privilégient la dimension formelle des organisations. C'est du moins ce que leur reprochent leurs clients tout en continuant à faire appel à ces anges gardiens de la pensée unique.

C'est dans le tout est « structure » que leur vision globale du système vient se noyer. Nous le savons tous : bien des projets de changement ou de fusion échouent par négation de la réalité humaine des organisations.

« Vingt ans de conseil et d'intervention, aussi bien dans l'entreprise que dans l'administration publique, m'ont appris que cette prééminence de la pensée unique n'avait d'égal que son inefficacité. Cette pensée ne laisse aucune place à l'implicite, à la culture, au système politique et au relations informelles dans la création de richesse. ». Gérard PAVY, directeur délégué de CAMBRIDGE MANAGEMENT CONSULTING.

La pensée managériale unique nous laisse croire que la performance d'une entreprise dépend avant tout des structures (qui canalisent les comportements) et du niveau de ressource mis dans les processus, c'est-à-dire dans les tuyaux de l'organisation.

L'innovation participative est par définition systémique

L'innovation participative est par définition systémique puisqu'elle s'appuie sur les regards croisés de tous les acteurs de l'entreprise. C'est en mettant autour de la table tous les acteurs et en faisant appel à leur créativité, qu'elle abolit les distances, détruit l'opacité créée par le système lui-même, par les structures du système en particulier. Une démarche d'innovation participative va englober autant la dimension structurelle qu'humaine et les méthodes créatives veillent à brasser autant des données objectives que subjectives.

Exemple

Dans une usine d'un laboratoire pharmaceutique, un groupe créatif s'attachait à remettre à plat le circuit des documents « administratifs » qui passent d'un service à l'autre.
Raccourcir le délai de ce parcours était son objectif principal.

© Éditions d'Organisation

La production de médicaments est directement dépendante de feux verts déclenchés par la rapidité d'échange de ces documents. Ces documents appelés par exemple « dossiers de lots » courent d'un service à l'autre et se voient au fil de cette course revêtus de nouvelles indications permettant au final à la fabrication ou au conditionnement de se faire.

Toute lenteur dans ce parcours génère un retard dans le démarrage de la production.

Un groupe de 10 personnes issues des différents services concernés s'est livré avec succès à cette recherche créative. La première étape de notre recherche consistait à Explorer le système. Cette étape fut totalement à la fois la plus laborieuse et la plus génératrice au final d'énergie dans notre recherche créative.

Par une série d'exercices, nous avons cassé la cécité du système, découvrant à quel point les personnes de chaque service, pourtant totalement motivées et consciencieuses avait une vision partielle du parcours des fameux documents administratifs. Les questions fusaient : « Quand tu reçois les documents que je t'envoie et que tu les signes, où vont-ils ensuite ? ». « Avant d'aller au service Édition, passent-ils par la case... ? Et au sein de cette case, qui les prend en charge exactement ? »

Ce n'est qu'après 3 heures de travail que nous avons pu reconstituer et dessiner en synthèse de notre phase d'Exploration le schéma du parcours des documents administratifs.

Cette phase de description, de compréhension ne s'est pas faite sans tension, sans douleur : en effet, au-delà de l'aspect mécanique de « papiers administratifs » qui passent d'un service à l'autre, ce sont des enjeux de pouvoir, de reconnaissance qui sont noués en arrière-fond.

En quoi le « penser global » va nous aider à innover ?

Dans cette usine pharmaceutique, le système des dossiers administratifs certes fait de tuyaux, mais aussi d'énergie dans ces tuyaux et de perceptions individuelles, donc de subjectivités, de partialité... nous était enfin révélé dans sa globalité.

C'est à ce moment-là que le groupe s'est vu porté par une dynamique créative et que fort de sa capacité à voir global, à penser global, à « peser » global, trois scénarios nouveaux furent élaborés et proposés par le groupe. ■

L'expérience de ce type de processus créatif nous fait dire : *décrire, c'est comprendre et comprendre, c'est inventer*[1]. On n'invente rien d'innovant si on n'a pas pris la peine de comprendre l'existant, de comprendre les pratiques.

C'est la raison pour laquelle, guider un processus d'innovation participative passe par une première étape d'Exploration suivie d'une étape visant à Disséquer le problème. Ce n'est qu'ensuite que nous nous livrons à la troisième étape : Inventer les solutions. Cette troisième étape de brainstorming à plusieurs se passe comme sur des roulettes quand les deux étapes précédentes ont été menées. Cette démarche Explorer, Disséquer, Inventer, Trier, Organiser, dite la démarche EDITO© reproduit le

---

1. Formule combinée à partir d'un concept de Piaget et d'un dicton indien.

parcours de l'innovation à la portée de tous les acteurs qui participent à son élaboration.

Le rôle des « communautés de pratiques »

L'entreprise est un système de « communautés de pratiques » : « dans les démarches d'innovation participative, il faut veiller à reconstituer ces « communautés de pratiques ».

Attention, il ne s'agit pas là d'un délire intellectuel mais bien d'une réalité : si vous souhaitez mettre en place une démarche d'innovation participative, vous serez amené à identifier ces « communautés de pratiques ». Échanger sur les pratiques existantes, identifier quelles sont les compétences inattendues développées par les hommes (et les femmes) de l'entreprise, font partie de toute démarche d'innovation participative.

Les « communautés de pratiques » sont des espaces, des lieux où les savoirs et savoir-faire s'échangent le plus dans l'entreprise. C'est la raison pour laquelle, lors de recherches créatives, il faut mettre autour de la table une diversité d'acteurs : en recréant ces communautés de pratiques, il est possible de façon accélérée (et en bocal) à chaque personne de s'approprier une partie des compétences de chaque autre participant.

Vous sentez à quel point il doit y avoir de la coopération au sein des groupes créatifs et pourquoi il faut veiller à entretenir ce niveau de coopération au plus haut niveau. C'est pour que s'échangent, dès le début des travaux de groupe, le partage des compétences.

La notion de « communautés de pratiques » vient de Californie : c'est la filiale du RESEARCH CENTER de XEROX, *Institute for research on Learning* (IRL) qui a constaté que l'essentiel de la transmission des connaissances au sein d'une entreprise n'est attribuable ni aux structures ni aux réseaux électroniques officiels.

La transmission des connaissances est activée ou inhibée par la façon dont « le message passe » de façon informelle au sein des fameuses communautés de pratiques.

Ce que nous appelons « message-massage » en France rend possible les partages de compétences : il s'agit d'associer le contenu transmis à la manière de le transmettre, voire à l'ambiance dans laquelle il est transmis.

Lorsqu'on supprime la possibilité de « message-massage », on constate la baisse de performance au sein d'une équipe. Ceci expliquerait aussi l'échec de *reengineering* qui sous prétexte de productivité ont parfois détruit les « communautés de pratiques » et par-là même les lieux d'apprentissage collégial.

© Éditions d'Organisation

Exemple

Tom PETERS dans son ouvrage *L'innovation, un cercle vertueux** en donne deux exemples.

Le premier se déroule dans un centre de contrôle aérien : pour préserver les contrôleurs du ciel des bruits de fond, il a été décidé de donner un casque à chacun d'entre eux. Cela a conduit directement à une baisse de productivité : « les contrôleurs apprenaient inconsciemment énormément de chose en écoutant d'une oreille distraite les conversations de leurs collègues ».

Le deuxième se situe dans une usine. À son arrivée, le nouveau directeur découvre une chaleur insoutenable. « il y avait donc installé un système de climatisation pour amélioré la productivité...et celle-ci avait aussitôt diminué ! » Le bruit des climatiseurs empêchait les échanges informels qui rendent possible le partage de l'information utile et des compétences.

* *L'innovation, un cercle vertueux*, Village Mondial, 1998, page 275. ∎

Le POINT *La pensée managériale unique en huit leçons*

1. Les directives et projets internes ne sont que partiellement mis en place.
2. Chercher à atteindre des objectifs et lancer de nouvelles initiatives sans assurer la mise en œuvre des procédures en cours (élaborées pour les mêmes objectifs).
3. Continuer de décider en niant le fait que jeux de pouvoir, conflits d'ego, cécité des systèmes d'information constituent la réalité quotidienne de l'entreprise.
4. Garder la part des activités à une non-valeur ajoutée à un instant T à un niveau de 30 % : objectifs incohérents, réunions mal préparées, informations partielles, activités inutiles, doublons, cloisonnement, scepticisme, non reconnaissance.
5. Le dirigeant doit s'abstenir de toute attitude empathique qui le rendrait dépendant des sentiments des autres.
6. Les consultants restent courtisans et se comportent en exécutants zélés sans alerter leurs clients sur les risques encourus.
7. Les managers qui se plaignent des effets de mode dans le management sont les premiers à se référer au vocabulaire en vogue : « best practices » ou « création de valeur » les assurent d'une oreille attentive au sein du comité de direction.
8. Lancer des projets manquant de transparence et sans respecter la parole donnée, alimenter le sentiment de manipulation et de méfiance à l'égard du management (cf. certaines réunions d'échange sur les 35h en France en 1999 et 2000).

D'après Gérard PAVY directeur délégué de Cambridge Management Consulting

---

Les deux révolutions systémiques

Première révolution : le reengineering

Les années 90 du management ont été marquées par la vision radicale du changement impulsée par Mike HAMMER et Jim CHAMPY.

Ceux-ci prônaient l'innovation par la remise à plat complète de l'entreprise en tant que système. Cette approche visait à passer d'une vision structurelle (et verticale) du système à une vision processus (et transversale) de l'entreprise. Ces consultants conseillaient de casser les baronnies ou clivages verticaux en faisant coopérer les « buses fonctionnelles » autour de processus verticaux. Comme l'explique Tom PETERS dans son livre « L'innovation, un cercle vertueux », le reengineering consiste à se réorganiser « autour de processus transversaux qui non seulement franchiraient les cloisonnements verticaux, mais les détruiraient ».

Deuxième révolution : l'entreprise virtuelle
« À peine sommes-nous remis de ce grand chambardement », poursuit Tom PETERS, « qu'il nous faut entreprendre une nouvelle révolution,…, franchir une autre étape : il s'agit cette fois de mettre en place l'entreprise virtuelle ». Aujourd'hui, nous avons une idée de plus en plus précise de ce qu'est un système d'information et une conscience de ce que ces systèmes sont eux-mêmes générateurs de changements.

Derrière ces deux révolutions se cache l'idée que toute conduite du changement dans l'entreprise doit se concevoir :
• globalement en regardant l'entreprise comme un système,
• en visant une forte rupture dans les pensées et pratiques.

3 LES FACTEURS « INNOVICIDES »

En apparence, l'innovation est moins affaire de technique que de mentalité. C'est une idée ancrée. Comme le dit Tom PETERS à propos de l'efficacité d'un système d'information : « c'est 5 % de technologie et 95 % de psychologie et de comportements ».
Il est vrai que l'essentiel des freins sont liés aux mentalités ; pour autant, comme il est plus délicat d'agir sur les mentalités, nous pensons qu'en « injectant de la méthode », nous pouvons dépasser les obstacles et les freins inhérents à l'innovation, à savoir les hommes (et peut-être un peu moins les femmes ?).

L'autocensure

L'autocensure : une « automutilation » de la vue
Le premier facteur d'échec rencontré lors de la mise en œuvre d'un processus d'innovation participative est l'autocensure. Cette autocensure

© Éditions d'Organisation

relève d'un besoin bien légitime de se protéger du jugement de la hiérarchie parfois, du jugement des autres, souvent, de son propre jugement toujours.

Nous sommes esclaves de nos propres perceptions : les regards que nous portons sur nous-mêmes ou sur les autres sont souvent des frontières difficiles à franchir.

D'ailleurs, la première étape d'une démarche d'innovation ne consiste-t-elle pas à confronter son regard avec celui des autres : mettre tous les regards dans un grand bocal et secouer.

Ce n'est pas tant le changement des habitudes que le changement de regard qui est la première révolution.

Quand chacun se regarde du haut de sa caricature, comment avancer, comment innover ? Écoutons les managers des grands cabinets conseils faisant fusionner les activités de conseil en management et en informatique : « pas évident de faire vivre ensemble des stratèges et des informaticiens : les premiers considèrent les seconds comme des techniciens, et les seconds voient les premiers comme de beaux parleurs ». (*Le Monde* supplément Emploi mardi 6 février 2001, page XXV)

> ☞ Un regard est souvent :
> - maladroit, distrait,
> - pauvre, limité,
> - rapide, immédiat,
> - différent selon chaque personne,
> - sélectif, arrangeant,
> - « vertical » : à l'endroit, dans le sens de la position debout.
> Luc de BRABANDÈRE, Anne MIKOLAJCZAQ, *Le Plaisir des idées*, Dunod, 1995 (page 44).

Comment innover ensemble quand tant de barrières mentales constituent nos cultures d'entreprise ?

Voir autrement, au-delà de la « première vue » est déclencheur d'innovation. Luc de BRABANDÈRE et Anne MIKOLAJCZAQ dans leur ouvrage *Le Plaisir des idées** le rappellent : « Quand Archimède a regardé autrement sa baignoire, quand Newton a vu autre chose dans la pomme qui tombait de l'arbre, quand Edison a vu dans l'électricité autre chose que de l'énergie, c'est au moment précis où ces savants ont vu d'un bon œil ce que tout le monde avait vu d'un œil distrait, c'est à cet instant créatif que sont nées l'idée nouvelle et la nouvelle théorie ».

Le regard crée de la distance, l'innovation participative abolit cette distance

Lancer un processus d'innovation participative, c'est permettre non pas à un seul savant ou découvreur dans un coin mais à de nombreux salariés, ensemble, de confronter leurs regards et de modifier leurs manières de voir.

L'enfer, c'est les autres

La hiérarchie directe

Votre subordonné peut-il avoir de bonnes idées ?

Selon les cultures d'entreprise, les responsables hiérarchiques de proximité sont délibérément associés ou écartés des processus d'innovation participative.

De fait, ils représentent souvent un frein. Le responsable hiérarchique sait que l'innovation de ses collaborateurs va lui prendre du temps. Il sait aussi que cela peut écarter les candidats à l'innovation de leur travail « de base ».

Et il n'est pas naturel que le subordonné en sache plus que lui.

Il peut considérer l'innovation de ses collaborateurs comme une atteinte à son autorité ou son leadership : l'innovateur peut manifester par sa contribution une compétence supérieure à celle de son responsable hiérarchique, il sera alors valorisé, reconnu. Le cadre de proximité prend peut-être le risque de perdre son collaborateur par promotion interne.

Voilà une vision un peu caricaturale mais nous savons à quel point les entreprises ont du mal à manager par la reconnaissance, ce qui génère des comportements de « petits chefs ».

Le jour où une entreprise réussit à valoriser autant le manager qui stimule l'innovation que les innovateurs eux-mêmes, elle a tout gagné. C'est pourquoi les cadres sont de plus associés, impliqués, reconnus au sein des démarches d'innovation participative.

Dans des entreprises publiques, des administrations ou dans certaines industries, ces comportements hiérarchiques sont compréhensibles.

Exemple

À la RATP, Hubert RICHARD, chargé de la mission recherche à la délégation générale de la qualité explique : « L'encadrement de proximité peut parfois constituer un frein à l'innovation : souvent positionné comme garant des normes et du savoir, il lui paraît alors paradoxal d'autoriser le dépassement de ces mêmes normes et savoir ».

Et pourtant, les encadrants ont aussi à y gagner. Voici une remarque inhabituelle faite par un innovateur de la RATP suite à la mise en place de son innovation : « Depuis que la démarche est mise en place, mon chef est de plus en plus compétent ».

Source : Conférence de l'Association des Amis de l'École de Paris en avril 1999.   ■

Dans toutes les entreprises, le risque de barrière hiérarchique existe.

Dans un environnement bureaucratique, le salarié n'a pas trop confiance dans son encadrement et on a tendance à innover pour soi, dans son coin. Pour se simplifier la vie, les innovateurs inventent des petits outils,

© Éditions d'Organisation

de façon parfois cachée. En parler, c'est prendre le risque que son idée soit récupérée par d'autres. Quand il y a plus de confiance et que les démarches commencent à fonctionner, on se met à innover pour le corps de métier. Enfin, quand la confiance est confirmée, la cible de l'innovation devient le client : ce sont les innovations de service qui émergent.

Les collègues immédiats

La coopération étant une valeur fragile en entreprise, l'innovateur n'est pas certain d'être soutenu par ses collègues. En tout cas la compétition entre les personnes est plus présente que l'entraide. Les collègues peuvent considérer l'innovateur comme trop zélé, voulant se faire bien voir de l'entreprise.

Cet obstacle est moins fréquent dès qu'il s'agit de processus transversaux d'innovation participative. Quand, par exemple, des équipes ou des groupes projets sont directement impliqués dans la conception et la mise en œuvre de l'innovation.

Les collègues d'une autre région

Une bonne idée de la base était souvent considérée comme une provocation.

C'est dur pour des salariés de se dire que ce sont des collègues d'une autre région qui ont trouvé l'Idée, qui font mieux qu'eux. Ils vont devoir importer l'idée et les imiter.

Les entreprises en France réparties sur 8 régions, entités territoriales ou délégations sont régulièrement confrontées à ce problème : les directeurs d'unité ou les salariés râlent, ils refusent de reprendre l'initiative et de l'adopter.

Et les femmes ? Sont-elles des leviers de l'innovation ?

Oui, les femmes en tant que femmes de l'entreprise sont des leviers favorables dans un processus d'innovation participative. Elles seraient plus ouvertes aux résultats de l'innovation. Elles ont tout à gagner des changements. Elles sont encore rares dans l'industrie et peuvent se permettre un parler-vrai mieux accepté dans leur entourage.

Non, pour les femmes des innovateurs (ou des porteurs d'innovation). Elles n'apprécient guère l'investissement en temps, le « don de soi » exigé par ces démarches d'innovation. Les soirées à rédiger des synthèses, les week-ends consacrés à envoyer des mails,… des contraintes évidentes pour un retour concret impalpable et aléatoire.

Et les maris des innovatrices, qu'en pensent-ils ?

Les phrases qui tuent l'idée dans l'œuf

C'est nul.

Ce n'est pas nouveau.

On l'a déjà fait, cela n'a pas marché.

C'est trop cher.

Chacun son métier : ce n'est pas à nous de le faire, c'est au service d'à côté.

Cela n'est pas faisable techniquement.

La direction ne voudra jamais.

Il n'y a pas de marché derrière pour acheter le concept.

Faites-le mais n'en parlez pas.

Ce n'est qu'une petite amélioration, ce n'est pas une rupture.

Je suis très déçu.

4 VOTRE ENTREPRISE CRÉE-T-ELLE LES CONDITIONS FAVORABLES À L'INNOVATION ?

Pour innover à tous les étages de l'entreprise, trois principes sont essentiels :
1. Briser les habitudes, pour transformer un système rigide en un système souple.
2. Ouvrir à chacun le champ de l'initiative.
3. Lancer des défis utiles : commerciaux et économiques.

Briser les habitudes

Entre le besoin de confort et le désir de faire soi-même, il y a la satisfaction. Selon HERZBERG, la satisfaction résulte surtout de ce qu'on fait soi-même et l'insatisfaction de ce que font les autres pour nous. Une organisation où l'importance des statuts prime la valeur ajoutée apportée par chacun est appelée à tomber en panne, faute d'énergie.

Exemple

« Comme tout le monde j'occupais une grosse partie de mon temps à me préoccuper de ma position en interne et à subir le jeu politique des autres. Le temps passé à être vraiment productif décroît au fur et à mesure qu'on grimpe dans la pyramide. À l'inverse le temps passé à se protéger augmente » « Éric..., 34 ans, diplômé de l'École de Commerce de Paris, a quitté un Groupe important pour fonder sa société ».

Source : *Libération* du 30/12/99.

© Éditions d'Organisation

Innover oblige à renverser le rapport de force en fixant le projecteur sur deux facteurs :

- L'autonomie : d'où sanction du marché et des performances par rapport à des objectifs ;
- Les compétences : d'où capacité d'ajuster sa force de proposition au potentiel utilisateur des exploitants à qui elle est destinée (leur motivation, leurs besoins, leur savoir-faire, leurs ressources).

Un principe régit ces deux critères : toute action entreprise est destinée à un ou plusieurs utilisateurs identifiés, demandeurs, co-réalisateurs. L'innovation participative ajoute à la relation client-fournisseur classique une exigence novatrice et une perpétuelle remise en cause : créativité de l'offre, pédagogie du mode d'emploi, contribution des deux parties à l'innovation.

Le premier bénéfice est de transformer un système rigide où la qualité des tâches est arbitrée par un hiérarchique en un système souple où la valeur des tâches est donnée par l'utilisateur qui en a besoin. Cette transformation n'opère pas seulement un changement, elle rend l'organisation moteur d'évolution et d'innovation. Elle développe la nécessaire pratique de l'interdépendance entre les personnes et les entités.

Ouvrir le champ de l'initiative

L'initiative est la possibilité donnée à tout individu de concevoir et d'exécuter. L'anti-initiative consiste à segmenter l'un de l'autre. L'innovation participative se fonde sur la liberté d'initiative.

Ouvrir le champ de l'initiative n'est pas ouvrir la boîte de Pandore si, à tous les étages de l'entreprise :

- La vision de l'entreprise est forte et partagée.
  - Une ambition claire, précise et spécifique a fait l'objet d'un travail collectif et chacun est capable de la reformuler.
  - Chacun et/ou chaque équipe est capable de définir des défis, réalisables à son niveau et en lien explicite avec la vision définie.
- Le niveau d'information d'ordre stratégique et opérationnel est « très élevé » et adapté aux différentes populations.
  - Chacun est capable d'apporter plus de 80 % des informations qui sont utiles au périmètre de sa mission dont font partie les fournisseurs et les utilisateurs directs de son action.
- La formation aux pratiques créatives est largement diffusée.
  - Chacun est capable de participer à un groupe de créativité et d'accueillir les propositions et les critiques constructivement.

⯈ Il y a au moins 1 personne sur 20 capable d'animer une recherche créative dans le cadre d'une conduite de projet.

• Le principe d'« organisation apprenante » est appliqué.

⯈ Chacun attribue une note supérieure à la moyenne aux affirmations suivantes :

1. La veille sur l'environnement est permanente et concerne tout le monde.

2. La curiosité est une valeur reconnue.

3. Les initiateurs d'apprentissage sont encouragés et aidés.

4. L'expérimentation est favorisée et exploitée, y compris dans ses échecs.

5. Les échanges d'expérience sont fréquents et sources de progrès.

6. Les actions de formation sont pertinentes et couvrent les besoins.

7. La diversité des points de vue est encouragée.

8. La mesure est régulière et donne lieu à des actions d'amélioration.

9. Le client est la référence explicite des grandes orientations.

Lancer des défis difficiles et incontournables

L'innovation en entreprise doit courir deux lièvres à la fois, pratiquer le « ET » à la place du « OU ». Les solutions innovantes seront commerciales et économiques, urgentes et de longue haleine, déstabilisantes et constructives.

Si nous observons les situations les plus récentes d'entreprises qui ont pris le taureau par les cornes, nous constatons que la moitié l'exprime comme problème à résoudre et l'autre moitié comme un projet à développer. Dans les deux cas, il y un défi : celui d'avancer vite et fort, de faire un vrai bond pour franchir le guet.[2]

Les sept leviers de l'innovation participative

L'expérience montre qu'on ne motive pas les individus. Chacun se motive soi-même. Il revient au management de créer un contexte favorable à la motivation. Cette observation joue un rôle clé dans le phénomène de l'innovation : pour innover, il faut y prendre du plaisir. Comment innover dans l'ennui sinon peut-être pour en sortir ? En même temps, force est de constater qu'il y a des entreprises où les salariés sont motivés et d'autres non ; qu'il y a des entreprises qui innovent et

---

2. D'après Octave GELINIER, in *Les Cahiers Qualité du Management*, n° 5.

d'autres non. Les premières ne sont pas forcément les mêmes dans les deux cas, sauf quand il s'agit d'innover à tous les étages !

Les sept leviers de l'innovation participative sont :

1) L'engagement de la direction et l'encadrement
• *leur implication dans la politique d'innovation,*
• *leur capacité à lancer des défis mobilisateurs,*
• *leur sens de l'écoute et de la reconnaissance.*

2) L'innovation comme valeur stratégique
• *la communication sur l'innovation,*
• *la capacité de faire de l'innovation une valeur vivante.*

3) La prépondérance du client
• *la place du client au cœur des préoccupations,*
• *la capacité d'associer le client à l'innovation participative.*

4) Un management, agent actif de l'innovation
• *les attitudes et les comportements du management,*
• *sa participation active dans le développement de l'innovation.*

5) Une organisation innovatrice
• *une organisation destinée à promouvoir l'innovation participative,*
• *des structures au service de l'innovation,*
• *la gestion de ses ressources.*

6) La maîtrise de l'innovation
• *la politique de formation, de sensibilisation, d'entraînement de tous les acteurs à tous les étages,*
• *la veille et l'apprentissage permanents.*

7) Des résultats opérationnels tangibles
• *l'exigence de résultats concrets et mesurables des actions d'innovation participative.*

Outils PRATIQUES *L'innovation participative dans votre entreprise/établissement*

1. Voici un certain nombre de conditions favorables au bon fonctionnement de l'innovation participative dans une entreprise. Chaque condition est exprimée sous forme d'une affirmation : est-ce une réalité aujourd'hui dans votre entreprise ? Indiquez votre estimation pour chacune d'elle.

1 : TOUT À FAIT D'ACCORD – 2 : PLUTOT D'ACCORD – 3 : PAS VRAIMENT D'ACCORD – 4 : PAS D'ACCORD DU TOUT

		1	2	3	4
Dans mon entreprise/établissement...					
La stratégie					
1.	L'innovation est l'une des trois priorités de l'entreprise				
2.	La direction lance des défis ambitieux à ses collaborateurs				
3.	Il y a beaucoup de projets et concepts nouveaux intéressants				
4.	L'innovation est un avantage majeur sur nos concurrents				
Les clients					
5.	Nous anticipons les besoins de nos clients				
6.	Les clients sont les principaux déclencheurs de nos innovations				
7.	Nous cherchons des idées à partir des réclamations clients				
8.	La satisfaction des clients nous préoccupe davantage que l'appréciation par la hiérarchie				
9.	Les clients reconnaissent notre capacité d'innovation				
10.	Nous sommes en majorité à l'écoute active de l'environnement				
Les pratiques					
11.	L'innovation existe depuis toujours				
12.	Nous pratiquons l'innovation à tous les étages (pas seulement les R & D et/ou le marketing)				
13.	Les dirigeants font preuve d'exemplarité dans la politique d'innovation				
14.	Les managers consacrent du temps à des projets innovants				
15.	Nous travaillons très souvent en groupes multidisciplinaires				
16.	Le sens des responsabilités est encouragé à tous les niveaux				
17.	Chacun a une vision globale des activités de l'entreprise				
18.	Nous sommes nombreux à être formés à la créativité				
19.	Nous sommes familiarisés aux démarches de *benchmarking*				
20.	La conduite de projet fait partie de nos pratiques de base				
21.	Le recrutement encourage la diversité : profils, formations, parcours, âges, etc.				
22.	L'innovation vise des résultats économiques mesurables				
23.	Les structures de fonctionnement sont légères et autonomes				
24.	L'innovation est un moteur de la réduction radicale des coûts				
25.	L'innovation vise un gain significatif à obtenir en un seul « saut » et en peu de temps				
26.	Les projets d'innovation concernent plusieurs services				
27.	L'ARTT a été une opportunité pour lancer une démarche d'innovation participative				

  © Éditions d'Organisation

		1	2	3	4
La culture					
28.	La contribution effective de chacun est plus appréciée que le temps passé au bureau				
29.	Les informations qui circulent stimulent la créativité				
30.	Nous pensons qu'à tout problème, il y a au moins une deuxième solution				
31.	Nous aimons le changement				
32.	Nous cultivons l'esprit de plaisir au travail				
33.	La réussite pour tous est une valeur reconnue				
34.	Les échecs et les erreurs sont exploités à des fins d'innovation				
35.	Les nouvelles idées sont testées le plus rapidement possible				
36.	Les idées qui dérangent reçoivent un accueil constructif				
37.	Chaque initiative qui aboutit est récompensée				
38.	Nous savons « perdre du temps » à observer				
39.	Le désordre transitoire pour passer d'une situation à une autre est accepté				
40.	Les démarches qualité et innovation sont complémentaires				

2. Parmi les 40 items ci-dessus représentant chacun une condition favorable à l'innovation participative, sélectionnez les trois qui, selon vous, devraient être des priorités pour votre entreprise/établissement.

3. Voici une liste de six objectifs que l'on peut assigner à l'innovation participative. Classez-les par ordre décroissant en fonction de ce que votre entreprise en attend le plus. (n° 1 pour l'objectif prioritaire, puis n° 2, n° 3, etc.)

1. Accroître les parts de marché
2. Réduire les coûts
3. Motiver les salariés
4. Donner une image forte auprès des clients et de l'environnement
5. Créer une culture client
6. Accompagner un projet d'entreprise

4. Parmi les phrases suivantes, cochez les trois (trois maximum) qui représentent les principaux freins à l'innovation participative dans votre entreprise/établissement.

1. Ça ne marchera jamais !
2. Pourquoi se donner du mal ? La hiérarchie récupère tout le bénéfice pour elle !
3. Ça n'apporte que des ennuis
4. Des idées, que des idées, jamais de concret !
5. On n'est pas formé à la créativité
6. L'innovation, c'est l'affaire des R&D et du marketing
7. Le client achète, ce n'est pas à lui de nous donner des idées !
8. Pas le temps de nous occuper de ça !
9. L'innovation, on voit ce que ça nous coûte !
10. Les idées qui viennent d'ailleurs ne seront jamais applicables chez nous
11. L'innovation, on en fait tous les jours !
12. L'innovation ne concerne que les produits

5. Y a-t-il, selon vous, un point important concernant l'innovation participative que vous souhaiteriez mentionner dans ce questionnaire ?

Une première enquête menée sur ce sujet a fait remonter les premiers résultats suivants[3] :

43 % des entreprises qui ont répondu affirment avoir une démarche structurée d'innovation participative. 70 % des personnes qui ont répondu exercent une responsabilité dans l'animation de cette démarche.

Les cinq conditions favorables au bon fonctionnement de l'innovation participative qui représentent une réalité aujourd'hui, selon les répondants :

• *Les plus citées :*

  ▷ Les démarches qualité et innovation sont complémentaires (item 40)
  ▷ Il y a beaucoup de projets et concepts nouveaux intéressants (item 3)
  ▷ Les projets d'innovation concernent plusieurs services (item 26)
  ▷ L'innovation est l'une des trois priorités de l'entreprise (item 1)
  ▷ L'innovation est un avantage majeur sur nos concurrents (item 4)

• *Les moins citées :*

  ▷ Les idées qui dérangent reçoivent un accueil constructif (item 36)
  ▷ Nous sommes familiarisés aux démarches de benchmarking (item 19)
  ▷ Les échecs et les erreurs sont exploités à des fins d'innovation (item 34)
  ▷ L'ARTT a été une opportunité pour lancer une démarche d'innovation participative (item 27)
  ▷ Nous sommes nombreux à être formés à la créativité (item 18)

Les trois critères qui devraient être des priorités pour l'entreprise

• *classés en premiers*

  ▷ L'innovation est l'une des trois priorités de l'entreprise (classé 4e dans le réel)
  ▷ Les dirigeants font preuve d'exemplarité dans la politique (classé 25e dans le réel)
  ▷ Les managers consacrent du temps à des projets innovants (classé 18e dans le réel)

• *classés en dernier*

  ▷ le recrutement encourage la diversité : profils, formations, parcours, âges, etc.
  ▷ l'innovation vise des résultats économiques mesurables
  ▷ la réussite pour tous, une valeur reconnue.

---

3. Enquête INergie, mesure d'opinion interne Baroclim@, octobre 2000, 63 entreprises de toutes tailles, privées et publiques.

Le principal frein évoqué : *pas le temps de nous occuper de ça ! 64 %*

À la question « Y a-t-il selon vous un point important concernant l'innovation participative que vous souhaiteriez mentionner dans ce questionnaire ? », voici quelques extraits des réponses reçues :

• Avoir l'esprit d'innovation et la nécessité de process est non seulement compatible mais indispensable.

• Actuellement, le mot « innovation » est employé à toutes les sauces, il y a des cas où on ne peut pas faire de l'innovation... Attention aux effets de mode !

• C'est une pratique qui remet totalement en question l'entreprise. Elle doit, me semble-t-il, s'appuyer sur des projets dont la valeur ajoutée est à la fois visible (si ça marche, on en verra les effets), et nécessaire (nous sommes effectivement fragiles dans ce domaine).

• Il faut approfondir les méthodes d'identification des problèmes concrets, *benchmarking*, objectifs, déploiement de politique... Approfondir la gestion des idées pour aboutir rapidement à la mise en œuvre de solutions. Approfondir les systèmes de reconnaissance (multiformes).

• Les NTIC peuvent faciliter l'innovation participative (forum sur Intranet, boîte à idées, etc.)

• L'innovation participative implique un changement, tout changement nécessite du travail (énergie). La quantité totale du travail est limitée, le nombre de changements à mener est limité. Il est impossible de mener trop d'innovations à terme en même temps. Il y a donc, à un moment, nécessité de choisir quelles innovations on mène à terme et quelles innovations on laisse tomber. Ça peut être démotivant.

• Déconnecter autant que faire se peut innovation et technologie...

• L'innovation participative implique également des outils de gestion : méthodes, fichiers, aussi des retours d'expression.

• Je suis chargé de l'organisation du Concours Innovation dans le groupe. La difficulté est de comparer des « petits monocoques » avec des « grands catamarans », de valoriser les individus astucieux qui ont résolu des problèmes dans leur travail, aussi bien que des recherches de développement qui trouvent des solutions nouvelles dans le cadre d'une stratégie à long terme. Une autre difficulté est de décider la véritable valeur ajoutée d'une innovation que l'on croit déjà existante ou d'une innovation partagée avec d'autres. L'essentiel est de les faire connaître à l'ensemble.

• Parfois on valorise l'innovation et on oublie l'innovateur (le reconnaître, l'informer du suivi, le récompenser).

• Pour innover, il faut créer. Le plus difficile, c'est de « sourcer » la création. Résoudre les problèmes des gens et favoriser leur bien-être à travers notre offre produit.

Qu'en pensez-vous ?

1 % de progrès en mille choses plutôt qu'un progrès de 1 000 % sur une seule chose ?
(Tom PETERS)

Pour franchir un ravin, il n'y a qu'un moyen : effectuer un grand saut.

4

Lancer la démarche d'innovation à tous les étages

1 Créer des défis mobilisateurs
2 Franchir les quatre étapes de lancement et de mise en orbite de l'innovation
3 Mettre en place la communication interne : moteur de l'innovation participative

1 CRÉER DES DÉFIS MOBILISATEURS

> Nous distinguons bien l'acte managérial de reconnaissance de la récompense financière. Les deux sont indispensables. Mais ce qui nous paraît extrêmement important, c'est le « fun », le plaisir de se révéler et d'aider les autres à se révéler.
> François LEPOIVRE, Coordinateur Qualité et Innovation SOLVAY

La contrainte rend créatif. Oui, mais cela dépend de l'attitude que nous avons face à la contrainte.

Il y a deux sortes de problèmes : ceux qui s'imposent à nous et ceux que nous formalisons nous-mêmes en tant que « défis » à relever.

Les problèmes qui s'imposent à nous sont vécus comme des handicaps, des paralysies : nous sentons que si nous n'arrivons pas à les résoudre, les conséquences seront graves. Dans cette tension émotionnelle, nous subissons tout et nous ne sommes pas dans les meilleures conditions pour innover.

En traduisant les problèmes en « défis » à relever, en nous demandant « comment faire pour … », nous renversons la situation et décidons d'anéantir l'écart qui existe entre l'aujourd'hui et le demain souhaité et voulu. C'est la tension créative, celle qui sans être confortable, donne des ailes et autorise à faire des propositions innovantes : face au défi fou, seules des idées farfelues seront fructueuses.

Voici quelques exemples de défis que l'innovation participative peut relever.

Exemples

> **Il y a un gros grain dans les rouages.** Dans une entreprise de service public, le service contentieux ne recouvre plus depuis des années. Les dysfonctionnements s'accumulent, les processus sont inefficaces, le manque de concertation entre les acteurs est total. Tout a été tenté mais l'amélioration n'est que passagère.

DÉFI : dans six mois le retard des recouvrements sera intégralement rattrapé, les acteurs du service ont carte blanche pour s'organiser et réaliser cet exploit.

> **Il faut réduire les coûts de 30 %.** L'ensemble des dépenses d'un service logistique affiche un surcoût de 30 %. À ce prix, impossible d'être compétitif. La situation a été analysée, chaque poste un par un : le casse-tête est soluble mais dans combien de temps ?

DÉFI : La solution viendra d'une vision globale et d'un traitement interdépendant de l'ensemble des processus, le défi de chaque acteur clé du système est de livrer toutes les informations aux autres acteurs, de lâcher prise sur sa zone d'influence et de décloisonner.

> **Comment se différencier et facturer la valeur ajoutée au juste prix ?** Cette entreprise de vente par correspondance sait qu'elle peut offrir mieux que ses concurrents : richesse du catalogue, délais de livraison. Mais c'est insuffisant et les clients trouvent qu'elle est déjà trop chère ! Elle doit offrir beaucoup mieux que ses concurrents.

DÉFI : Faire le saut vers un service totalement innovant, en terme de « télé-conseil » et d'« offre packagée », par exemple, en croisant tous les fondamentaux de la VPC et les promesses de la nouvelle technologie, avec le concours des acteurs de toute la chaîne, anciens et récents embauchés, à tous les échelons.

© Éditions d'Organisation

▶ **La concurrence fait son apparition sur le marché d'un organisme public.** Hier il fallait répondre à toutes les demandes, fournir un service complet sans compter. Aujourd'hui, d'autres opérateurs vont intervenir, avec des offres ciblées et compétitives. Pour les agents de cet organisme, « faire du commerce » est jugé dévalorisant pour eux-mêmes et provoquera un service qui n'aura plus la même qualité.

DÉFI : Obtenir des résultats rapides et tangibles tout en conduisant une démarche de changement culturel à long terme. C'est par exemple, élaborer des projets d'amélioration continue avec les équipes (long terme) et créer un élément perturbateur, immédiat, symboliquement fort, comme une mission commerciale transverse dont le résultat est rapidement mesurable (court terme).

▶ **L'encadrement doit développer les compétences et la motivation des collaborateurs.** Les responsables hiérarchiques d'un groupe industriel sont en majorité des ingénieurs et des techniciens. Les organisations ont besoin de leaders à leur tête, de managers et non d'experts en chef focalisés sur leur tâche.

DÉFIS : Tous les managers de cette entreprise pratiquent le 360° dans les 3 mois à venir et s'organisent autour de ce nouvel esprit de management.

▶ **Le marché traditionnel diminue pour ce fabricant de sel.** Il faut trouver de nouveaux marchés ou ... une nouvelle façon de vendre ce produit.

DÉFIS : Vendre des solutions plutôt que des produits : du déneigement aux collectivités locales, etc, en partant du principe qu'à toute solution, il existe au moins deux nouveaux produits inexistants à créer et que c'est le client utilisateur qui est à la source de l'innovation. ■

L'innovation est un saut : quel défi pour quelle finalité ?

L'innovation passe par une phase irrationnelle qui promet un résultat sans tout connaître de l'itinéraire à parcourir. L'important est de se projeter et de se lancer. Pour être performante, l'innovation doit être un court terme qui se projette dans le long terme. L'innovation est un court circuit du temps qui implique deux vitesses.

L'innovation : le court-circuit du temps

LONG TERME	ENJEUX Que risquons-nous si nous n'innovons pas ?	VALEURS Au nom de quelles valeurs devrons-nous atteindre notre finalité ?	FINALITÉ Sur quoi voulons-nous être reconnus ?
COURT TERME	DÉFIS Que devons-nous surmonter pour parvenir à la finalité visée ?	ACTIONS Par quelles actions commencer pour réaliser notre défi ?	OBJECTIFS Que visons-nous et comment saurons-nous que nous avons réussi ?

Des hommes et des femmes se mobilisent pour un défi ambitieux et difficile si le jeu en vaut la chandelle (ce qui implique aussi qu'ils ont à y gagner quelque chose !), s'ils s'y retrouvent dans leurs valeurs, même si celles-ci peuvent être remises en cause et surtout s'ils en perçoivent la finalité.

1) Annoncez les enjeux :
• ils se définissent à long terme par rapport à une finalité, à une raison d'être,
• ils se déclinent par des objectifs à atteindre à court ou moyen terme,
• ils fixent les nouvelles règles du jeu du succès.

2) Lancez des défis :
• ils visent l'impossible : atteindre une finalité, comme un horizon !
• ils stimulent des valeurs fortes : les vraies valeurs porteuses,
• ils se traduisent à court terme par une première étape à réussir : l'action qu'il faut déclencher pour innover.

3) Osez des actions « à rebrousse poil » :
• elles annoncent un message immédiat de mutation,
• elles initient un processus qui bousculent les règles habituelles,
• elles éliminent les schémas répétitifs inutiles pour les remettre sur des rails opérationnels,
• elles font fi des « valeurs alibi » et font place nette aux vraies valeurs.

Les défis mobilisateurs

Chaque entreprise se donne des défis propres à son contexte et à ses potentiels humains et techniques. Un des défis qui touchent aujourd'hui toutes les organisations se décline vers le besoin de plus en plus criant qu'ont les clients d'un service personnalisé de proximité et d'une considération plus grande à leur égard. Les études de satisfaction confirment cette tendance. Les bouleversements culturels les plus forts passent aujourd'hui du regard de l'ingénieur à celui de l'utilisateur. C'est peut-être la lame de fond la plus puissante qui entraîne l'innovation à tous les étages pour deux raisons :
• il s'agit d'un bouleversement radical (et non d'une simple évolution tranquille),
• ce « chaos » est d'ordre culturel (et non technique). En tant que tel, il touche les acteurs eux-mêmes et non les méthodes.

© Éditions d'Organisation

Cette situation vécue quotidiennement dans les entreprises technologiques doit être expliquée sous forme d'un message structuré et dynamique.

Se tourner résolument vers une logique de client utilisateur ne change rien aux activités de l'entreprise – elles doivent toujours être de qualité ! C'est le défi qui change.

▷ **Du défi à la finalité : changer son regard est plus innovant et plus urgent aujourd'hui que d'inventer une technique révolutionnaire.**

Le nouveau défi est de faire en sorte que l'utilisateur soit satisfait. Ce qui implique que le prestataire s'adapte à ses besoins et non l'inverse comme c'est si souvent le cas en informatique, par exemple. Passer de la logique d'expert dominant (avec le pouvoir des médecins de Molière qui parlaient latin pour que leurs patients ne comprennent rien) à la logique « gagnant-gagnant » de prestataire de service avec les utilisateurs. Ce challenge omniprésent dans 80 % des entreprises aujourd'hui sera transformé en succès grâce à une pédagogique des enjeux motivante et une implication généralisée des acteurs.

Voici un exemple qui illustre le court-circuit du temps.

Exemple

Comment innover pour un groupe informatique qui veut prendre le leadership sur un marché qui évolue vers un besoin de proximité et d'efficacité immédiate ?

	ENJEUX	**VALEURS**	**FINALITÉ**
	Que risquons-nous si nous n'innovons pas ?	Au nom de quelles valeurs devrons-nous atteindre notre finalité ?	Sur quoi voulons-nous être reconnus ?
LONG TERME	Être absorbé par les opérateurs qui monopolisent les marchés	Écoute Ouverture Disponibilité Proximité	Être les experts au service des utilisateurs non spécialistes (volonté de rupture avec une situation de pouvoir sur des utilisateurs captifs par ignorance)
	DÉFIS	**ACTIONS**	**OBJECTIFS**
	Que devons-nous surmonter pour parvenir à la finalité visée ?	Par quelles actions commencer pour réaliser notre défi ?	Que visons-nous et comment saurons-nous que nous avons réussi ?
COURT TERME	Être présent et efficace aux moments précis où l'utilisateur a besoin d'être conseillé et accompagné	Entraîner les ingénieurs conseils à entendre le vocabulaire néophyte des utilisateurs et à les guider en fonction de leurs besoins du moment et de leur projet dans leur domaine.	Faire en sorte que les utilisateurs soient en mesure de formuler eux-mêmes leur solution informatique en vue de réaliser leur propre projet dans leur domaine.

2 FRANCHIR LES QUATRE ÉTAPES DE LANCEMENT ET DE MISE EN ORBITE DE L'INNOVATION

Lorsqu'une entreprise décide de lancer une démarche d'innovation participative, même si une part importante d'une telle démarche est implicitement et sporadiquement en place, sous forme de groupes projets, de boîte à idées ou de réunions avec des clients, il est nécessaire à un moment donné de confirmer officiellement l'essai. N'oublions pas que le mot « succès » signifie à la base : « événement » et qu'un événement ça se provoque, ça se façonne selon un projet, comme une création artistique ou une architecture. Il en va de même pour l'innovation. Les quatre étapes pour un succès renouvelé de la démarche participative décrivent un parcours de lancement et de mise sur orbite, qui implique les ressources internes et prévoit une communication d'accompagnement intense.

Les pistes d'innovation : de l'existant à la prospective

> « L'être est un dedans qui a besoin du dehors », Emmanuel MOUNIER

L'innovation participative fonctionne avec un mélange d'idées neuves et de capacité d'appropriation par les acteurs : elle puise ses ressources dans l'interne que l'on invite en permanence à se tourner vers l'externe.

■ *Définir la vision stratégique de l'entreprise*

Il s'agit de fixer les objectifs et indicateurs de résultats.
Par exemple :
• *un ROI de 15 %,*
• *l'image d'une société innovante,*
• *la capacité à terme à fonctionner en réseau.*

■ *Identifier ses ressources disponibles*

Répertorier les atouts dans son jeu, par exemple :
• *ses clients les plus fidèles,*
• *ses experts dans tous les domaines,*
• *ses acquis méthodologiques en terme de conduite de projet et de travail en équipe,*
• *ses innovations à succès dans le passé …*

■ *Déterminer les moyens à mobiliser dès le départ*

Prévoir les moyens d'un lancement réussi, par exemple :
• *lancer des groupes projets par marché,*
• *créer un réseau d'innovacteurs à raison d'un responsable par service,*

© Éditions d'Organisation

• *sensibiliser les managers à l'esprit de l'innovation participative : écoute active, valorisation des idées et de leurs auteurs, animation créative des équipes, exploitation positive des succès et des échecs ...*
• *consacrer un espace régulier de communication à l'innovation dans les supports internes.*

■ *Viser clairement une première étape à atteindre*

Identifier les défis et les indicateurs de suivi, par exemple :
• *les moyens humains mis en place (réseaux, groupes projets, etc.),*
• *une innovation concrète prête à être testée dans chaque domaine dans les six mois.*

Le déclenchement officiel : reconnu, communiqué

L'innovation participative à l'instar de toute démarche ne se met pas en route par hasard ou par une simple incantation. Elle résulte d'une volonté politique forte et incitatrice.

■ *Annoncer que l'innovation est une priorité*

Faire bien sentir l'importance que l'on y accorde, par exemple :
• *choisir une date symbolique (les vœux, un anniversaire ...) où l'ensemble du personnel est réuni pour annoncer que l'innovation fait partie désormais d'une priorité,*
• *relayer cette annonce régulièrement dans les supports internes.*

■ *Lancer le mouvement auprès des managers*

Mettre en place des éléments qui vont permettre au mouvement de démarrer, par exemple :
• *nommer un coordinateur innovation,*
• *demander à chaque directeur de service de missionner un « innovacteur »,*
• *lancer les groupes projets.*

■ *Mettre en place un système de pilotage au niveau de la direction*

Impliquer la direction dans le suivi, par exemple :
• *faire parrainer l'opération par les membres du Comité de Direction,*
• *faire de l'innovation un point régulier et fréquent de l'ordre du jour des réunions du Comité de Direction,*
• *mettre en place des règles du jeu de sélection et d'expérimentation des idées.*

L'apprentissage permanent en cours de réalisation

L'innovation participative nécessite des compétences spécifiques qui s'acquièrent par l'expérience et la formation : plus que toute autre discipline, cette démarche fait appel autant à l'énergie de l'enthousiasme qu'à la volonté de faire autrement pour obtenir des résultats bénéfiques : augmentation du CA, réduction des coûts, prise de parts de marché.

■ *Former les principaux acteurs à la créativité*

Prévoir la formation des différents intervenants, par exemple :
- *former les innovacteurs avec le coordinateur et mettre les acquis à l'épreuve au fur et à mesure,*
- *sensibiliser l'interne sur les approches créatives et les résultats obtenus,*
- *stimuler chacun à s'entraîner à la créativité,*
- *organiser régulièrement des sessions d'entraînement à l'écoute active pour les principaux managers.*

■ *Capitaliser régulièrement sur les résultats produits*

Exploiter les progrès accomplis, par exemple :
- *toute idée sélectionnée fait immédiatement l'objet d'un prototype (ou d'une opération pilote),*
- *chaque innovation, réussie ou non, est valorisée sous forme de retour d'expérience et d'enseignement à tirer,*
- *les faits marquants de la démarche sont communiqués régulièrement*

■ *Créer un système d'apprentissage permanent et interactif*

Mettre en place une organisation apprenante ou « learning organisation », par exemple :
- *le coordinateur s'entoure d'un groupe projet chargé de formaliser tous les nouveaux acquis (techniques, méthodologiques, stratégiques) et de les transmettre en interne par le biais d'Intranet, de guides réactualisés, de séminaires de formation-action …*
- *une veille est organisée en permanence : visite des entreprises clients par les employés, informations simples et quotidiennes sur le marché, actions de benchmarking.*

La célébration des réussites clés

Un des moteurs clés de l'innovation est l'énergie, il faut l'alimenter par la reconnaissance de ce qui a été accompli et le lancement de nouveaux défis.

© Éditions d'Organisation

■ *Fêter les résultats*

Donner une large publicité à ce qui a été accompli, par exemple :
• *organiser des conventions de l'innovation avec remise des prix,*
• *inventer des signalisations emblématiques ludiques pour faire connaître les succès : totems, personnages, traitement humoristique des innovations…*

■ *Reconnaître et récompenser les auteurs d'innovations*

Veiller à exprimer la reconnaissance de l'entreprise, par exemple :
• *faire connaître les gains apportés par les innovations (y compris les plus modestes et faire apparaître la réalité plus convaincante des résultats cumulés),*
• *récompenser les innovations sous forme de primes (avec une présentation claire des règles du jeu),*
• *intégrer l'innovation dans les critères d'évaluation (entretien de progrès, recrutement).*

3 METTRE EN PLACE LA COMMUNICATION INTERNE : MOTEUR DE L'INNOVATION PARTICIPATIVE

La communication interne au service de la stratégie de l'entreprise

> Stratégie offensive : ensemble d'actions coordonnées en vue d'une victoire. Stratégie défensive (domaine économique) : politique de production consistant pour une firme à adopter la gamme de produits la plus complète possible afin de satisfaire toutes les catégories de distributeurs et de consommateurs. (Petit Robert)

Quelle stratégie d'entreprise derrière une démarche d'innovation participative ? Les réponses peuvent être multiples. Les objectifs eux sont généralement clairs : augmenter le ROI de 10 ou 15 %, impliquer l'ensemble des ressources de l'entreprise pour innover, éliminer les modes de fonctionnement sclérosants, mobiliser les énergies vers un but commun de succès …

La communication interne a pour mission de faire connaître, de faire comprendre, de faire adhérer et de faire s'engager les équipes sur l'ensemble d'une démarche. Elle s'intègre dans le processus de base de toute stratégie qui répond aux questions de savoir pourquoi lancer une démarche participative et quels moyens activer ou mettre en place.

Le rôle de la communication interne consiste à mettre en scène la stratégie. Elle doit utiliser les moyens les plus simples et les plus percutants de sa panoplie pour faire en sorte que l'ensemble des acteurs de l'entreprise :
• ressentent reconnaissance et confiance à leur égard,

- soient informés de ce que l'entreprise attend d'eux et des conditions mises à leur disposition pour participer,
- comprennent pourquoi c'est important,
- aient envie de s'y impliquer.

Les quatre pôles de fonctionnement

Une politique de communication interne contribue à clarifier les éléments moteurs d'une démarche d'innovation et faciliter sa mise en œuvre.

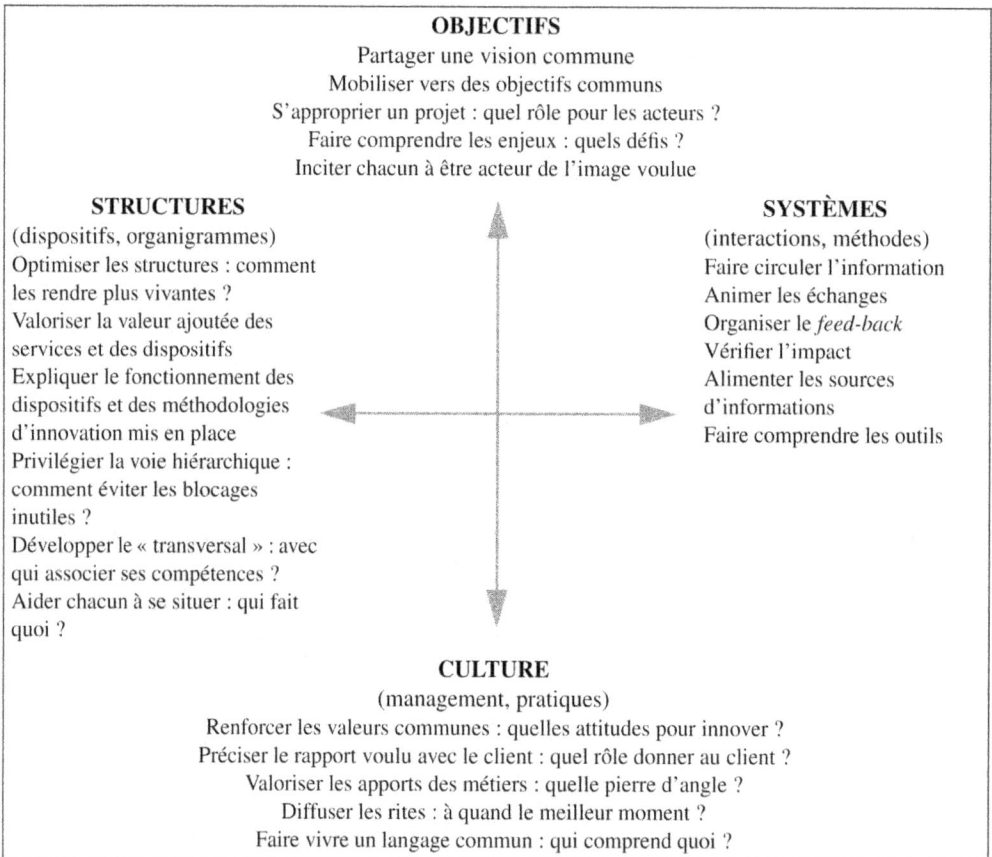

OBJECTIFS
Partager une vision commune
Mobiliser vers des objectifs communs
S'approprier un projet : quel rôle pour les acteurs ?
Faire comprendre les enjeux : quels défis ?
Inciter chacun à être acteur de l'image voulue

STRUCTURES
(dispositifs, organigrammes)
Optimiser les structures : comment
les rendre plus vivantes ?
Valoriser la valeur ajoutée des
services et des dispositifs
Expliquer le fonctionnement des
dispositifs et des méthodologies
d'innovation mis en place
Privilégier la voie hiérarchique :
comment éviter les blocages
inutiles ?
Développer le « transversal » : avec
qui associer ses compétences ?
Aider chacun à se situer : qui fait
quoi ?

SYSTÈMES
(interactions, méthodes)
Faire circuler l'information
Animer les échanges
Organiser le *feed-back*
Vérifier l'impact
Alimenter les sources
d'informations
Faire comprendre les outils

CULTURE
(management, pratiques)
Renforcer les valeurs communes : quelles attitudes pour innover ?
Préciser le rapport voulu avec le client : quel rôle donner au client ?
Valoriser les apports des métiers : quelle pierre d'angle ?
Diffuser les rites : à quand le meilleur moment ?
Faire vivre un langage commun : qui comprend quoi ?

© Éditions d'Organisation

> « La communication interne est un ensemble de principes d'action et de pratiques visant à donner du sens pour favoriser l'appropriation, à donner de l'âme pour favoriser la cohésion et à inciter chacun à mieux communiquer pour favoriser le travail en commun »[1]

Les missions de la communication interne s'orchestre autour des quatre pôles du fonctionnement de l'entreprise :

1) Quels **objectifs** se fixe-t-elle ?
2) Quelles **structures** met-elle en place pour les atteindre ?
3) Quels **systèmes** et quelles interactions permettent aux éléments de la structure de fonctionner ensemble ?
4) Quelle **culture** (valeurs, rites, croyances…) développer pour que les individus contribuent au mieux au projet de l'entreprise.

Les missions de la communication interne dans une démarche d'innovation participative

L'ensemble des missions décrites se réalise essentiellement à travers six types de moyens :

> Objectifs, structure, systèmes, culture : un ensemble vivant.

- les réunions : réunions de service, conventions annuelles, etc.
- les supports écrits : journal interne, notes, guides, passeports, etc.
- les vidéos : reportages, films pédagogiques,
- les signalisations : affichage, totems (par exemple : personnage mascotte en découpe),
- les nouvelles technologies de l'information et la communication, Intranet en particulier,
- les animations diverses : théâtre d'entreprise, par exemple.

■ *Les missions par rapport aux objectifs*

Partager une vision : pour devenir qui et quoi ?

- expliquer la finalité de la démarche. Par exemple :
  > publier la déclaration de la direction générale qui affirme clairement que l'innovation est une priorité pour l'entreprise et qu'elle attend de chacun une contribution créative et concrète,
  > montrer que l'entreprise veut devenir le leader capable d'anticiper en permanence les besoins du marché.

À propos de vision et de finalité, il est intéressant de noter que l'économiste autrichien Joseph SCHUMPETER, père de la théorie l'« Entrepreneur Innovateur », affirmait que seul celui qui innovait pouvait être considéré comme entrepreneur car cette innovation place l'entreprise en position favorable dans la mesure où pour un temps il est le seul à occuper le terrain. Ainsi, d'innovation en innovation, il garantit la progression du système (d'après l'article ***Innovation,*** DIXECO de l'entreprise, Dunod,

---

1. *La communication interne au service du management,* Philippe DÉTRIE et Catherine BROYEZ, Éditions Liaisons, 2e édition 2001, page 42.

1991). Cette vision, pour l'entreprise qui l'adopte, représente une véritable stratégie qui doit se décliner dans l'ensemble de l'organisation.
• consulter régulièrement les salariés de l'entreprise pour être en mesure de répondre précisément à leurs questions concernant la stratégie et le devenir de leur entreprise.

Mobiliser vers des objectifs communs : vers quels résultats ?
• annoncer les objectifs (*Par exemple : + 15 % de ROI, 20 produits nouveaux par an ...*) d'une façon attrayante et pédagogique.
• rappeler régulièrement les objectifs et afficher les indicateurs de suivi et de progression des résultats.

S'approprier un projet : quel rôle pour les acteurs ?
Toute démarche participative développe l'appropriation : la communication interne, parce qu'elle est interactive, est un facteur d'appropriation majeur (voir encadré en fin de chapitre : communication interactive mode d'emploi). L'innovation participative plus que toute autre démarche nécessite un accompagnement permanent et très actif de la communication interne.

Faire comprendre les enjeux : quels défis ?
• L'innovation est affaire de défis : aller plus que loin que le « raisonnable ». C'est en faisant comprendre les enjeux, en montrant ce qui arriverait si l'on ne passait pas à l'action, que l'on peut stimuler et canaliser un défi.
• Ce volet des enjeux est sans doute le plus vivant et le plus ludique : il s'affiche comme une compétition sportive ou, toute proportion gardée, comme un livre des records !
• Encourager la comparaison avec d'autres organisations (*benchmarking*, par exemple).

Inciter chacun à être acteur de l'image voulue : comment veut-on être perçu ?
L'image de l'entreprise est son capital le plus précieux. L'innovation peut faire évoluer cette image avec les bénéfices et les risques que cela induit. La communication interne joue sur ce plan un rôle inestimable dans la mesure où l'image résulte de la conjugaison de trois facteurs :
  • Les valeurs de l'entreprise : l'innovation, par exemple.
  • Les comportements individuels et collectifs des salariés : la forme du management, le climat de l'entreprise, les relations avec les clients, en quoi tous ces éléments concourent-ils à donner une image innovatrice ?

© Éditions d'Organisation

• La « vitrine » de l'entreprise : tout ce qui voit, se touche, se sent à l'extérieur : les bâtiments, le parc automobile (et la manière de conduire des chauffeurs sur la voie publique !), la communication publicitaire, etc.

L'image est forte quand ces trois facteurs manifestent leur cohérence. Comment affirmer qu'une entreprise est innovante si ses employés font la sourde oreille à toute nouvelle demande d'un client ou que les locaux respirent la vétusté ou l'enfermement ?

La communication interne ne se limite pas à ce qui est écrit sur un support : elle existe aussi sur les murs et dans la lumière des bureaux ou des ateliers, elle induit une image voulue et incite chacun à contribuer à jouer un rôle actif dans cette image.

■ *Les missions par rapport aux structures*

▓ Optimiser les structures : comment les rendre plus vivantes ?

Une structure est par principe un élément inerte : une machine, un bâtiment, un parc automobile ou un concept abstrait : un organigramme, par exemple. L'innovation participative se déroule souvent au cœur des ateliers, des chantiers ou des bureaux, des endroits qui sont ce que chacun veut qu'ils soient. La communication interne a pour mission d'encourager les équipes à les rendre vivants et incitateurs de créativité. Cela peut se traduire de manières variées.

Exemple ─────────────────────────────────────

- Utiliser toutes les surfaces murales inoccupées à afficher des messages vivants sur la créativité,
- Jouer, avec l'ensemble du personnel, une pièce de théâtre autour d'une machine qui vient d'arriver,
- Transformer l'organigramme en « Who's who » animé sur Intranet en indiquant les références et les disponibilités de chacun en matière d'innovation et de créativité. ■

▓ Valoriser la valeur ajoutée des services et des dispositifs : que nous apportent-ils ?

Qui sait ce que font les autres services ? Quelles innovations fait chacun dans son coin qui pourrait servir à d'autres ? Seuls les curieux et les consciencieux le savent. Quand ils représentent 30 % de l'entreprise, c'est plutôt considéré comme exceptionnel. La communication interne est promotrice de chaque service (pour impliquer les 70 % qui restent, dans le meilleur des cas), elle a pour mission de mettre en relation les acteurs et de porter à la connaissance de chacun la contribution des autres.

Exemple
- *organiser des journées portes ouvertes dans les services,*
- *publier périodiquement les expériences réussies,*
- *animer un site Intranet sur l'apport de chacun.* ■

Expliquer le fonctionnement des dispositifs et des méthodologies d'innovation mis en place :

Exemple
- visualiser pédagogiquement (schémas clairs) le dispositif mis en place : le pilotage de la direction générale, le mode de coordination (équipe), les services existants de la R&D et du marketing (rappeler leurs missions et leur rôle dans cet ensemble), les structures nouvelles : réseaux d'innovateurs, start-up, groupes transversaux focalisés sur les marchés,
- *expliquer en détail les méthodes utilisées et leur complémentarité mutuelles : la créativité, l'innovation de rupture, le kaizen …* ■

Privilégier la voie hiérarchique : comment éviter les blocages inutiles ?

• Fonctionner en réseau et respecter les circuits de décisions en place. Cette recommandation peut paraître à la fois évidente et contradictoire : évidente parce que la communication interne est d'abord entre les mains des managers, contradictoire, car la communication interne joue un rôle de contrepoids à la relation verticale imposée par la pyramide hiérarchique.

Mais l'innovation participative, comme toute démarche de ce type, ne recueille que rarement l'assentiment de tout le monde et risque de se heurter à des points de passage obligés.

Exemple
- *consulter le directeur commercial pour organiser une réunion créative avec des clients,*
- *obtenir l'aval du service marketing et/ou service des études pour utiliser en interne les résultats d'une enquête de satisfaction dans le cadre d'une recherche de nouveaux services,*
- *associer la direction de la logistique à une innovation concernant une organisation localisée d'une plate forme et qui va influer sur le planning des transporteurs.* ■

Développer le « transversal » : avec qui associer ses compétences ?

• Faciliter et accompagner la mise en place et le fonctionnement des dispositifs de l'innovation participative.

© Éditions d'Organisation

Exemple

- système de suggestion,

- réseaux d'innovacteurs,

- groupes produits par marché,

- groupes de recherche thématiques,

- animation des conventions de l'innovation.

- Faciliter l'interdépendance entre les individus et les équipes : c'est peut-être une des missions les plus novatrices de la communication interne. C'est une mission qu'elle remplit depuis longtemps. La communication interne a inventé le marketing interne, en s'inspirant du marketing, en réunissant, par exemple, des groupes multidisciplinaires autour d'une recherche créative.
- Appuyer toute action de « knowledge management » : toute expérience réussie ou non est porteuse de compétences nouvelles, toute intégration de nouveaux embauchés est synonyme de différences (théoriques et pratiques) etc. Tout ce qui structure et enrichit une base de données utilisable par ceux qui en ont besoin. La démarche d'innovation participative ne peut produire de valeur que si elle enrichit les acteurs.

Aider chacun à se situer : qui fait quoi ?

- Activer un des leviers de la motivation qui consiste à ce que chacun puisse se repérer dans l'ensemble de la structure : savoir où l'on se situe par rapport aux autres, savoir à qui est destinée sa propre contribution, savoir qui fournit la matière qui est utile à sa mission, savoir auprès de qui trouver telle ressource, etc.

  La participation efficace dépend du degré de conscience que chacun a de l'ensemble. La créativité est stimulée par la connaissance des multiples éléments constitutifs de l'organisation.
- Actualiser les organigrammes et les schémas d'organisation en indiquant clairement pourquoi tel service va rejoindre tel autre, par exemple, et en quoi ce changement peut être générateur d'innovation.

■ *Les missions par rapport aux systèmes : les processus, les pratiques, les systèmes d'information …*

Faire circuler l'information : quelles informations de qui à qui ?

- Faciliter tout ce qui véhicule l'information entre les individus.
- Aider à les sélectionner à partir de critères opérationnels simples.

Exemple

– identification de l'émetteur,
– degré d'urgence et délai de réponse,
– domaine d'application.   ■

■ **Animer les échanges** : comment structurer la forme pour ouvrir le fond ?
• L'animation est sûrement la vocation première de la communication interne dans son rôle d'outil du management. La créativité collective ne peut fonctionner que si elle est animée par des méthodes adaptées.

Exemple

– organiser des ateliers participatifs lors des conventions,
– innover dans les relations inter services.   ■

■ **Organiser le feed-back : quoi faire de cette « nourriture en retour » ?**
• Recueillir et formaliser le plus fidèlement possible les idées, les questions, les réactions du terrain pour les intégrer au message et nourrir la créativité de chacun, à tous les étages de l'entreprise. Le feed-back, ne l'oublions pas, est aussi riche de contenu que l'émission.

■ **Vérifier l'impact : qu'en retiennent-« ils » ?**
• Mesurer régulièrement les perceptions de chacun, à travers des approches qualitatives et quantitatives, de manière à recentrer les messages forts : la créativité et l'innovation perdent de leur efficacité quand elles laissent s'échapper les énergies dans tous les sens.
• Restituer les résultats de ces études de manière à renvoyer un miroir aux équipes et faire ainsi grandir leur niveau de maturité face aux enjeux.
• Convaincre la direction (si c'est utile !) de l'importance de jouer la confiance et la transparence : l'innovation a besoin d'adultes libres, pas d'individus infantilisés par une rétention d'informations.

■ **Alimenter les sources d'informations : quoi de neuf aujourd'hui ?**
• Apporter du nouveau de l'interne et de l'externe en permanence : la veille est la condition *sine qua non* d'une innovation qui se renouvelle.
• Établir une base de données, sur le modèle d'une mini-agence de presse intégrée, que chacun peut consulter quotidiennement.

■ **Faire comprendre les outils : quoi faire de mieux qu'avant ?**
• Accompagner la mise en place des nouveaux outils, Internet et l'informatique, bien sûr, mais également toute forme d'outil qui favorise l'innovation participative.

© Éditions d'Organisation

Exemple

– participer à la mise en place d'un e-learning interne sur tous les outils à disposition dans l'entreprise,

– organiser des ateliers courts (deux heures maximum) sur l'utilisation des outils nécessaires à la communication interne et à la participation,

– lancer des concours internes sur la façon d'optimiser tel outil (la présentation de l'entreprise aux nouvelles recrues par exemple) pour favoriser l'innovation sur des processus accessibles à tous (le parcours client, par exemple). ■

■ *Les missions par rapport à la culture*

▥ **Renforcer les valeurs communes : quelles attitudes pour innover ?**
• Promouvoir l'innovation comme une valeur.
• Sensibiliser aux croyances et aux attitudes qui facilitent ou qui freinent l'innovation.
• Publier des témoignages qui illustrent des actions d'innovation.

▥ **Préciser le rapport voulu avec le client : quel rôle donner au client ?**
• Intégrer le client dans l'entreprise.
• Publier des réalisations innovantes qui sont nées d'une demande client, voire qui ont été conçues avec lui.

▥ **Valoriser les apports des métiers : quelle pierre d'angle ?**
• Valoriser la spécificité de chaque métier et l'apport de la rencontre des métiers dans un projet commun d'innovation.

Exemple

– Ingénieur et marketing : pour une optique utilisateur de qualité,
– Recherche et industrie : pour une application sécurisée, en évolution perpétuelle,
– Commercial et administratif : pour une fidélisation accrue. ■

▥ **Montrer en quoi chaque métier peut engendrer son propre changement de mission**, apportant des propositions innovantes à l'entreprise du fait du transfert d'une expérience très solide dans un domaine à un autre domaine.

Exemple

– les ingénieurs d'affaires qui créent leur propre façon d'exercer une mission commerciale et de conseil auprès des clients et des fournisseurs,
– un responsable de production qui invente un système de gestion en appliquant une méthode d'analyse de la valeur à chaque fonction de l'entreprise. ■

▧ Créer un « esprit maison » : quelle convivialité ?

• Créer un climat favorable à la créativité et à l'innovation : la bonne humeur, l'humour, le droit d'exprimer des idées inattendues et favoriser des relations cordiales.

Exemple

– *animer la communication avec des personnages « maison » qu'on retrouve régulièrement, voire quotidiennement en décors, et qu'on utilise à l'occasion d'événements marquants,*

– *provoquer des rendez-vous conviviaux dans les services pour fêter une innovation réussie,*

– *intégrer dans les bonnes pratiques internes un chapitre ou des encadrés qui encouragent la courtoisie et le respect des autres,*

– *donner des idées de comportements qui associent professionnalisme et cordialité. Dénoncer le fait de se mettre en colère pour un oui ou pour un non ou la critique personnalisée en pleine assemblée, par exemple.* ■

▧ Diffuser les rites : à quand le meilleur moment ?

• L'entreprise a des rites : anniversaire, journée au vert, vœux, célébration des succès, etc. La communication interne doit valoriser ces rites et en profiter pour mettre en lumière ce qui est nouveau à chaque fois par rapport à la fois précédente. Elle doit montrer que l'innovation est partout y compris dans les « petits changements », importants aux yeux de quelques-uns, passés inaperçus pour le reste de l'entreprise.

Exemple

– *annoncer que dans les petites agences commerciales, suite à la réorganisation de l'ARTT, les rôles de chacun sont devenus polyvalents pour garantir une continuité de service sans perte de qualité pour le client. Pour arriver à ce résultat, chacun a formé les autres au savoir-faire nécessaire,*

– *montrer comment un atelier s'est totalement réorganisé pour développer une réelle subsidiarité.* ■

▧ Faire vivre un langage commun : qui comprend quoi ?

• L'entreprise a des jargons spécifiques par métier et par service. Les métiers ont des rythmes différents et perçoivent les notions de coûts et de délais de façons différentes. C'est le cas par exemple entre des chercheurs et des industriels ou entre des commerciaux et des ingénieurs. Ces écarts de perception sont sources fréquentes de malentendus et de conflits. Ils nuisent au bon fonctionnement de l'entreprise en général et à l'innovation participative en particulier, dans la mesure où le volet multidisciplinaire est fondamental.

La communication interne joue un rôle important de médiation qu'elle peut décliner sous une forme à la fois utilitaire et humoristique : guide

© Éditions d'Organisation

du parler de …, pièce de théâtre, opération « *montre à l'heure* » ou « *abréviations interdites* ».
- La communication interne doit associer ses efforts avec la formation afin de profiter de séminaires sur la créativité pour travailler sur ses sujets et les exploiter ensuite au sein de l'entreprise.

L'indispensable interactivité

> De tels indicateurs ne conviennent-ils pas aussi à l'action du management ?

Pour remplir sa mission d'aide aux managers, chargés de donner du sens et faire remonter le quotidien du terrain auprès des stratèges, la communication interne doit fonctionner selon un système dynamique qualifié par les spécialistes de « cybernétique » (du grec : *art de gouverner*) qui s'articule selon trois étapes :
1. L'émetteur envoie son message à des destinataires
2. Les destinataires retournent un« *feed-back* » (de l'anglais : *nourrir en retour*)
3. L'émetteur intègre ce *feed-back* dans son nouveau message.

Outils PRATIQUES   *La communication interactive mode d'emploi*

> **L'interactivité en quatre questions**

Tout dispositif de communication qui veut mettre en pratique l'interactivité doit pouvoir apporter des éléments concrets en terme de message et de mode de fonctionnement aux questions suivantes.

Que voulons-nous (la direction) communiquer ?

- *quels messages émettre qui exposent et expliquent la stratégie, qui facilitent sa mise en œuvre ?*

Comment saurons-nous que nous avons été compris ?

- *quels moyens mettre en place, pour vérifier auprès des populations visées que notre message a été entendu et comment il a été compris ?*

Qu'est-ce que les collaborateurs ont à communiquer ?

- *comment faire pour recueillir les propres messages des collaborateurs (pas toujours dans le même registre que ceux voulus par la direction !), les idées, les observations, les réactions des collaborateurs ?*

Comment sauront-ils qu'ils ont été entendus ?

- *comment restituer et intégrer les préoccupations des collaborateurs dans les messages de la direction (et des directions), et faire en sorte que chacun reconnaisse sa contribution ?*

Ce mouvement est permanent. Il doit se renouveler dans sa forme et ancrer, dans la culture de l'entreprise, une relation fondée sur la dialectique managériale caractérisée en deux termes : vouloir et dialoguer. Vouloir : définir, affirmer des objectifs et créer les conditions favorables pour les atteindre. Dialoguer : écouter les acteurs, partager avec eux les enjeux et les défis, intégrer leur valeur ajoutée dans l'édification et la mise en œuvre de la stratégie. (Démarche inspirée de la PNL)

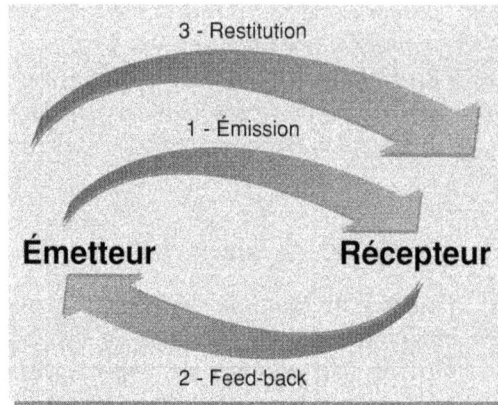

Les indicateurs attestant l'efficacité de la communication interne se résument en quelques questions clés :
• l'ensemble des salariés partagent-ils la vision de l'entreprise (ce qui ne signifie pas adhérer à 100 % mais ou moins la connaître et être capables de l'exprimer dans un langage commun) ?
• les salariés se sont-ils appropriés les priorités de l'entreprise ?
• les salariés se sentent-ils associés ?
• comprennent-ils les enjeux de l'entreprise ?
• se sentent-ils acteurs de l'image que veut donner l'entreprise auprès des clients et de l'environnement ?

La communication interne : outil stratégique du management

La communication interne n'est pas un système de management. En revanche, elle est un outil stratégique qui favorise l'interdépendance entre les acteurs : sa mission est essentiellement transversale. Elle prépare à sa manière le passage entre la pyramide et le réseau. Elle favorise sans crier gare la création d'un nouveau mode de relation encore à inventer entre les individus, dans lequel la notion de responsabilité (valeur) détrônera la prédominance de la hiérarchie (de statut). Penser communication interne, c'est penser tissage : la trame et la lice. C'est entrer dans l'ère de l'innovation ouverte à tous.

L'innovation participative, comme la communication interne, fait son apparition dans la marginalité. Il s'agit encore dans de très nombreuses entreprises d'un jeu qu'on se donne le droit d'expérimenter avec prudence et souvent beaucoup de naïveté de la part de certains dirigeants :

© Éditions d'Organisation

« *les gens ne sont pas prêts à entendre ça !* » ou bien au contraire : « *c'est incroyable ce que les gens sont mûrs ! Ils ont des idées étonnantes… il faudrait les écouter plus souvent* ». Sous entendu : n'ouvrons pas la boîte de Pandore, que ferions-nous d'autant de réactions foisonnantes auxquelles nous risquerions de ne pas pouvoir donner suite.

> « Sans innovation, la stratégie est inutile ; sans stratégie, l'innovation n'a pas de but »
> John KAO, fondacteur de Idea Factory.

En même temps, le mouvement est en marche et le management doit innover dans le rôle qu'il se donne. La communication interne a pour mission de faire circuler l'information ascendante, descendante et transversale : le manager peut-il demeurer dans « je ne considère que ce que je peux contrôler » ? Le communication interne dispose d'outils ultra rapides et démultiplicateurs comme l'Intranet : le management peut-il continuer à prétendre être celui qui détient l'information à livrer ? La communication interne fait découvrir l'ensemble de l'entreprise aux salariés : le management peut-il encore démarquer son territoire avec les limites de son propre savoir technique ?

La communication interne : « apprentissage communicationnel »

Ce terme « apprentissage communicationnel » est emprunté à une démarche dont Jean Marc LE GALL, DRH de la CAISSE NATIONALE D'ASSURANCE VIEILLESSE, la CNAV, se fait l'écho.[2] La communication interne quand elle devient directement liée au factuel et à l'opérationnel quitte la fonction « propagandiste » qu'elle a souvent joué et qu'elle joue encore, n'appuyant son message que sur des valeurs voulues, souvent incantatoires et défendant un esprit positif à tout prix qui cache la face vivante d'une réalité, faite de réussites et d'erreurs, de succès et d'échecs, de satisfaction et d'insatisfaction.

La communication interne, via notamment des études de climat, des rencontres inter-services, des tables rondes d'expression, se veut être un reflet plus juste de la vie de l'entreprise. Une des étapes de la méthodologie décrite par Jean-Marc LE GALL comporte l'organisation de tables rondes qui permettent à chaque individu de rencontrer une dizaine d'autres individus de services différents. Cet acte pourrait n'offrir que le bénéfice de la convivialité – ce qui déjà représente un levier fort de la démarche de l'innovation participative – s'il n'y avait pas en plus la volonté de développer à travers ces rencontres un véritable « apprentissage communicationnel » : apprendre à échanger des informations utiles et à s'approprier les enjeux des autres services.

---

2. *Revue Française de gestion*, n° 130, septembre-octobre 2000.

Une perception factuelle et actualisée en permanence de tout ce qui se passe dans l'entreprise conditionne la bonne qualité de la démarche d'innovation participative, pour plusieurs raisons :

• Innover à tous les étages nécessite une connaissance complète et perpétuellement actualisée de toute son entreprise : le premier sujet de la communication est l'entreprise au même titre que jadis une « leçon de chose » désignait la découverte détaillée d'un élément naturel (un arbre, un champ de blé), d'un phénomène physique (le gel, le feu) ou d'une invention (le moteur, la lampe électrique).

• Innover nécessite une reconnaissance collective autant de ce qui marche bien que des dysfonctionnements : n'oublions pas que la créativité s'exerce autant à partir de problèmes à résoudre que de projets à réaliser.

• Innover à tous les étages exige de chacun la capacité de communiquer avec les autres. La fluidité et la fréquence de la communication transversale contribuent à partager des informations indispensables : approche globale du marché, fertilisation croisée des savoir-faire pour des réponses innovantes, partage d'expérience, etc.

Les NTIC : l'information au service de l'innovation participative

Avec les NTIC, l'information est synonyme d'accessibilité, de communication et de créativité.

Accessibilté

Norman GIBSON, écrivain américain, crée le mot « cyberspace » dans son roman *Neuromancer.* Néologisme en 1993, ce terme annonce une révolution décisive : l'information est accessible à tous dans tous les domaines.

Le propre d'une entreprise innovante est de permettre à tous les salariés de communiquer et d'être des forces de proposition. Elle y parvient grâce à un décloisonnement entre les fonctions, les métiers et les niveaux de la hiérarchie. Des entreprises ont décidé, souvent avec succès, de mettre en place des groupes projets multidisciplinaires avec comme premier objectif, plus ou moins avoué, de créer la transversalité. Les NTIC risquent fort à leur tour d'accélérer ce processus en y ajoutant un ingrédient de taille : l'information disponible pour tous au même moment. Nous n'allons pas refaire l'inventaire de tous les bouleversements attendus par l'avènement des nouvelles technologies de l'information et de la communication. L'un de ces bouleversements touche de

© Éditions d'Organisation

plein fouet la prérogative hiérarchique liée à la détention de l'information, frein majeur reconnu à l'innovation à tous les étages.

Communication

L'information véhiculée par les nouvelles technologies possède deux caractéristiques qui l'assimilent d'emblée à la communication :

1) La polymorphie : l'information qui circule sur le net emprunte au moins trois modes d'expression :
• le texte,
• le son,
• l'image.

Ces modes se combinent et se développent en trois dimensions. Le multimedia démultiplie les canaux de communication et les possibilités d'interaction entre les cibles. Un message envoyé sur le net est mis en scène, les acteurs peuvent être très nombreux à le recevoir et à en émettre à leur tour. Une simple note de service peut devenir un film animé et parlant, le discours d'un manager une vraie tribune, un contenu pédagogique un jeu vidéo. Toutes ces formes, ludiques à la base, ouvrent une voie royale à la stimulation et à la simulation, les deux volets de la créativité et de l'innovation ! Une telle perspective offre à la fois l'opportunité d'explorer plus loin les potentiels de l'entreprise et la menace de dispersion ou peut-être pire encore d'imposture. Une ère nouvelle s'ouvre, il y a beaucoup de richesses à puiser pour qui sait combiner les capacités de divergence de l'imagination et de convergence de la raison, pour qui sait surtout ce qu'il veut.

2) L'interactivité : c'est probablement le changement le plus radical provoqué par les nouvelles technologies de l'information et de la communication. Le fait de recevoir un message appelle automatiquement une réponse. De simple accusé de réception, elle peut devenir un *feed-back* substantiel. L'évidence et la facilité du retour jouent un rôle de tout premier ordre dans la réussite d'une démarche participative, en général, et dans un processus d'innovation, en particulier. Sans simplifier à outrance, force est de reconnaître que la communication uniquement descendante induit une attitude d'exécution et d'obéissance totalement incompatible avec l'initiative et la prise de risque. L'avantage de ce système, et sa redoutable efficacité en la matière, consiste à ouvrir le champ libre à toutes les interactions sans qu'il soit nécessaire d'en proclamer le bien-fondé et en dépit de toute interdiction !

⯈ Encore une fois :
pour le meilleur et
pour le pire,
l'interactivité est à la
portée de tous.
« Ce qui émerge avec
Internet, c'est la
gratuité du savoir ».
Michel SERRE, Messages
à distances.

La notion même de savoir va évoluer, il ne s'agit plus du Savoir mais des savoirs, fruits de la connaissance et de l'expérience de chacun. Il reste à inventer des modes de synthèse et de classement pour rendre ces savoirs délivrables sans les enfermer dans quelques carcans idéologiques ou simplificateurs. Chantier énorme qui en vaut la peine au regard de la très faible utilisation du cerveau humain.

Créativité

La créativité ne demande qu'à se démultiplier, rebondir, piller, générer du nouveau. Elle est par essence insatiable et inépuisable, c'est sa plus grande qualité et son plus gros défaut ! Mais de la même manière que nous l'avons noté à propos de l'interactivité, plus un outil est performant plus il doit être manié avec précaution et maîtrise.

Les NTIC possèdent trois caractéristiques qui favorisent l'épanouissement de la créativité :

1) La fluidité : l'information circule vite et facilement dans les tuyaux du net, elle est réactive et favorise la quantité d'idées. En cela, la fluidité alimente la divergence nécessaire à la richesse des propositions.

2) L'ordonnancement : le couple NTIC et système d'information génère un outil précieux aux créatifs qui ont du mal à focaliser leurs idées. L'informatique offre une méthode de classement et d'analyse de contenu, le « textmeaning » qui permet d'explorer les données sur un principe de corrélation. Les logiciels qui assemblent, trient, diffusent les données selon les spécificités de l'entreprise (*data-warehouse*) existent bien pour les données objectives … un data warehouse des idées demande une capacité d'intégrer une quantité de facteurs complexes considérable.

En revanche, la gestion électronique de documents, (GED) qui traite très rapidement les formes variées de l'information (chiffres, textes, images, animation, etc.) peut s'adapter à un cahier des charges plus ouvert et plus souple.

3) La fertilisation croisée : métaphoriquement, Intranet reconstitue un immense cerveau collectif. Il existe une mémoire collective qui ne demande qu'à vivre et à générer de nouveaux concepts. Intranet participe également à faire de la créativité et de l'innovation une véritable compétence collective.

Intranet ajoute aux critères classiques de performance, centrés sur la maîtrise des coûts et des délais, un nouveau critère défini par la capacité des entreprises à être réactives, inventives et tournées vers le client.

© Éditions d'Organisation

Intranet, un outil idéal

Intranet regroupe les fonctions essentielles à la démarche d'innovation à tous les étages, en ce sens qu'il permet et stimule :
• le partage des applications bureautiques,
• la diffusion d'information ciblée selon les besoins,
• la mise à jour régulière des documents,
• la navigation dans des bases différentes,
• l'élaboration d'un projet ainsi que l'apprentissage à distance.

Un autre point mérite l'attention : les domaines de l'innovation participative étaient plutôt techniques et d'origine individuelle. Avec Intranet, ces deux données s'inversent très rapidement.

Les différentes études et retour d'expérience indiquent qu'Intranet est utilisé au 4/5 dans des domaines liés à l'organisation (pour 1/5 dans des domaines technologiques). Notons au passage que ces proportions sont propres aux grands groupes. Nombre de PME utilisent Intranet depuis plusieurs années pour traiter des données opérationnelles liées à leur activités directes plus qu'à leurs problèmes d'organisation.

On peut déduire d'une manière générale qu'Intranet place la communication interne ainsi que toute forme de démarche participative parmi les avantages concurrentiels, à condition que la valeur ajoutée produite se traduise en terme d'innovation et de proximité avec le client.

Par ailleurs, la mise en place d'Intranet exige des pratiques managériales spécifiques. Si tout le monde en vante les mérites, certains ont un peu de mal à passer à l'action, qu'il s'agisse des processus de délégation ou de suivi. Intranet exige la confiance sous peine de devenir le Big Brother totalitaire !

Intranet est un vecteur stratégique qui est là pour permettre à l'encadrement de faire faire plutôt que de faire lui-même et l'aider à faire comprendre les objectifs de l'entreprise plutôt qu'à être le premier à livrer l'information. Cette mission du manager devrait être facilitée par le fait qu'avec les NTIC, beaucoup dé tâches répétitives tendent à disparaître. Les ressources humaines devraient en être libérées, mieux utilisées à des activités faisant appel à l'intelligence plus qu'à la capacité mécanique de bien faire et refaire les mêmes gestes. La réduction des tâches administratives à faible valeur ajoutée doit concourir à la montée en puissance des activités dédiées à la conception de produits et de services, en relation avec les clients et à la création de conditions de travail favorables au déploiement des talents.

Les quatre fonctions d'Intranet

Intranet est encore trop nouveau pour avoir permis d'inventer beaucoup de fonctions inédites dans l'entreprise. Cela viendra très vite dans des domaines comme celui des compétences collectives ou celui du partage des données. D'autres domaines sont moins prévisibles, tels l'innovation collective dans la mesure où Intranet produira dans un premier temps plus d'effets secondaires, comme la pratique du travail en équipe ou le partage spontané du savoir et de l'information, que d'effets directs, tels l'accroissement tangible du ROI ou la quantité d'innovations.

Le canal Intranet apporte un avantage non négligeable que des entreprises à forte implantation internationale, comme Accor, France Télécom ou le Club Med, ont mis à profit pour défier les distances géographiques.

Actuellement, nous avons identifié quatre fonctions d'Intranet qui sont utilisés dans le cadre de démarches participatives.

1. La messagerie

La messagerie est naturellement la fonction la plus utilisée. Elle remplace tout ce qui se faisait sur support papier ou par téléphone et qui constitue des messages intermédiaires. Très concrètement, la messagerie recueille les systèmes de suggestions, les boîtes à idées et autres dispositifs d'innovation qu'elle fait vivre sous une forme zéro papier.

Les échanges de données informatisées, (EDI), ont contribué à la formalisation des modes de support zéro papier. Il s'agit de transferts électroniques d'informations structurées qui fonctionnent suivant un format normalisé. Le transfert peut se faire directement ou via un service de routage. À l'origine les EDI concernaient surtout les interactions administratives : facturation, documents de livraison, échanges bancaires, etc. Cet outil qui permet d'améliorer les systèmes de flux tendus va trouver une nouvelle vocation dans l'échange des idées qui a lui aussi des exigences de « juste à temps » !

2. Le forum

Le forum est l'outil de référence pour appliquer le principe du brainstorming électronique. Il permet en effet de visualiser l'ensemble des apports de tous ceux qui participent à la recherche d'idées. Le principe du forum incite à l'exploration des thèmes autant qu'à produire des idées grâce au système de questions réponses qui s'intègre à l'émission de suggestions proprement dite.

L'ensemble est capitalisé et se structure en grandeur nature comme cela peut se dérouler dans une séance de créativité où l'animateur affiche toutes les feuilles à mesure des séquences.

© Éditions d'Organisation

L'utilisation du forum est vraiment performante quand elle s'articule avec des groupes de travail qui structurent plus facilement les propositions et évite de transformer le forum en un vaste Dazibao qui n'est guidé par aucun objectif précis, si ce n'est celui de libérer la parole.

L'*Internet Relay Chat* (IRC) est une version du forum en temps réel. L'IRC est souvent moins ouvert que les forums dans la mesure où son mode de fonctionnement exige la préparation de plusieurs thèmes de réflexion liés à une même problématique.

Rappelons enfin qu'en matière de créativité il convient de distinguer la production d'idées du débat. Le premier s'exerçant hors jugement et le second faisant appel au contraire à des critères d'appréciation pour un recadrage opérationnel et efficace.

3. Le Groupware

Le Groupware est constitué d'une panoplie d'outils tels l'agenda partagé et les bases de données communes. Le Groupware est à l'origine d'Internet, il répond à l'objectif du travail en réseau et à distance. Il permet par exemple d'écrire un texte à plusieurs ou de créer collectivement un visuel identique.

4. L'exploration des sites

C'est bien sûr la fonction qui paraît la plus évidente. Toute personne ayant l'habitude de surfer sur les sites peut dire qu'elle collecte un nombre impressionnant d'informations en quelques heures. Cela représente un atout capital dans l'innovation où les pratiques de veille et de *benchmarking* sont des sources irremplaçables.

L'« Effet boucle stratégique » des NTIC est un facteur d'innovation

L'« Effet boucle stratégique » est dû à la capacité de réagir en temps réel en fonction d'informations originaires de tous les services de l'entreprise intégrés à un même système. La vision globale et simultanée qui en résulte permet de décoder des informations et de les exploiter stratégiquement et créativement très rapidement.

Exemples

Dans leur livre, *La Cyberentreprise*, Jacques CHAMPEAUX et Christian BRET (Éditions Dunod, 2000) citent l'exemple symbolique mais bien réel d'une entreprise fabriquant des bas et des collants qui découvre lors d'une enquête de satisfaction que 25 % des répondants sont du sexe masculin… Fétichisme ou nouveau marché ?

Nouveau marché ! Il s'agit en réalité de pompiers ou d'agents de la protection civile qui ont besoin de se protéger des froids intenses de l'hiver !

Ils citent également Jean-Pierre CORNIOU, directeur des systèmes d'information de USINOR : « *Usinor est aujourd'hui, comme de nombreuses industries, une entreprise de services : son avenir est lié à la façon dont ses clients intègrent les produits dans leurs propres processus de fabrication. La logique du client doit donc pénétrer à l'intérieur de l'organisation. L'entreprise est de plus en plus ouverte à ses actionnaires, à ses fournisseurs, à ses clients. Elle doit travailler sans cesse à améliorer et à fluidifier ses relations avec ses différents partenaires.* » ∎

La communication interne au service de l'information intelligente

Le dispositif des « Trois sources® » est un premier pas à la portée de tous sur le chemin ardu de l'intelligence économique et de l'organisation apprenante.

Il serait difficile de traiter ce domaine de l'innovation participative sans évoquer les concepts d'intelligence économique, d'organisation apprenante ou de knowledge. En même temps, les réactions de nos clients nous laissent dubitatifs sur la capacité des organisations de mettre en place ces dispositifs tels qu'ils sont décrits à la base. La discrétion nous empêche de citer tel ou tel directeur de fabricant automobile, de groupe pétrolier ou de chaîne hôtelière qui nous confie que ces démarches sont difficiles à faire vivre. Bien souvent, la fascination intellectuelle que des théories exercent empêche de faire le lien avec les contraintes pragmatiques. Nous ne prétendons pas apporter la solution miracle qui satisferait tout le monde d'un simple coup de baguette magique. Et nous pensons encore plus fort qu'il serait regrettable de jeter le bébé avec l'eau du bain.

Nous proposons un dispositif simple que nous avons eu l'occasion d'éprouver dans des groupes, pour faciliter un partage de connaissance et d'expérience de dirigeants à haut niveau exerçant dans tous les continents et dans des organismes publics, pour faire évoluer l'offre en direction des entreprises.

Ce dispositif se nomme les « Trois Sources® ».

Il consiste à mettre en scène et/ou à mettre en ligne les acteurs faisant partie des trois sources de l'entreprise qui contribuent à constituer la matière même des savoirs, savoir-faire et savoir-être originaires :
• de l'entreprise elle-même : ensemble des salariés,
• de l'environnement : clients, partenaires, concurrents,
• des experts : théoriciens, universitaires, chercheurs.

Dans un premier temps, ce dispositif fonctionne comme un projet : il est mis en place dans un objectif opérationnel précis. Utilisé régulièrement,

© Éditions d'Organisation

il crée une culture du partage d'expérience et du savoir en situation. Il instaure une logique de compétences qui remplace peu à peu la logique du Savoir.

Ces trois sources d'information et de compétences sont regroupées en un contenu informatif et pédagogique, dont la matière peut être diffusée sous des formes diverses et complémentaires :
• séminaire de formation classique,
• forum et convention,
• documentation techniques,
• guide,
• etc.

Ce dispositif prévoit un retour d'expérience permanent qui alimente le contenu et l'actualise. Le dispositif des « Trois Sources® » doit fonctionner en permanence et faire alterner les rencontres physiques, les échanges par Intranet interposés et les participations à des événements extérieurs.

Exemple ────────────────────────────────────

EXEMPLE D'UN DISPOSITIF « TROIS SOURCES® » :
POUR UN NOUVEAU SERVICE ADAPTÉ À UNE POPULATION SPÉCIFIQUE.

Une entreprise de jouets veut créer une gamme spécialement adaptée à des enfants en difficulté psychomotrice. Elle doit développer de nouveaux savoir-faire en la matière pour prendre le leadership sur ce marché et innover en ce domaine. Mettre en place le dispositif des « Trois Sources® » consiste pour elle à :

1) Source interne :
– consulter l'ensemble des salariés pour recueillir leur expérience, leurs idées, leurs suggestions,
– inviter les salariés qui ont été touchés par ce problème à s'exprimer,
– compiler l'ensemble de tous les modèles de jouets produits par ce fabricant depuis le premier jouet pour y puiser des idées,
– examiner tous les produits qui n'ont pas marché ou qui ne sont jamais sortis des cartons,
– etc.

2) Source environnement :
– réunir des groupes d'enfants touchés par ce handicap avec leurs frères et sœurs et parents pour mieux comprendre leur situation et leur besoin,
– travailler avec les animateurs professionnels spécialisés,
– consulter les associations dédiées à cette population,
– etc.

3) Source experte :
– associer des spécialistes à la réflexion et les faire intervenir devant les salariés de l'entreprise pour les sensibiliser,

---

– proposer à un universitaire de faire une thèse sur ce sujet,

– publier régulièrement dans les supports internes des articles de sensibilisation,

– participer à des colloques organisés autour de ce thème et recueillir toutes les informations pour les diffuser en interne,

– etc.

L'ensemble de la matière recueillie lors de ces différentes rencontres et séances de travail constitue un contenu formalisé, à la disposition de tous et communiqué en interne sous différentes formes :

– Internet,

– presse interne,

– conférence,

– séminaire de formation,

– guide pédagogique,

– documentation technique,

– etc ;

La matière recueillie est vivante : elle est réactualisée en permanence en sollicitant les acteurs internes et externes à apporter leur contribution régulièrement. Elle est diffusée en permanence comme un contenu de communication et de pédagogie.

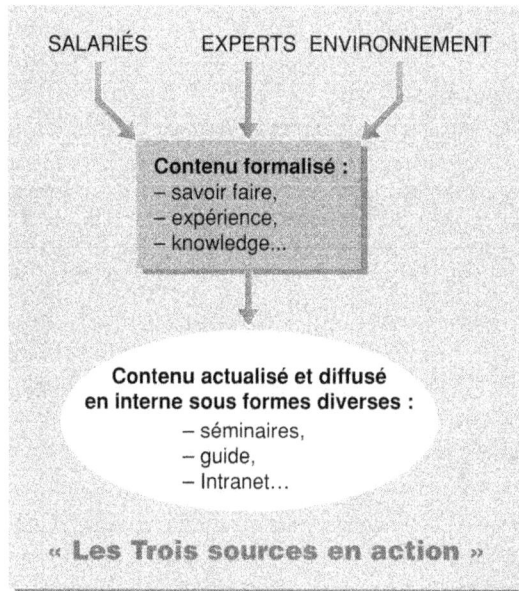

SALARIÉS   EXPERTS ENVIRONNEMENT

Contenu formalisé :
– savoir faire,
– expérience,
– knowledge...

**Contenu actualisé et diffusé
en interne sous formes diverses :**
– séminaires,
– guide,
– Intranet...

« **Les Trois sources en action** »

« Dans un monde toujours plus dynamique, indépendant et imprévisible, une seule personne n'est plus en mesure de trouver toutes les solutions depuis le sommet. L'ancien modèle fondé sur « la tête et les jambes » doit aujourd'hui céder la place à une intégration de la réflexion et de l'action à tous les niveaux.

Peter SENGE, grand spécialiste des organisations apprenantes dans « The Leader's New Work : Building Learning Organizations », *Sloan Management Review*, 1990, vol. 32. ■

© Éditions d'Organisation

Piloter la démarche innovation à tous les étages

1 IMPULSER, COORDONNER, MESURER, COMMUNIQUER

Le premier pilote de la démarche de l'innovation à tous les étages est le numéro 1 de l'entreprise. Et directement avec lui, le comité de direction. Le pilotage de l'innovation participative n'est pas foncièrement différent d'une démarche qualité totale.

Il implique un chef d'orchestre pour :
• impulser,
• coordonner,
• mesurer,
• communiquer.

Ce chef d'orchestre peut être une personne : un responsable qualité qui s'entoure d'une équipe et d'un réseau d'innovacteurs. Mais le système peut également fonctionner avec un comité de pilotage animé par un groupe de responsables N-1, de préférence.

Il existe deux niveaux de pilotage :
• l'un pour piloter les dispositifs et les résultats obtenus (c'est l'objet du chapitre 6 qui suit : *Des méthodes et des dispositifs d'innovation à mettre en place*) ;
• l'autre pour piloter l'ensemble de l'organisation et garantir le fonctionnement le plus performant en terme de management, de communication, de pratiques en général.

Nous proposons ici un outil de pilotage en trois volets qui implique la globalité de l'entreprise :
1) une trame pour élaborer son propre référentiel d'innovation participative,
2) un guide des exigences et des bonnes pratiques,
3) un autodiagnostic qui permet de progresser.

▷ L'innovation doit rompre avec l'existant et anticiper des possibles a priori impossibles. Comment faire pour entraîner tous les étages de l'entreprise à se motiver pour cette ambition ?

Les bases du référentiel innovation et de l'autodiagnostic que nous proposons s'inspire des principes que les Prix de la Qualité (Deming, MBA, AQA, EFQM, MFQ) ont établis.

En revanche, nous mettrons moins l'accent sur les procédures résultant de normes à appliquer et d'améliorations à concevoir en permanence, et davantage sur les pratiques facilitant la permission d'innover et la compétence d'anticiper.

OSER est le mot fort de l'innovation et pour que celle-ci soit efficacement participative, il faut établir des règles du jeu qui permettent à chacun de s'exprimer librement et d'exploiter la contribution créative de tous.

© Éditions d'Organisation

En matière d'innovation, la peur d'échouer et d'être ridicule est le frein le plus fort. Les pratiques managériales doivent impulser la prise de risque et accompagner le succès ou l'échec qui en débouche.

Le POINT — *Les douze principes de l'innovation participative*

1. L'innovation est affaire de leadership : les dirigeants s'impliquent et montrent le chemin.
2. L'innovation est une valeur prioritaire et une priorité stratégique.
3. Le leader innovant favorise l'autonomie et la participation active et créative de tous les acteurs à tous les étages de l'entreprise.
4. L'innovation fait l'objet d'une communication et d'une animation intenses destinées à tous les acteurs de tous les étages de l'entreprise.
5. La satisfaction des clients est prioritaire par rapport à la satisfaction de sa hiérarchie.
6. La créativité des clients est sollicitée pour innover.
7. Chaque acteur de l'entreprise contribue à créer des offres et des modes d'organisation innovants.
8. Chaque manager lance des défis à ses collaborateurs.
9. Chaque manager est attentif aux initiatives proposées et s'investit dans leur mise en œuvre et dans leur promotion.
10. Toutes les idées nouvelles recevables sont testées, appliquées, évaluées, récompensées.
11. Les outils fondamentaux de l'innovation sont disponibles pour tous : information, formation à la créativité, système de suggestion, dispositif de communication.
12. Chaque collaborateur est ouvert à l'idée de changer de spécialité et de métier.

---

2 ÉLABORER UN RÉFÉRENTIEL INNOVATION PARTICIPATIVE PROPRE À SON ENTREPRISE

Pour élaborer son propre référentiel d'innovation participative, il faut définir les objectifs stratégiques de l'innovation, mettre au point ou optimiser les structures nécessaires, établir les systèmes et les procédures et favoriser une culture de l'innovation et de la créativité.

Outils PRATIQUES

1. Définir les objectifs stratégiques de l'innovation :
- Quels gains (CA et ROI), dans quels délais ?
- Quels marchés conquérir, développer, fidéliser par l'innovation ?
- Quels leviers actionner en priorité ?
- Quelle implication des acteurs à tous les étages et selon quelle progression ?
- Quelle image voulue ?

2. Définir les structures à mettre en place et/ou à optimiser :
- Quels dispositifs mettre en place dans l'organigramme ?
- Comment optimiser les R&D et le marketing en lien avec les autres unités ?
- Quelle maille et quelle échelle idéales pour les unités de fonctionnement et/ou de profit ?
- Quelle adéquation entre les unités fonctionnelles et opérationnelles ?

3. Définir les systèmes et les procédures :
- Comment s'organiser pour fonctionner en réseaux de compétences internes et externes : interdisciplinaires, interentreprises, interculturels…
- Comment intégrer le client dans l'innovation participative ?
- Quelles formations-actions et quels modes d'apprentissage quotidiens ?
- Quel système d'information au service de tous ?
- Quelles règles du jeu pour stimuler, enrichir, conduire au succès, récompenser les idées novatrices ?
- Quelle équation contribution/rétribution motivante et bénéfique ?
- Quel système de communication interne ?

4. Développer la culture de l'innovation et de la créativité :
- Quels attitudes et comportements du management ?
- Quels attitudes et comportements de l'ensemble des acteurs ?
- Quels messages clés ?
- Quelles compétences nouvelles (individuelles et collectives) ?

3 DÉFINIR UN GUIDE DE BONNES PRATIQUES FACILITANT LA DÉMARCHE INNOVATION

Du concept abstrait à la pratique « filmable »

Un référentiel d'exigences ne peut être compris de tous que si chaque exigence est traduite en une ou plusieurs pratiques.

Le propre d'une pratique est de constituer un ensemble de gestes et d'utiliser un certains nombre d'objets. Une pratique est donc nécessairement « filmable », elle se traduit par une manière concrète et observable d'agir et de manifester une attitude.

Exemples

Parler d'une attitude **courageuse** n'est pas une notion « filmable ». Si on le traduit en comportement « filmable », cela devient : « *Face au danger, il garde son sang froid, il apporte secours à chacun avec méthode et précision* ».

L'exigence de **transparence** n'est pas une notion « filmable ».

Communiquer mensuellement les résultats et les accompagner d'un commentaire d'explication est une pratique « filmable » correspondant à l'exigence de transparence. ■

© Éditions d'Organisation

Une pratique est obligatoirement mesurable, observable au-delà même du résultat qu'on en attend.

Pourquoi une telle précision ?

La communication opérationnelle doit être concrète. Si on ne peut répondre à la question « à quoi saura-t-on qu'il a appliqué cette pratique ? » l'exigence est inapplicable ou applicable chacun à sa façon.

Exemple

Exiger des collaborateurs « d'être créatifs » ne signifie rien, n'est pas mesurable. Une telle injonction paradoxale ne peut déboucher que sur une situation de passivité.

En revanche, traduire l'exigence *Développer la créativité de tous* en pratiques, comme :

- une réunion d'équipe sur quatre est une recherche créative animée par des méthodes de créativité et dont on utilise les résultats,
- le manager exige de ses collaborateurs lorsqu'ils lui soumettent un problème de lui proposer au moins deux solutions,

crée des règles du jeu communes, applicables, vérifiables, évolutives avec l'accord et l'arbitrage de chaque responsable. ■

Jusqu'où aller dans la précision ?

La notion de règles du jeu est fondamentale. On ne peut jouer ensemble à un jeu que si les règles sont claires et précises. Et dans le cas de l'innovation participative, jamais nous semble-t-il l'adage « forgeons pour être forgeron » ne s'applique aussi bien. L'innovation à tous les étages est autant un ensemble de pratiques à observer qu'un esprit à créer.

Il faut donc bien distinguer la règle elle-même de la manière de l'appliquer.

La pratique citée en exemple « *Une réunion d'équipe sur quatre est une recherche créative animée par des méthodes de créativité et dont on étudie les résultats à des fins utiles* » indique clairement :
• la proportion du nombre de réunions consacrées à l'innovation,
• la préconisation de l'animer avec des techniques de créativité,
• l'obligation que les résultats soient étudiés pour être appliqués.

Par contre, ne sont indiqués par exemple ni la durée de la réunion, ni les sujets de recherche, ni le style de l'animateur, etc. Toutes ces précisions sont du ressort du responsable d'équipe. On observe également qu'une pratique n'indique pas une manière d'être mais bien un « processus comportemental », expression barbare de circonstance pour désigner un mode d'action et de geste.

La pratique citée : « *Le manager exige de ses collaborateurs de lui proposer au moins deux solutions lorsqu'ils lui soumettent un problème* » indique clairement au manager de ne pas accepter que ses collaborateurs lui présentent un problème sans avoir réfléchi au préalable à des solutions possibles.

La pratique ne dit pas sur quel ton il va le faire, s'il va réunir l'équipe pour en discuter et enrichir les solutions, etc.

Quelle est la bonne maille d'une telle précision ?

> On aime ce qu'on comprend. On comprend ce qu'on peut voir, entendre, sentir, se représenter concrètement et qu'on a envie de raconter soi-même à d'autres !

Appliquer exactement les mêmes pratiques dans toutes les unités d'un groupe international n'aurait pas de sens. Autant un référentiel d'exigences doit être applicable dans un groupe, autant les pratiques et la précision de leur formulation doivent tenir compte de nombreux facteurs, tels que :

• la culture de management existante,
• le degré d'intérêt et d'ouverture par rapport à l'innovation et à la participation,
• la proximité du client par rapport à la majorité des acteurs,
• la population dominante,
• le secteur d'activité …

À ces facteurs contextuels s'ajoutent des éléments stratégiques tels que :
• les objectifs stratégiques de l'unité (les priorités),
• les objectifs opérationnels (les résultats à obtenir, les évolutions voulues…),
• les objectifs pédagogiques (les compétences à acquérir, les connaissances à avoir et comprendre, les informations dont il faut disposer…).

L'expérience montre que la maille la plus opérationnelle, et donc celle qui peut appliquer des pratiques communes est la petite entreprise et l'unité (certaines sociétés limitent systématiquement la taille d'une unité à 100 ou 200 personnes). Il serait donc nécessaire à chaque unité d'élaborer des pratiques précises (et « filmables ! ») pour chaque exigence du référentiel.

© Éditions d'Organisation

Outils PRATIQUES *Élaborer les pratiques*

- Chaque réponse apportée aux questions est exprimée en exigence, par exemple : **pour s'organiser en réseaux, nous devons** :

  1re exigence : mettre en relation toutes les disciplines de l'entreprise,
  2e exigence : mutualiser toutes les informations concernant les clients,
  etc.
- Chaque exigence implique une ou plusieurs pratiques,
- Chaque pratique se formalise d'une manière « filmable » et désigne : un acteur + un verbe d'action + un objet + un destinataire.

Par exemple : Mettre en relation toutes les disciplines de l'entreprise

Pratique 1 :
Chaque responsable marché réunit un spécialiste de chaque département une fois par mois pour trouver un produit innovant répondant au besoin d'un ou de plusieurs de ses clients en partant de réalisations existantes dans des domaines différents.

Pratique 2 :
Chaque chef de projet prévoit dans sa démarche au moins une séance de créativité ouverte à un (ou plusieurs) acteur(s) de chacun des autres départements de l'entreprise.

Pratique 3 :
Un outil matriciel interne combine systématiquement toute innovation d'une discipline avec les autres disciplines de façon à créer de nouvelles innovations.

Etc.

4 ÉTABLIR UN AUTODIAGNOSTIC POUR PROGRESSER

Outils PRATIQUES *Comment est mise en œuvre la politique d'innovation participative ?*

1) L'engagement de la direction

Comment la direction et l'encadrement s'impliquent-ils dans la politique innovation ?

Ils exercent un leadership affiché :
- montrent le chemin en élaborant une vision claire en matière de prospective et de volonté de changement,
- participent à des événements clés sur le thème de l'innovation,
- parrainent et soutiennent les actions conduites sur le terrain.

Ils montrent l'exemple :
- inscrivent l'innovation à chaque réunion (comité de direction, service),
- consacrent au moins n % de leur temps en équipe à la recherche et à l'innovation,
- dispensent et reçoivent une formation : démarches participatives, méthodes de créativité, écoute active …

Comment la direction et l'encadrement lancent-ils des défis mobilisateurs ?

Ils affichent une ambition forte :

- se fixent des objectifs de rupture (délais, productivité) sur quelques points stratégiques et symboliques (nouveaux services, logistique, sécurité ...)
- lancent et pilotent des nouveaux projets enthousiasmants : contribution, rétribution,
- décident d'adopter des indicateurs simples et concrets,
- sont solidaires des résultats : récompenses, pédagogie de l'échec, changement de cap si nécessaire ...

Ils osent :

- reconnaissent leurs erreurs stratégiques et les exploitent en nouveaux défis,
- participent à des séances de travail sur le terrain,
- se confrontent avec la perception directe des clients.

Comment la direction et l'encadrement écoutent et restituent ?

Ils stimulent le *feed-back* :

- organisent la remontée d'idées : systèmes de suggestions, conventions participatives,
- commandent des études et des baromètres d'opinion : compétences et motivation,
- participent à des séances de travail sur le terrain.

2) L'innovation : valeur stratégique

Comment l'entreprise communique-t-elle sur l'innovation ?

- fait de l'innovation une valeur phare (parmi les trois premières) en externe et en interne à tous les étages de l'entreprise,
- traite l'innovation d'une façon stratégique : vers où, comment, quelles étapes ...
- anime autant qu'elle informe,
- joue sur l'humour,
- laisse une part à l'incertitude.

Comment l'entreprise fait-elle de l'innovation une valeur vivante ?

- promeut la réussite de tous comme un principe positif,
- accompagne et optimise les désordres transitoires de changement et de rupture,
- optimise l'utilisation des nouvelles technologies,
- se donne des défis « provocateurs » : ambitieux et transgressant les *a priori,*
- cultive l'esprit de plaisir au travail.

3) La prépondérance du client

Comment l'entreprise place-t-elle le client au cœur de ses préoccupations ?

- incite les collaborateurs, managers et employés, à évaluer la performance de leur contribution en priorité par rapport à la satisfaction du client,
- commandite des enquêtes de satisfaction auprès des clients,
- publie largement en interne les principaux résultats de ces enquêtes,
- intègre les résultats d'enquête de satisfaction du client dans toute recherche d'action de changement,
- anticipe les besoins latents des clients,
- fait connaître ses clients à son personnel : trombinoscope, carte d'identité...

Comment l'entreprise associe-t-elle le client à l'innovation participative ?

- sollicite régulièrement les clients pour innover,

© Éditions d'Organisation

- invite et visite le client en s'appliquant à tous les étages de l'entreprise,
- intègre la parole des clients dans les actions de formation et de communication interne.

4) Le management, agent actif de l'innovation

En quoi l'attitude et le comportement du management créent-ils un contexte favorable à l'innovation participative ?
- fait de l'innovation une de ses priorités : discours, action, critère d'évaluation ...
- incite à l'autonomie : délégation, interdépendance entre les acteurs, responsabilisation de chacun...
- consacre une partie de son temps à l'innovation,
- exige des innovations fréquentes et productives dans son équipe (produits, services, organisation ...)
- s'investit dans la mise en œuvre et la promotion des idées,
- accueille les idées d'une façon constructive,
- tolère les échecs et encourage leur exploitation positive,
- analyse les erreurs observées et les transforme en pratiques innovantes,
- accepte la contradiction et exige de nouvelles propositions,
- se remet lui-même en cause (pratique du « 360 degrés »)
- lance une recherche d'idées innovantes à tout constat défaitiste,
- fait un « dada » des produits et du service : challenge, concours, jeu ...

Comment le management participe-t-il activement au développement de l'innovation ?
- organise en permanence des groupes de créativité multidisciplinaires,
- consulte des commerciaux pour orienter des solutions technologiques,
- confie des missions commerciales à des techniciens,
- reconnaît et récompense les initiatives innovantes,
- sensibilise chacun à son rôle dans l'image de l'équipe et de l'entreprise.

5) L'organisation innovatrice

Comment l'entreprise s'organise-t-elle pour promouvoir l'innovation participative ?
- teste toutes les idées nouvelles recevables : prototypes, actions pilotes,
- récompense toute innovation éprouvée,
- transforme les insatisfactions identifiées, internes et externes, en innovations,
- intègre les contributions innovantes, individuelles et/ou collectives, dans le système des promotions et des rémunérations,
- fournit à chacun une connaissance suffisante des activités de toute l'entreprise pour une innovation systémique efficace.

Comment l'entreprise se structure-t-elle pour faire de l'innovation un de ses axes prioritaires ?
- s'organise en unités légères et autonomes,
- réduit le nombre de fonctionnels au bénéfice des opérationnels,
- favorise le fonctionnement en réseau,
- établit des liens interdépendants dans tout projet innovateur, entre les R&D, le marketing, le commercial et la production ...

Comment l'entreprise gère-t-elle ses ressources pour faire de l'innovation un de ses axes prioritaires ?
- met à disposition des acteurs de l'entreprise l'état des lieux en terme de partenariat, d'alliances, de réseaux, d'échanges transverses,
- investit en innovation,

– répartit l'investissement (financier et temps/hommes) entre les sources d'innovation (R&D, marketing, innovation à tous les étages) et les domaines (produits, service, management, organisation),
– fournit en permanence une information sélectionnée, utile et stimulante à l'innovation,
– met en place des dispositifs incitant à la création d'idées innovantes (systèmes de suggestion, banque d'idées, concours interne, etc.),
– met en place des dispositifs permettant de faire circuler les idées en interne,
– propose aux collaborateurs de changer de métier ou de spécialité,
– recrute sur des critères différenciés et complémentaires (formation, profil, nationalité, âge, sexe ...).

6) La maîtrise de l'innovation

Comment l'entreprise forme-t-elle, sensibilise-t-elle, entraîne-t-elle tous les acteurs, à tous les niveaux, à la pratique de l'innovation participative ?
– organise des stages pratiques de formation-action à la créativité appliquée,
– organise des stages pratiques de formation-action au *benchmarking*,
– organise des stages pratiques de formation-action à la conduite de projet,
– organise des stages pratiques de formation-action aux nouvelles technologies de communication,

Comment l'entreprise incite-t-elle tous les acteurs, à tous les niveaux, à la veille et à l'apprentissage permanent ?
– met en place un dispositif d'organisation apprenante,
– développe le concept de compétences individuelles et compétences d'entreprise,
– dispose d'un centre documentaire actualisé et accessible à tous sur Intranet,
– met en place des observatoires utiles à l'innovation (marchés, environnement, management interne ...)
– organise des rencontres interculturelles, interentreprises, intermétiers, intergénérations : conférences et vidéo conférences, visites *in situ*, voyages chasse à idées, partage d'expérience...

7) Les résultats opérationnels tangibles

Comment l'entreprise exige-t-elle des résultats concrets et mesurables des actions d'innovation participative ?
– attend de toute action d'innovation un résultat mesurable dans un délai court,
– conçoit un business plan par action d'innovation et établit une consolidation,
– fixe un prorata de gain en terme de pourcentages de ROI et de CA,
– programme un quota d'innovations en terme de produits et de services nouveaux dans un temps donné,
– détermine une progression et une fréquence du nombre d'acteurs contribuant :
  • directement à des actions d'innovation : groupes, suggestions, « chasse à idées », propositions spontanées, ...
  • indirectement : échanges d'expérience, observations partagées, formalisation et diffusion de recherche personnelle, participation à des interventions externes, ...

5 PILOTER L'INNOVATION, C'EST TRANSMETTRE LE FEU SACRÉ !

L'entreprise est un organisme vivant. Elle est née d'un projet qui marque son existence entière. La création d'une entreprise est un acte fondateur

© Éditions d'Organisation

et innovateur. Aujourd'hui chacun revendique cette part d'innovation fondatrice, comme on revendique « sa part du feu ».

L'innovation participative offre à chacun un petit peu du « feu fondateur ». Ce n'est pas par hasard si nombre d'experts ont associé l'esprit d'innovation à l'esprit entrepreneurial.

À ce jeu, la qualité apparaît comme la nécessaire consolidation des acquis et l'assurance que l'amélioration est continue.

Ces deux tendances se complètent à merveille tant que le client est au cœur du système : l'innovation répond à son besoin de nouveauté et de performance, la qualité à son besoin de personnalisation et de garantie.

Innovation et qualité nécessitent la participation de tous.

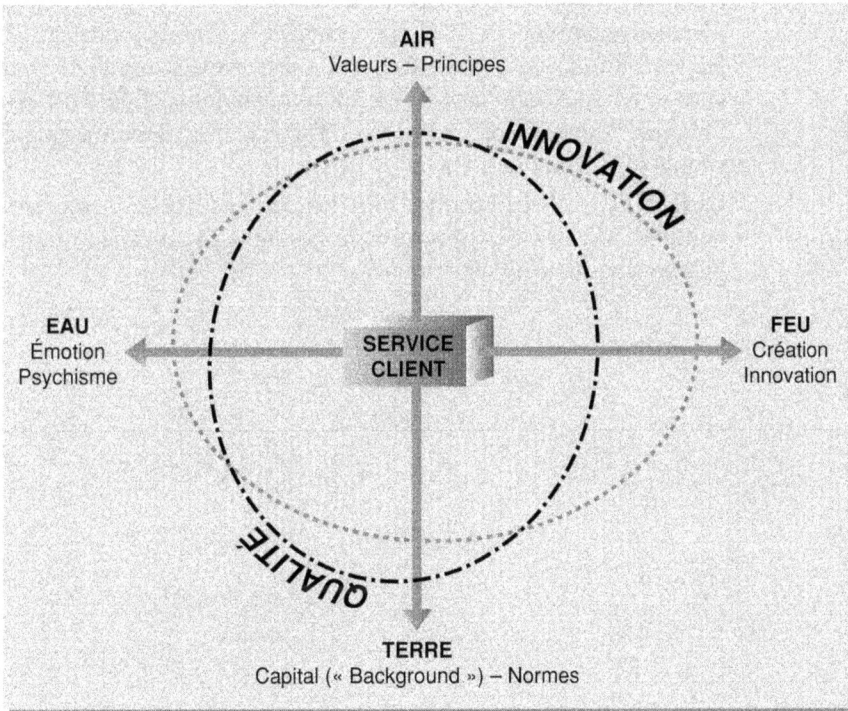

La symbolique du feu

Si l'on reprend la symbolique vieille comme le monde des quatre éléments : l'air, la terre, l'eau et le feu dont le point de convergence est cette fameuse quintessence (le cinquième élément !), l'idée force qui soutient l'innovation est surtout dominée par la symbolique du feu tan-

dis que la qualité correspond à celle de la terre. Le feu représente la création, l'innovation, l'aspect aventurier de l'entrepreneur fondateur. La
terre représente l'acquis, le « background », l'aspect structurant et productif de l'entrepreneur gestionnaire.

Innovation et qualité ont recours à l'air et à l'eau.

L'innovation pour les représentations prospectives et conceptuelles (air)
et l'énergie sortie de l'émotion et de l'imaginaire (eau).

La qualité pour ses besoins de formaliser des principes (air) et de miser
sur l'intelligence psychologique des relations humaines (eau).

Innovation et qualité doivent impérativement apporter des résultats concrets et productifs (la terre).

La participation est un besoin qui traduit le désir de chacun d'« en être »,
d'« avoir sa part du feu ». On pourrait dire sa part de fondateur, d'entrepreneur, d'innovateur, de créateur. La technologie a probablement pris
une place excessive dans la vie de tous les jours. Elle tend à réduire
l'homme à une simple ressource (la terre). Il est légitime que chacun
veuille faire irruption ! (le feu).

La démarche d'innovation à tous les étages favorise l'émergence des
multiples volcans, l'entreprise en a besoin, tout en canalisant les énergies vers des objectifs communs.

© Éditions d'Organisation

6

Des méthodes et des dispositifs à mettre en place pour l'innovation participative

1 ORGANISER LES DISPOSITIFS D'INNOVATION PARTICIPATIVE DURABLES

Aucun dispositif ne s'impose à cet égard. Chaque dispositif est à mettre en écho de la politique d'entreprise et de la sensibilisation du top management dans ce domaine.

Qu'elle soit présentée comme complémentaire de la démarche qualité, mise en place dans l'entreprise ou qu'elle y soit intégrée, peu importe. Tout dépend de l'image et de la relation que les collaborateurs ont de la démarche de qualité totale déployée. L'essentiel est de faire de l'innovation participative un axe fort de management dans l'entreprise.

Certaines entreprises font appel à un ensemble de moyens fédérateurs et ambitieux. D'autres trouvent déjà impliquant de mettre en place un système de suggestions ou un dispositif de centralisation et de traitement des idées innovantes.

D'autres encore font appel au sens du défi des collaborateurs et en font une politique : qu'est-ce qui serait un « défi » chez nous. Elles déclinent cette politique de défis à l'échelle de toute l'entreprise.

Exemples

LE CONCEPT « GÉNÉRATEUR DE VALEURS »

SOLVAY a adopté le concept de « générateur de valeurs » dont l'innovation fait partie et dont la fonction participative est transverse. Tout ce qui produit du business en terme de chiffre d'affaires et de ROI est créateur de valeur.

Trois « générateurs de valeurs » sont mis en batterie :
• le Kaizen : poursuite et renforcement de la qualité par l'amélioration continue,
• l'innovation par la Rupture : changements radicaux et défis,
• l'approche Marchés et Produits : actions transversales qui partent des besoins du marché, qui viennent s'ajouter à la R&D.

Ce dispositif s'appuie sur plusieurs leviers :
• un réseau d'innov'acteurs qui porte et diffuse la démarche,
• un réseau des Groupes Marché Produits qui génère des propositions transversales,
• des structures new business development.

Cette fonction new business s'oriente dans deux directions :
• du nouveau business repris par le business existant,
• la création en interne d'entités soit externes soit internes chargées de faire le développement de certains produits.

© Éditions d'Organisation

En règle générale, les clients des propositions sont les business unit qui les exploitent. Il n'existe pas d'organisation « inter-entités » pour les promouvoir et les développer.

INNOVATION INSTITUTIONNELLE ET INNOVATION PARTICIPATIVE

RENAULT distingue deux axes de développement de l'innovation :

- l'innovation institutionnelle : les R & D, le marketing, les services d'ingénierie, etc.,
- l'innovation participative : système de promotion de l'initiative et de la créativité de l'ensemble du personnel.

La force d'un dispositif réside en tout premier lieu dans sa synergie.

Le système de promotion de l'initiative et de la créativité se fonde sur les principes basiques de la contribution et de la rétribution, en terme de reconnaissance de la valeur ajoutée générée par les acteurs.

2 DONNER UN SENS À LA DÉMARCHE

Nommer la démarche

Avoir une démarche, c'est déjà la nommer. Faudra-t-il parler d'innovation ou d'initiative ? Préférons-nous les termes d'innovation participative ou de suggestions ? Il s'agira de choisir les termes les plus adaptés à la culture « voulue » de l'entreprise.

Exemple

Chez GAZ DE FRANCE, à la Direction Transport, les concours de l'innovation sont devenus les « trophées de l'initiative ». De l'innovation à l'initiative, la différence n'est pas que sémantique. L'innovation faisait beaucoup plus référence à la technique dans un environnement qui est déjà très technicien. L'innovation fait plutôt penser à des choses bouclées, efficaces de façon constatée. Tandis que l'initiative est un concept plus large. Il englobe plus de secteurs, le technique mais aussi le non-technique, c'est-à-dire le tertiaire. Et il fait référence à des idées dont la transférabilité n'est pas nécessairement acquise au départ.

D'après un supplément à Gaz de France, *Information*, n° 551, mars-avril 2000. ■

Exemple

La RATP a préféré mettre en avant la notion d'innovation participative plutôt que de lancer un système de suggestions. Le choix sémantique fait en 1997 au moment d'impulser la démarche va refléter le management global de la démarche. Le terme suggérer est peu responsabilisant pour le personnel. Il est peu incitatif : il ne garantit en rien que les personnes « qui suggéreront » seront prises au sérieux ou écoutées.

Dans un système de suggestions, la seule certitude est d'avoir suggéré (centré sur le processus). À l'issue d'une démarche d'innovation participative, on a innové (centré sur le résultat) et on a participé (centré sur le processus).

La suggestion peut émaner de tout côté et porter sur le domaine de responsabilité du voisin, ce qui dans une culture technicienne peut effrayer. La RATP a choisi d'inviter son personnel à « innover sur votre domaine de professionnalisme ». Cette formulation leur a paru plus responsabilisante et amène chacun à se concentrer sur son domaine de travail.

Hubert RICHARD explique : « Nous avons choisi de mettre en place un management de l'innovation avec des opérationnels qui se rendent sur le terrain des innovateurs plutôt que sur une gestion de l'innovation avec un 'Monsieur Innovation' qui reçoit les dossiers dans son bureau. »

L'ensemble du système mis en place à la RATP aurait pu en tant que dispositif être appelé « système de suggestions » mais en tant qu'outil de management et d'innovation, il est apparu plus efficace sous les termes d'innovation participative.

Source : Conférence de l'Association des Amis de l'École de Paris, le 14 avril 1999 ; le Bulletin n° 5 du Pôle Initiative et Créativité – Institut Qualité et Management – Mouvement Français pour la Qualité. ■

La force des mots

Comparer des termes comme « système de suggestions » ou « innovation participative » n'est pas tout à fait juste. En réalité, l'innovation participative est une politique du management et le système de suggestions est un des dispositifs, couramment utilisé, pour animer l'innovation participative.

Au moment de lancer un dispositif participatif d'innovation, le choix des termes n'est pas neutre. Le mot « suggestion » n'est pas toujours apprécié, certains préférant garder la vue large et utiliser des termes comme « innovation » ou « initiative ».

Les termes « système de suggestions »	Les termes « innovation participative »
Peu responsabilisant.	Plus impliquant.
Est un processus avant d'être un résultat.	Est centré sur le résultat autant que sur le processus.
Risque de ne pas être écouté : suggérez mes amis, nous verrons si nous prenons ou pas.	Appelle l'esprit d'initiative en toute circonstance. Valorise la prise de risque.
Peut remettre en cause les compétences d'autrui.	Invite à innover sur son « domaine de professionnalisme ».
La suggestion appartient à son émetteur : un travail d'abord individuel. Elle est proche de l'idée.	L'innovation émane d'une ou de plusieurs personnes ensemble : un travail d'équipe.
Les suggestions remontent de façon centralisée.	Le lieu d'action est le terrain, là où vivent les personnes innovantes.
Une sélection des idées avec un risque de forte déperdition.	Une auto-régulation des idées avec un fort taux de réalisation des idées.
Une suggestion mérite une récompense. C'est l'idée qui est récompensée, la dimension « géniale » de l'idée.	Une innovation génère de la reconnaissance. Ce sont les porteurs d'innovations qui sont reconnus : leur professionnalisme autant que leur force de proposition.

Une méthode pour quoi faire ?

> Méthode : du grec meta : milieu, changement, et hodos : la route. (de l'indo-européen, sed : marcher)

Pour innover nous n'avons besoin de personne : il suffit de se mettre devant une feuille et de pondre des idées neuves. *A priori* c'est évident ! Qui n'a pas eu l'idée géniale le matin devant le miroir de sa salle de bains, en prenant son bain (comme quelque innovateur célèbre !) ou en tentant de s'endormir ! Le problème bien souvent vient du fait qu'on ne sait pas quoi faire ni à qui proposer les meilleures idées qui nous viennent et que lorsqu'on nous demande de trouver des idées en réponse à un besoin donné, les banalités les plus consternantes nous obstruent l'esprit avec un malin plaisir.

Une méthode est précisément utile pour pallier ces deux situations catastrophiques : savoir utiliser les idées qui ne servent à rien et avoir des idées au bon moment sur un sujet donné ! Voici quelques exemples, convaincront-ils les plus réticents ?

Exemples

« *La première séance de présentation passée, nous nous sommes heurtés à la difficulté même du sujet abstrait qui relève plus d'une méthode que d'un produit ou d'un service à proprement parler. La question restait de savoir comment faire ensemble pour arriver à satisfaire cette demande. Nous avons commencé à échanger des idées mais nous ne parlions plus du tout des produits et ça nous a inquiétés. Nous avions beaucoup d'informations et nous ne savions pas quoi en faire !* »

« *L'apport d'une méthode a été bénéfique parce qu'elle nous a aidés à découvrir et exploiter les pistes. En réalité on voulait aller trop vite, directement aux résultats, on n'avait pas divergé du tout ou convergé trop tôt, au mauvais moment. Il reste une réunion où nous allons terminer cette séance de créativité qui nous aidera à sélectionner les idées les plus importantes* ».

« *En tant qu'animateur, j'ai appris à me servir d'une méthode de créativité et j'en ai apprécié l'aspect extrêmement encadré pour plus d'ouverture sur le fond. C'est comme si on nous avait mis dans un grand parc bien délimité au milieu duquel on pouvait évoluer librement !* »

« *J'ai formé un groupe avec mes critères : il me faut un informaticien, un juriste, et des spécialistes des produits avec huit participants qui ont été cooptés dans le but de trouver comment optimiser l'offre du groupe dans la grande distribution de manière transversale. J'ai utilisé les techniques de créativité, on a abouti à une centaine d'idées et nous avons travaillé en faisant alterner le côté positif et le côté négatif sur chaque axe... Pendant cette expérience, j'ai appris l'humilité... écouter ce que les autres peuvent apporter et ne pas rester dans ses certitudes... il faut se laisser imprégner par ce que disent les autres...* »

« *Nous nous sommes formés à une méthode de créativité. Lors des premières séances, nous avons dégagé onze axes de développement avec chacun onze propositions. À elles toutes, elles couvrent des horizons différents, business, usines, etc. Trois pistes ont été sélectionnées en fonction des priorités. Et nous traitons les trente idées qui vont avec chacune de ces pistes. Ensuite, nous ferons d'autres réunions où nous traiterons chaque fois trois pistes et une trentaine d'idées.* »

Propos recueillis auprès d'animateurs de groupes d'innovation participative. ■

© Éditions d'Organisation

3 S'APPUYER SUR UNE STRUCTURE INNOVATION ?

Avoir ou non une structure dédiée

Promouvoir l'innovation participative dans une entreprise nécessite une telle énergie que cette mission est parfois confiée à une structure interne dédiée. Il existe une direction de l'innovation ou une mission innovation dans des groupes aussi variés que SODEXHO ALLIANCES, CITROËN, EDF-GDF SERVICES, FRANCE TELECOM, L'ANPE, LE MINISTÈRE DE LA DÉFENSE, LA POSTE…

Dans d'autres cas, cette mission est confiée :
• à la direction qualité, aux POMPES FUNÈBRES GÉNÉRALES,
• à la délégation générale de la qualité, à la RATP,
• au chef de cabinet de la direction Transport chez GAZ DE FRANCE,
• à la DRH, à la MAIRIE DE PECQ-SUR-SEINE,
• au chef du service développement technologique et industriel, au COMMISSARIAT GÉNÉRAL AU PLAN.
• etc.

Exemple

L'amiral LE PICHON, à la création en 1988 de la mission innovation obtient un budget de 10 à 20 millions de francs pour animer l'innovation aux armées. Son rôle : « organiser le recueil, l'analyse et le soutien des projets proposés par le personnel des armées concernant les matériels et l'amélioration des procédures ». Le but profond de l'innovation est de faire évoluer les relations hiérarchiques et les mentalités. Pour faire participer les gens, il faut les écouter mais aussi assumer les risques et les erreurs. Cela peut paraître révolutionnaire aux armées. « Il ne faut pas oublier que toute déviation par rapport à un ordre donné y est considéré comme une faute ».

Quand l'amiral LE PICHON a convaincu le ministre André GIRAUD de créer la mission Innovation en 1988, il a mis en avant trois modifications marquantes dans la culture des armées :

Les officiers ont un niveau d'études qui va en augmentant. Ils souhaitent participer aux progrès, aux décisions.

Les technologies duales se développent : autrefois les recherches faites par l'armement avaient des retombées sur l'industrie civile, aujourd'hui, c'est souvent l'inverse. L'informatique ou le téléphone portable, par exemple, ont bouleversé l'informatique ou la communication militaire.

L'arrivée des PC a remplacé l'unique communication verticale (vers la hiérarchie) par une communication qui devient aussi transversale.

Dossier Initiative et Créativité de la revue *Qualité en Mouvement* n° 25.   ∎

Les missions des structures Innovation sont formalisées selon la culture et la politique d'entreprise

Les missions sont en outre très évolutives, accompagnant les changements marquants de la culture d'entreprise. Voici deux exemples de « missions d'une Mission Innovation » tels qu'ils ont été conçus au lancement de la démarche d'innovation participative.

Exemples

AU MINISTÈRE DE LA DÉFENSE
- favoriser la remontée des projets,
- accueillir les idées du terrain,
- évaluer l'intérêt global et la motivation des auteurs,
- faire expertiser l'idée,
- associer la hiérarchie aux projets,
- valoriser les innovations,
- développer la synergie entre innovateurs.

À LA RATP
- faire émerger les innovations, permettre aux innovateurs de terrain de réaliser leurs innovations de façon transparente,
- établir un climat de confiance,
- aller sur le terrain à la rencontre des innovateurs,
- les informer sur la protection de leur innovation et les normes de sécurité en matière de prototype,
- faciliter, si nécessaire, les liens entre l'innovateur et sa hiérarchie,
- favoriser la qualité des idées émises plutôt que la quantité,
- favoriser la réalisation des idées émises.

Deux délégués innovations jouent un rôle de médiateur, de facilitateur, de catalyseur : ils se positionnent comme garants d'un code de déontologie en matière d'innovation. Ils contribuent à un nouveau type de relations fondé sur l'écoute et la confiance mutuelle.

Le Bulletin n° 5 du Pôle Initiative et Créativité – Institut Qualité et Management – Mouvement Français pour le Qualité – décembre 1999. ■

Le budget de fonctionnement

Les postes classiques à prévoir sont :
- les effectifs,
- la communication interne, les événements,
- les formations,
- les équipements informatiques,
- les locaux et leur équipement,
- les ingrédients de la reconnaissance et de la récompense.

© Éditions d'Organisation

« Témoignage

Yves POBLICO, Promoteur Innovation, EDF GDF
Services Paris, Centre Paris Aurore

L'innovation :
le facteur humain avant tout

Le témoignage de M. Yves POBLICO illustre le cœur de notre sujet : l'innovation à tous les étages. Sa responsabilité se situe au niveau du terrain, la région Paris Ile-de-France et sa lettre de mission montre très clairement en quoi son action est en lien avec les axes stratégiques d'EDF GDF Services.

1. Quelle est la mission de la démarche innovation au niveau local ?

Une lettre de mission définit le cadre de mon activité dans ce domaine.

Elle stipule qu'EDF GDF Services opte pour vingt actions stratégiques dépendantes de trois axes principaux :

A. Assurer la qualité des produits et services pour répondre aux attentes de la clientèle

B. Conforter la performance et la rentabilité

C. Souder et motiver l'ensemble du personnel dans un cadre professionnel valorisant.

À l'intérieur de l'axe C, l'action C2 s'intitule : « *stimuler les capacités d'innovation* ».

Il s'agit de poursuivre les objectifs suivants :

— développer l'innovation interne en confortant les résultats acquis,

— faciliter l'expression et la créativité de chacun,

— impliquer l'ensemble des chefs de GR et SR (unités),

— stimuler directement l'ensemble des agents par une communication adaptée, valorisant notamment innovateurs et innovation.

Je vous ai désigné animateur de cette action stratégique. À ce titre, vous êtes responsable du pilotage et du suivi de la mise en œuvre des actions prévues dans le cahier des charges de l'action.

En tant que de besoin et à votre initiative, vous pouvez créer les groupes de travail ad hoc nécessaires à l'atteinte des objectifs fixés dans le cadre de l'action stratégique.

2. En quoi la démarche est-elle participative ?

Concrètement, j'ai créé un groupe de correspondants innovation (une personne par service et par site) pour toucher un maximum de personnes.

Ces huit collaborateurs ont la même mission que moi. Ils ont été choisis en fonction de l'image qu'ils dégagent dans l'entreprise. Leur mission représente une charge de travail supplémentaire acté par leur responsable hiérarchique.

Chacun d'entre eux reçoit une lettre de mission signée du chef de service.

L'objectif était aussi de regrouper des représentants de toute la hiérarchie : des cadres et des non cadres (agents de maîtrise). Il faut amener l'innovation au plus près de l'acte professionnel, donc au plus près de l'agent de maîtrise et de son équipe. C'est une bonne manière aussi de détecter plus rapidement les problèmes.

Par ailleurs, la démarche innovation s'inscrit dans une action sociale. Il faut intéresser la personne à son métier pour qu'elle puisse s'épanouir. On agit directement sur le fonctionnement de l'individu.

3. Comment fonctionne concrètement le système ?

Les correspondants se réunissent quatre fois par an. Il est fondamental de sensibiliser les correspondants à la notion de protection des idées pour éviter le pillage systématique des idées par des entreprises extérieures. Je convoque donc l'INPI (Institut National de Protection Industrielle) qui assure une formation d'une journée ou une demi-journée.

Les correspondants sont chargés de collecter les idées. Les agents remplissent un dossier. Il y a un premier niveau de barrage. Les correspondants sélectionnent certaines innovations. Quand les idées sont recalées, ils expliquent pourquoi.

Les dossiers retenus remontent jusqu'à moi. Quel que soit l'intérêt du chef de service de l'agent concerné, nous l'informons et faisons en sorte de ne pas arrêter une bonne idée.

Quand on est en possession d'un certain nombre de dossiers, il y a un deuxième niveau de sélection où chaque innovateur doit présenter son innovation à l'oral.

Les correspondants posent des questions sur l'idée.

Lorsque la présentation est décevante, on invite la personne à approfondir son idée, à trouver une nouvelle orientation.

Nous retenons les innovations les plus pertinentes. Elles remontent jusqu'au comité de direction de l'unité, devant lequel l'innovateur doit de nouveau exposer son idée en quinze minutes. Une prime de 500 à 5000 F soit 76 à 762 euros environ est attribuée à une idée gagnante.

Le comité de direction développe ensuite l'innovation au niveau local. Si c'est une innovation importante, je présente le dossier en comité régional. Celui-ci peut délivrer un label régional ou national. L'objet est de faire émerger les idées les plus représentatives de l'innovation. Si l'innovation reçoit un label national, son propriétaire bénéficie d'une deuxième prime.

4. Quelles sont pour vous les conditions de réussite de l'innovation à tous les niveaux ?

1) L'innovation ne passe que par des individus qui veulent construire. On ne peut pas obliger à innover ! À l'inverse, si vous n'impliquez pas les managers, le directeur, le chef d'entreprise, il y a de grande chance que le projet échoue ! S'il y a un manque d'implication et de prise de décision de la part de la direction, c'est le *statu quo*. Or, l'innovation ne peut pas se permettre d'être figée ! Il faut motiver les agents et la perte de motivation induite par le manque de réactivité va très vite.

2) Il faut que l'innovation primée soit commercialisée. Le fait qu'elle ait seulement reçu un label interne ne suffit pas. Au départ, le fait de valoriser l'agent amène les autres à vouloir faire comme lui. L'effet d'entraînement marche bien. Mais lorsqu'ils s'aperçoivent que l'innovation n'est pas commercialisée, ils abandonnent !

3) Il faut adopter la démarche d'entreprise ! Cela consiste par exemple à ce que l'animateur innovation récolte les idées dans chaque centre, les intègre dans le circuit industriel, fasse déposer un brevet et assure le portage de l'idée jusqu'à sa mise en place sur le marché. L'innovation doit servir de base au développement du partenariat et des bénéfices.

4) L'innovation institutionnelle doit être complémentaire de l'innovation de terrain. Par exemple, si un ingénieur sort une superbe machine et si l'utilisateur de terrain ne sait pas l'utiliser, on a tout faux ! L'innovation est formidable quand on implique tous les individus à tous les niveaux. On a besoin de tout le monde dans l'entreprise, du balayeur au directeur. En fonctionnant de cette façon, on peut ensuite affronter n'importe quelle situation puisqu'on parle tous le même langage.

5) Ceci nous amène à distinguer la démarche qualité de la démarche innovation. Une démarche qualité tend à normaliser, à mettre tout le monde dans le même moule ! Une démarche innovation prend en compte le facteur humain, elle met en avant l'individu et prend en compte les différences de chacun.

5. Quelle analyse avez-vous des résultats obtenus ?

En général, le pourcentage de dossiers techniques est toujours supérieur au pourcentage de dossiers non techniques. Nous sommes parvenus à encourager les innovations non techniques, avec des propositions originales à destination de la clientèle ou des nouveaux concepts en communication…

Pour moi, l'innovation est réussie quand tous se reconnaissent dans la démarche. Le problème, c'est que les « non techniques » ont ancré dans leur esprit qu'ils n'ont pas la faculté d'innover ! Si l'on parle d'innovation à une secrétaire, elle est perdue, mais dès qu'on lui parle d'idées, elle est moins perdue. Tout le monde a des idées ! La comptable, la secrétaire vont modifier leurs méthodes de travail pour gagner du temps et donc faire gagner de l'argent à l'entreprise. Elles n'ont pas forcément conscience qu'elles innovent. Grâce aux correspondants et à la communication, la culture de l'innovation se diffuse un peu.

6. Vous attendez beaucoup de la communication ?

Il fallait un logo pour concrétiser cette démarche. Le logo des 3 « i » : idée, initiative, innovation a été créé. Il est même monté au niveau national. En réalité, je serai content quand on supprimera mon poste. Ce sera la preuve que l'innovation est partout, qu'on n'a plus besoin de missionner quelqu'un de particulier pour la diffuser ! La démarche innovation sera incluse dans le management.

(janvier 2001)

© Éditions d'Organisation

Un double soutien politique et opérationnel

L'aspect politique et l'aspect opérationnel sont également importants.

Exemple

À la Direction Transport chez GAZ DE FRANCE, l'accompagnement du processus d'innovation est confié à deux structures, l'une étant plus influente « politiquement », l'autre jouant un rôle d'accompagnement opérationnel.

Le comité de valorisation

C'est un appui politique. Il a pour objectif de donner à l'initiative les moyens de se développer et d'être généralisée.

Il définit la suite à donner à chacun des dossiers. Il intervient auprès d'un responsable hiérarchique pour attirer son attention sur telle initiative. Il demande à la direction des moyens ou des actions d'intervenir, il fait connaître à l'ensemble des unités les initiatives généralisables.

Le groupe de suivi

Il joue davantage le rôle d'un appui opérationnel. Sa raison d'être est de veiller à ce que les initiatives soient bien « cultivées » et puissent essaimer. Concrètement, il prend contact avec les responsables d'une initiative, observent les suites données par la hiérarchie aux initiatives, renseignent l'outil informatique, se réunit toutes les 3 semaines pour faire le point sur les initiatives recueillies et sur les remarques des porteurs d'idées.

D'après le supplément à Gaz de France, *Informations*, n° 551, mars-avril 2000.   ■

---

4 CRÉER UN SYSTÈME DE SUGGESTIONS

Les premiers systèmes de suggestions

Si en France dans les années 90, les systèmes de suggestions ont pris largement leur place dans le management des entreprises, les Anglais nous avaient précédés.

C'est un siècle plus tôt que l'on voit apparaître les premiers systèmes de suggestions au Royaume-Uni. Pendant la Deuxième Guerre mondiale, ces dispositifs ont été utilisés pour compenser les pertes de productivité dues aux multiples contraintes rencontrées par les entreprises.

Les systèmes de suggestions ont connu un grand succès au Royaume-Uni dans le milieu des années 80. C'est à l'échelle de la nation que ce mode de management était encouragé : en 1988, une loi d'exonération d'impôt pour les primes de suggestions a été adoptée. Madame THATCHER elle-même s'est prononcée en faveur des systèmes de suggestions en tant que moyen concret d'implication du personnel.

Les périodes de crise économiques sont favorables à l'utilisation de tels systèmes et aujourd'hui, la compétitivité a fait de ces systèmes de suggestions une arme banale mais non moins efficace. L'efficacité de ce dispositif réside autant dans sa capacité à mobiliser que dans la performance qu'il procure.

Les deux grands modèles

Toute organisation, structure, entité peut développer un système de suggestions, quelle que soit sa taille, quel que soit son périmètre, quel que soit son domaine d'activité.

C'est un véritable processus qui va de l'éclosion de l'idée (sa naissance voire son incubation) à sa transformation en action. Comme tout processus, il exige un pilotage par des acteurs plus ou moins nombreux.

C'est le nombre d'acteurs impliqués qui fait la différence. Deux catégories de systèmes de suggestions sont déployées :
• les systèmes centralisés reliés, comme leur nom l'indique, à une structure dédiée,
• les systèmes intégrés au management.

Nous les présentons comme deux « modèles » distincts bien que le bon modèle à mettre en place dans une entreprise donnée échappe probablement à cette simplification.

Ce n'est ni la taille ni le périmètre de l'entreprise qui détermine ce choix. Un grand groupe international constitué de milliers d'entités peut tout à fait choisir un système intégré au management plutôt qu'un système centralisé.

Le tout est de savoir si l'on veut valoriser des idées et disposer d'un outil de progrès ouvert à tout domaine (système centralisé) ou si l'on veut aussi en faire un outil de management. Dans le système intégré, les managers sont les principaux acteurs chargés d'animer le système. C'est probablement plus impliquant.

Les systèmes centralisés

■ *Le recueil*

La mission innovation reçoit et centralise tous les dossiers envoyés par le personnel. Parfois, l'information, voire une validation préalable, doivent être faites au niveau du responsable hiérarchique (n + 1).

■ *L'analyse du dossier*

La mission innovation fait savoir à l'auteur qu'elle a bien reçu le dossier et le transmet à un spécialiste qui va l'analyser. Ce temps d'analyse dure

© Éditions d'Organisation

de trois semaines à trois mois. Des échanges entre l'auteur et le spécialiste viennent compléter le descriptif initial de l'idée.

■ *La décision d'accepter l'idée*

La décision est prise au final par la mission innovation sur la base de l'argumentaire du spécialiste et à partir des critères clés fixés par l'entreprise.

■ *Le développement et l'élaboration*

Certaines idées nécessitent un travail d'équipe ou d'experts pour devenir définitivement élaborées et opérationnelles. Certaines entreprises associent la hiérarchie de proximité à cette étape d'élaboration définitive de l'idée.

■ *La reconnaissance ou la récompense*

Elle a lieu selon les règles du jeu communiquées en amont du processus par l'entreprise. Selon les choix de l'entreprise, il s'agit d'une récompense en nature (primes, bons d'achats, voyages,…) ou d'un système qui traduit la reconnaissance du travail fourni (information, publicité, trophées, gestion de carrière). Parfois la reconnaissance intervient plus tard, une fois l'idée mise en œuvre.

Parfois aussi, cette étape de la reconnaissance n'est pas toujours aussi concentrée et la reconnaissance se manifeste tout au long du processus d'innovation.

■ *La mise en œuvre*

L'idée est mise en œuvre au moins localement ou encore d'une façon plus large dans plusieurs entités. La mission innovation (ou une structure dérivée de cette mission) veille à l'information et à l'accompagnement quant à la mise en application de l'idée.

Les systèmes intégrés au management

■ *Le recueil*

Les auteurs de la suggestion s'adressent directement à leur responsable hiérarchique direct.

■ *L'évaluation*

Le hiérarchique évalue le caractère prometteur de l'idée. Il peut y associer des spécialistes du domaine concerné pour en savoir plus sur l'intérêt de la suggestion.

Le soutien

Le responsable hiérarchique veille à faire connaître la suggestion, à encourager le porteur d'idée, à le conseiller sur la façon de valoriser son idée.

■ *Le développement et l'élaboration*

Le porteur de l'idée accompagne son idée tout au long des phases d'élaboration : celles-ci s'effectuent au sein de l'équipe de travail, avec l'appui d'un groupe d'expert, avec des spécialistes selon les cas de figure.

■ *Le partage et la démultiplication*

Si la suggestion est susceptible d'être intéressante pour d'autres unités, le responsable hiérarchique veille à la faire connaître soit à celui qui coordonne le système de suggestion soit à la hiérarchie supérieure.

■ *La capitalisation*

Les initiatives, idées, suggestions, innovations sont référencées pour mémoire et souvent pour accès à la connaissance de tous : cela devient de plus en plus possible du fait des nouvelles technologies de l'information.

■ *La reconnaissance par la satisfaction*

L'accent est porté sur la reconnaissance de voir ses idées valorisées, entendues, mises en pratique sur son propre terrain de travail. Le système de récompense prévoit parfois une « récompense » symbolique du manager. Les concours, trophées et fêtes viennent parfois compléter cette reconnaissance locale par une reconnaissance plus institutionnelle.

Les conditions de succès d'un système de suggestions

Les trois facteurs clés de réussite des systèmes de suggestion sont :
- d'un point de vue mécanique : la rapidité de traitement des suggestions,
- d'un point de vue « organique » : une forte animation, une communication vivante,
- d'un point de vue relationnel : l'implication de la hiérarchie.

Garder le rythme dans le traitement des suggestions

Animer un système de suggestions, c'est animer une dynamique, une énergie. La rapidité de traitement des propositions faites est indispensa-

© Éditions d'Organisation

ble pour éviter l'essoufflement. D'ailleurs en France, les délais de traitement sont passés en dix ans de sept mois à trois mois en moyenne.

Animer la communication

Les systèmes de suggestions tendent peu à peu à minimiser le traitement au profit d'une communication plus forte.

Exemple

Quand KPN Télécom a voulu en 1993 booster son système de gestion des idées, il a appliqué le slogan : « moins de traitement, plus de communication ».

Les commissions de traitement des idées disparaissent et le manager d'idées n'a de compte à rendre qu'au responsable de la qualité. C'est alors que la communication des règles du jeu, de messages clés s'est renforcée par des affiches, des timbres, des autocollants, des publicités, des manuels,… Cette année-là, le délai de traitement des idées passe de 20 à 7 semaines en moyenne. C'est aussi à partir de cette année-là que la mesure économique fait son apparition. À partir du moment où le système « coûte » en investissement, il est logique de calculer le retour sur investissement.

D'après le Bulletin n° 5 du Pôle Initiative et Créativité – Institut Qualité et Management – Mouvement Français pour la Qualité – décembre 1999. ∎

L'animation peut aussi passer par :

• des relances d'objectifs à thème, par domaine (produits, relations client, baisse des coûts, gestion du temps,…),

• l'utilisation de nouveaux supports pour émettre, partager les suggestions.

Associer la hiérarchie au processus d'écoute, de recueil, d'élaboration de l'idée

Quel que soit le système de suggestions mis en place, la hiérarchie doit en être un des acteurs. Les innovations qui naissent dans le dos de la hiérarchie ont peu de chance d'aller bien loin.

Une fois les idées proposées, la difficulté de transformer l'idée en action reste forte. Pour impliquer tous les acteurs nécessaires et le faire dans le bon ordre, les entreprises n'hésitent pas à créer des structures d'accompagnement :

• missions innovation,

• réseaux de correspondants, d'innovacteurs.

Le système de suggestions animé chez RENAULT peut servir d'exemple.

Exemple

PRINCIPES POUR UN SYSTÈME DE SUGGESTIONS

1) Chacun est reconnu comme acteur de progrès permanent de son unité, de son secteur, de son établissement.

2) Toute idée concrète de progrès témoignant d'une initiative ou d'une créativité remarquable est prise en compte.

3) Les méthodes de résolution de problèmes et de travail en groupe sont largement diffusées et encouragées.

4) La gestion des idées de progrès est une excellente opportunité de dialogue formateur entre la hiérarchie et les membres de son équipe.

5) Le traitement des idées concrètes, qu'elles soient « locales » (au niveau de son unité) ou « transversales », doit être à la fois simple, rapide et rigoureux.

6) Les modalités de reconnaissance doivent être claires et homogènes.

7) La reconnaissance professionnelle des idées concrètes est intégrée dans l'entretien annuel du personnel.

8) La hiérarchie est habilitée à stimuler les propositions par un appel régulier à relever des challenges de progrès spécifiques.

9) Les meilleures idées appliquées doivent être sélectionnées, protégées et diffusées dans les réseaux professionnels de l'entreprise.

10) Le développement de ce système est réalisé en concertation et suivi avec les organisations syndicales. ■

Les quatorze *a priori* pour ne pas participer au système de suggestions

Nous ne savions pas qu'il y avait un système de suggestions.

Le système a l'air complexe : il faut suivre une procédure compliquée.

Déjà dans mon service, on ne nous écoute pas, alors là…

La réponse à notre idée mettra des mois à venir.

Nous ne sommes pas payés pour avoir des idées.

On va croire que je fais du zèle, que je veux me faire bien voir.

Notre hiérarchie va penser que nous n'avons que ça à faire.

Si nous donnons une idée, c'est à nous que viendra la charge
(en plus de notre travail) de la mettre en œuvre.

Je vais passer pour un donneur de leçon.

Je n'ai jamais d'idées. Les idées des autres sont toujours plus créatives.

Si mon idée n'est pas retenue, je vais passer pour un nul.

On risque de me « voler » mon idée.

Tout cela va se passer dans une indifférence générale.

La reconnaissance sera médiocre à côté de l'investissement en énergie.

© Éditions d'Organisation

« Témoignage

Alain MARTIN, Chef du service Communication et Innovation, ADP.

Système de suggestions en évolution : aux Aéroports de Paris, depuis 1987

1. Comment le système de suggestions a-t-il été mis en place à ADP ?

Notre système de suggestions baptisé IDP est né en 1987. Il a été créé en réponse aux attentes formulées par le personnel dans des groupes participatifs, sur l'initiative du Directeur des Ressources Humaines et du Directeur de l'équipement. La Direction Générale se l'est rapidement approprié, écrivant à l'occasion de son lancement : « *ADP est une entreprise d'inventeurs quotidiens. [...] Une entreprise ne survit que si elle privilégie l'innovation. C'est une condition absolue de sa compétitivité. Aussi, soyons chaque jour plus créatifs pour valoriser des idées utiles.* »[1]

Toutes les idées « primables » remontaient à un comité central auquel participaient le Directeur Général adjoint, le DRH, le Directeur de l'équipement et le Directeur de l'exploitation. Ils représentent à eux deux 85% des effectifs de l'entreprise. C'était un cérémonial de reconnaissance et de valorisation institutionnelle « en miroir » (il est valorisant de valoriser) des personnels émettant des suggestions : les dirigeants de l'entreprise recevaient les auteurs dans les bureaux du siège autour d'un café et viennoiseries et après avoir écouté et formulé de chaleureuses félicitations, attribuaient des primes souvent importantes. Dans ces conditions, les délais de traitement des idées étaient souvent très longs, mais cela a somme toute bien fonctionné pendant des années.

2. Comment le système a-t-il évolué ?

En 1987, la structure « Dynamisation et Communication » était principalement centrée sur le système de suggestions et l'animation de la participation, en vogue à cette époque.

Progressivement, notre rôle de communication s'est trouvé renforcé, évolution qui s'est traduite par une nouvelle appellation : « Communication et Innovation ». L'animation du système de suggestions devient une activité dont la part relative est nettement en baisse, l'accompagnement du changement et la communication interne sociale prenant une importance de plus en plus grande pour répondre à la nécessité pour l'entreprise de s'adapter à un environnement en rapide évolution.

Dans ces circonstances nouvelles, le rôle attendu du management comme acteur de progrès et moteur du changement nous a amené à modifier IDP pour tenter d'en faire un outil de management de proximité.

Depuis 1997, le règlement du système de suggestions stipule que ce sont les managers qui prennent en charge l'instruction des suggestions, se prononcent sur leur recevabilité, proposent les modalités de mise en œuvre ainsi que le montant de la récompense à attribuer et ils gèrent directement les relations avec les auteurs.

Aujourd'hui, ce sont donc les chefs d'unité dans lesquels les idées doivent être appliquées qui sont les décideurs, même si pour des raisons d'équité et de cohérence générale, le service « Communication et Innovation » continue d'animer les structures, réunit en comité d'experts pour assurer de l'objectivité des décisions et assure la communication sur le dispositif de prise en compte des propositions du personnel.

3. Qu'est-ce que cette décentralisation apporte ?

Auparavant, bon nombre d'idées primées n'étaient pas appliquées. À défaut d'avoir été impliqué, les patrons de terrain ne montraient souvent guère d'enthousiasme à faire fonctionner ou à mettre en place les moyens et conditions nécessaires à une bonne mise en œuvre de la suggestion.

Entre 1995 et 1997, on a constaté que 35% des idées n'étaient pas, ou pas durablement, appliquées. Depuis que la hiérarchie a été placée au centre du dispositif, les cas de non application sont rares. Pour autant, le nombre global de suggestions n'a pas très significativement évolué. Les apports de cette décentralisation sont pour l'instant plus qualitatifs que quantitatifs.

L'affirmation de la responsabilité des managers dans la gestion de l'innovation a également permis de faire évoluer les critères d'appréciation de leur performance, cet aspect faisant partie intégrante de leur évaluation annuelle.

Cette évolution a également renforcé la participation à nos rencontres annuelles et au challenge interne de l'innovation. Les managers viennent y soutenir leurs

---

1. Dans son édito pour la revue *Chronique de l'Innovation* (11 octobre 1988), le Directeur Général de l'époque.

© Éditions d'Organisation

personnels et y participent plus volontiers qu'auparavant pour savoir ce qui se passe chez leurs collègues.

4. Quelles sont les missions de service « Communication et Innovation » en ce qui concerne l'initiative ?

La structure innovation est neutre et les personnels du service ne sont pas autorisés à émettre des suggestions.

Elle assure 7 missions principales

— Promouvoir et animer le système par des actions de communication auprès du personnel et des différentes unités.

— Animer et assurer le fonctionnement des comités d'experts.

— Assister les responsables d'unité et le réseau des correspondants IDP dans le traitement des suggestions.

— Traiter les éventuels litiges et faciliter l'application des idées relevant de plusieurs responsables d'unité.

— Veiller à la cohérence d'ensemble et à l'équité des décisions.

— Assurer le traitement administratif des dossiers et des décisions et veiller au respects des délais.

— Procéder à un bilan périodique du système et faire des propositions sur les évolutions qui peuvent en découler.

5. Quels sont les outils de mesure dont vous disposez pour votre dispositif d'innovation participative ?

Nous sommes bien outillés. Nous pouvons suivre l'origine des suggestions, les délais de traitement par secteur, par catégorie, par type, grâce notamment à un logiciel pour traiter tout cela.

Nous distinguons 2 grandes catégories de suggestions :

— celles qui correspondent à des gains chiffrables pour l'entreprise : une formule spéciale nous permet de chiffrer les gains et d'évaluer la prime. Nous mettons en rapport l'investissement nécessaire et les gains potentiels, assortis à un taux d'amortissement (taux d'usure).

— celles qui produisent des améliorations qualitatives, pour lesquelles nous utilisons une grille de critères qualitatifs qui permettent d'évaluer la prime mais dont les coûts et les gains sont plus difficiles à matérialiser.

Nous établissons des pourcentages par catégories de suggestions, par métier, par origine géographique ou structurelle entre les 2 plates-formes de Roissy Charles

de Gaulle et d'Orly, d'après le nombre d'idées proposées, instruites, reçues et primées, etc. Ces différents tris sont souvent très instructifs et sont à la base du bilan annuellement constitué et remis à la Direction Générale.

Depuis 1990, le nombre des idées émises reste stable… à condition de faire des relances et donc de communiquer très régulièrement ! Toutes les catégories du personnel, sauf les cadres, soit environ 7000 personnes, ont le droit d'émettre des suggestions. Malgré nos efforts pour promouvoir l'initiative dans le secteur de service, nous constatons toujours une prédominance d'idées en provenance des secteurs techniques. Mais le chiffre des suggestions émises par les personnels en contact avec la clientèle augmente chaque année.

6. Comment utilisez-vous Intranet dans votre système de suggestions ?

Actuellement, le réseau intranet ne touche environ que la moitié des agents, aussi nous continuons à privilégier la communication classique : tous les ans, nous diffusons auprès des 7000 agents les formulaires d'expression des idées et les supports de présentation.

Mais il existe déjà un portail Ressources Humaines, également placé sous la responsabilité du service Communication Innovation, qui comporte une branche dédiée à l'Innovation dans laquelle on trouve tout ce qui concerne le système de suggestions. Les agents qui peuvent se connecter peuvent émettre directement une suggestion via cet intranet. Nous ne mettrons notre base de données en ligne que lorsque tous les agents auront accès au site, dans quelques mois.

7. Quelles transformations envisagez-vous pour le système de suggestions ?

L'entreprise va vers plus de décentralisation et s'est fixée des objectifs ambitieux en terme de qualité. Nous devrons tenir compte de ces évolutions pour adapter le système et renforcer les synergies entre notre démarche qualité et le dispositif de reconnaissance et de valorisation des contributions du personnel au fonctionnement de l'entreprise.

(mars 2001)

© Éditions d'Organisation

Le traitement des suggestions

Une fois les idées émises (et même avant), il convient d'avoir des règles connues de tous pour expliquer le traitement de l'idée.

■ *Éligibilité*

Qui est admis à participer au système (ou non) et qui est admis à recevoir une récompense ?

Les cadres supérieurs peuvent-ils participer et recevoir une récompense ?

Comment traiter les suggestions non recevables selon les critères prédéfinis ?

■ *Recevabilité*

Quel est le champ des suggestions recevables ? Quelles sont les éventuelles restrictions (idées sociales,…) ?

Une suggestion du personnel peut-elle être adoptée si la hiérarchie directe n'a pas été informée de cette idée ?

Les suggestions proposées par un groupe de travail sont-elles recevables, dans quelles conditions ?

Quelle est la place des suggestions émanant de cercles de qualité par rapport aux suggestions du système ?

Un porteur d'idée peut-il se voir accusé de n'avoir pas penser à proposer cette idée plus tôt ?

■ *Enregistrement*

Quels sont les canaux de communication pour faire part de son idée ?

■ *Évaluation*

Quels sont les critères de sélection propres à l'entreprise (en fonction de sa politique) ?

Qui jouera le rôle des évaluateurs (des utilisateurs potentiels de l'idée, des experts spécialistes, des candides,…) ?

Comment les évaluateurs ont-ils été formés ?

Existe-t-il une procédure d'appel quand une idée a été rejetée ?

■ *Reconnaissance*

Quels sont les liens entre le mode de reconnaissance et les critères de sélection des idées ?

Quels sont les liens entre le montant ou la nature de la récompense et la valeur (économique ou autre) de l'idée retenue ?

C'est en tissant qu'on devient un réseau.
L'objectif est d'avoir beaucoup d'idées qui marchent et qu'elles proviennent d'un maximum d'auteurs d'origines différentes, interservice, intermétier, intergénérations, interniveaux hiérarchiques...

Quels sont les modes de reconnaissance existants ?

■ *Confidentialité et propriété industrielle*

Existe-t-il une clause de confidentialité et quels en sont les termes ?

Quelles sont les obligations de la société et des auteurs vis-à-vis des suggestions déposées ?

Quel droit acquiert la société par l'attribution d'une prime de suggestion (droit d'utilisation mais pas de propriété) et quel contrat pour obtenir un droit de propriété par l'entreprise ?

Gérer les idées, c'est partager des règles du jeu très simples. Par exemple :

Exemple

- distinguer les idées réalisables au niveau local (dans son équipe, son atelier, son service) et qui sont applicables par le responsable de cette entité, des idées transversales qui engagent plusieurs entités,
- en fonction de cette distinction, établir un mode de reconnaissance et de rétribution spécifique,
- décider d'un délai maximum (qui fait l'objet d'une promesse respectée) entre la date de réception et la date de décision annoncée (OK, pas OK, à améliorer...) : en général, il ne faut pas excéder deux à trois mois en tout sauf exception,
- annoncer et commenter la décision, quelle soit positive ou négative,
- toute idée reconnue, appliquée, rétribuée fait l'objet d'une mesure d'impact en terme de gain financier, en temps, voire en qualité de travail,
- ce calcul est consolidé au niveau de l'entité et de l'entreprise, il est communiqué et positionné par rapport à d'autres données comparables (tel gain correspond à tel pourcentage du chiffre d'affaires, ou du ROI, etc.),
- des indicateurs de suivi permettent d'évaluer l'activité de l'innovation participative.

(Voir tableau de bord en page suivante) ■

L'application des idées

En moyenne, dans les systèmes de suggestions en France, 60 % des idées proposées sont appliquées. Ce taux d'application traduit l'effort d'écoute et d'intégration des suggestions tout en témoignant d'une véritable sélectivité des idées.

Mais le plus difficile dans les groupes internationaux est de mesurer comment une idée mise en application ici peut devenir intéressante pour d'autres entités du groupe. Même quand l'intérêt saute aux yeux, l'appropriation de l'idée par une autre structure n'est pas si simple.

© Éditions d'Organisation

Outils PRATIQUES *Le tableau de bord du système de suggestions*

SUIVI QUANTITATIF	RÉEL	CIBLE	DELTA
Nombre d'idées soumises			
Taux de participation (nb d'idées par pers/entité)			
Nombre d'idées par domaines : (à spécifier)			
– produits			
– services			
– organisation et méthodes			
– management			
– communication			
– métiers			
– *etc.*			
Nombres d'idées acceptées et appliquées en local			
Nombres d'idées acceptées et appliquées en transversal			
Délai moyen de traitement des idées appliquées en local			
Délai moyen de traitement des idées appliquées en transversal			
Total des primes distribuées			
Économie brute globale réalisée (déduction faite des primes et des frais de mise en œuvre)			

SUIVI QUALITATIF	OBSERVATIONS
Qualité de l'originalité des idées	
Adéquation des idées avec la stratégie de l'entreprise	
Origine des auteurs : métiers, services, individus/équipe, équipes pluridisciplinaires et/ou multi-services, niveaux hiérarchiques, ancienneté, etc.	
Répartition des domaines traités	
Autres…	

Exemple

La démarche **Innov@ccor** est une concrétisation du projet d'entreprise du groupe ACCOR « Réussir ensemble ». Cette démarche veut concrétiser tout ce qui est initiative et créativité dans le groupe :
– elle se déploie sur 130 000 personnes dans le monde,
– elle vise à faciliter la diffusion des meilleures idées sur 5 000 sites dans le monde.
– compte tenu de l'étendue et de la dispersion géographique des structures du groupe dans le monde, la greffe des bonnes pratiques est un vrai défi. Dès qu'une idée est considérée comme une bonne pratique (c'est-à-dire intéressante pour d'autres sites), elle est traduite en sept à dix langues.

Tout est fait pour promouvoir le principe de « Copier, c'est gagné ». Si une idée a été mise en place ailleurs, le « pilleur » gagne un pourcentage. Le principe des récompenses est fondé sur le fait que le bénéficiaire est le payeur. En revanche, l'utilisation d'une bonne pratique n'apporte pas de rémunération supplémentaire à l'auteur initial de l'idée. ■

5 SE DONNER DES MOYENS CONCRETS

Les groupes de recherche d'idées

C'est une formule qui attire autant les entreprises novices en matière d'innovation participative que les entreprises ne voulant pas institutionnaliser un dispositif d'innovation participative.

La mise en place de groupes de recherche d'idées peut être :

- légère, par exemple un à trois groupes créatifs ponctuels dans une usine,
- régulière : l'animation chaque année d'un dispositif créatif constitué de dizaines de groupes de recherche d'idées.

> **Les cercles de qualité**
> Des équipes de volontaires sélectionnent des thèmes d'amélioration.
>
> **Les groupes de progrès**
> Des équipes conduites par la hiérarchie pour résoudre des problèmes spécifiques.
>
> **Les « task forces »**
> Des équipes spécialisées ou de spécialistes rassemblent leurs compétences pour résoudre des un problème à fort enjeu.

En matière d'innovation participative, la formule « groupe de travail » a un fort succès, à la fois parce que c'est associatif, cela garantit l'appropriation des solutions, mais surtout parce que c'est le meilleur moyen de mixer les compétences et les expertises.

Les groupes de recherche d'idées se situent dans la lignée des groupes de progrès ou des cercles de qualité mis en place dans une infinité d'entreprises à partir des années 80. Si les résultats des uns et des autres sont proches, l'optique des groupes de recherche d'idées est caractérisée par :

- des groupes mixtes,
- un animateur « neutre » hiérarchiquement parlant,
- des techniques de *brainstorming* visant à limiter la censure,
- une forte orientation client.

Le plus difficile dans l'innovation, c'est de trouver les bons outils pour susciter le remue-méninges. De plus en plus souvent, les groupes de recherche d'idées sont un des éléments nombreux d'une politique d'innovation participative. Pour ne prendre que deux exemples très différents, c'est le cas chez APRIL Assurances ou encore à la mairie du Pecq-sur-Seine.

Exemples

DANS UNE MAIRIE, UN SÉMINAIRE ANNUEL PAS COMME LES AUTRES

À la MAIRIE DU PECQ-SUR-SEINE, l'innovation participative repose sur un dispositif de tables rondes créatives animées chaque année.

Le séminaire annuel du personnel n'est autre que ces deux demi-journées où les participants se retrouvent en tables rondes participatives. Généralement, les séminaires annuels sont des lieux de passivité exemplaire où l'on est spectateur d'abord, récompensé ensuite par un buffet festif : après avoir souffert d'être un numéro parmi tant d'autres, on a droit d'échanger avec ses collègues autour de gâteaux apéritifs.

© Éditions d'Organisation

Au Pecq-sur-Seine, le séminaire annuel fait nettement appel aux idées, à la créativité du personnel. Les personnes de différents services se retrouvent dans des tables rondes animées par une personne n'ayant pas de lien hiérarchique direct avec elles. Dans ces groupes naissent de nombreuses actions innovantes qui seront ensuite mises en œuvre tout au long de l'année et donneront parfois lieu à des prix qualité.

DES GROUPES DE BRAINSTORMING À...LA SEMAINE DU CLIENT

Chez APRIL Assurances, les 320 collaborateurs se réunissent en 8 équipes de 10 à 12 personnes sur une période de 2 mois. Les thèmes sont proposés par la direction : « il s'agit de sujets sensibles sur lesquels APRIL Assurance veut rester précurseur » explique Nadège BREZ, responsable Satisfaction client et Créativité, à la Mission Performances et Excellence, rattachée à la Présidence.

Au sein de ces équipes hétérogènes, les compétences sont brassées pour éviter l'autocensure. Ces réunions de brainstorming sont animées par un des collaborateurs volontaires. À l'issue de ces réunions, chaque équipe choisit les idées les plus importantes, innovantes et rédige un rapport d'idées. En 2000, 150 idées ont été ainsi émises et proposées à la direction. Les idées font ensuite l'objet d'une sélection, combinaison, communication interne, mise en œuvre locale ou transversale, ...

Chaque année a lieu mi-octobre la semaine du client : à l'heure du déjeuner, entre 12h et 14h. Un programme d'animation spécifique est proposé; les équipes viennent échanger dans des ateliers interactifs et ils réagissent aux idées proposées par le personnel. Chez APRIL Assurances, les groupes de progrès ont remplacé les cercles de qualité, signifiant ainsi la volonté de passer du stade de résolution de dysfonctionnements à celui de mise en avant de la valeur ajoutée apportée par l'innovation.

LES CERCLES DE QUALITÉ : PRÉCURSEURS DE L'INNOVATION PARTICIPATIVE[1]

En 1980, CITROËN est précurseur en France en mettant en place ses premiers cercles de qualité, outil très développé au Japon.

Le cercle de qualité Citroën est un groupe de travail réunissant cinq à dix personnes volontaires liées par des activités professionnelles communes. Il traite de façon permanente des sujets qui se situent dans son champ d'activité, en utilisant les techniques de maîtrise de la qualité. Le cercle de qualité est en général animé par la hiérarchie directe.

Dans les années 80, cette approche a connu une forte expansion puisqu'on estime qu'en 1987, on dénombrait environ 40 000 cercles de qualité. Les entreprises où les cercles de qualité ont été efficaces sont celles où il préexistait une véritable ouverture en matière de participation du personnel. CITROËN en a fait un outil clé au sein d'un système complet de management de la qualité. Les cercles de qualité ont joué un rôle précurseur en développant le travail en équipe, la réflexion guidée par les outils d'analyse de la qualité (diagramme cause-effets, Pareto,...). ■

---

1. D'après la brochure *Le management du progrès par l'Initiative et la Créativité du personnel* – Pôle Initiative et Créativité de l'Institut pour la Qualité du Management – Décembre 1994.

Dispositif de pilotage d'un groupe de recherche d'idées ponctuel

Groupe de pilotage : impulser

Entretiens fournisseurs

Entretiens individuels experts ou clients Enquête clients

Recherche documentaire Analyse des tendances

Observation sur site *Benchmarking*

Groupe créatif

Groupe de pilotage : valider les défis lancés

Groupe créatif (suite)

Validation client

Groupe de pilotage : acceuillir les propositions

Décision de mise en œuvre mise en place, suivi, validation

L'empowerment

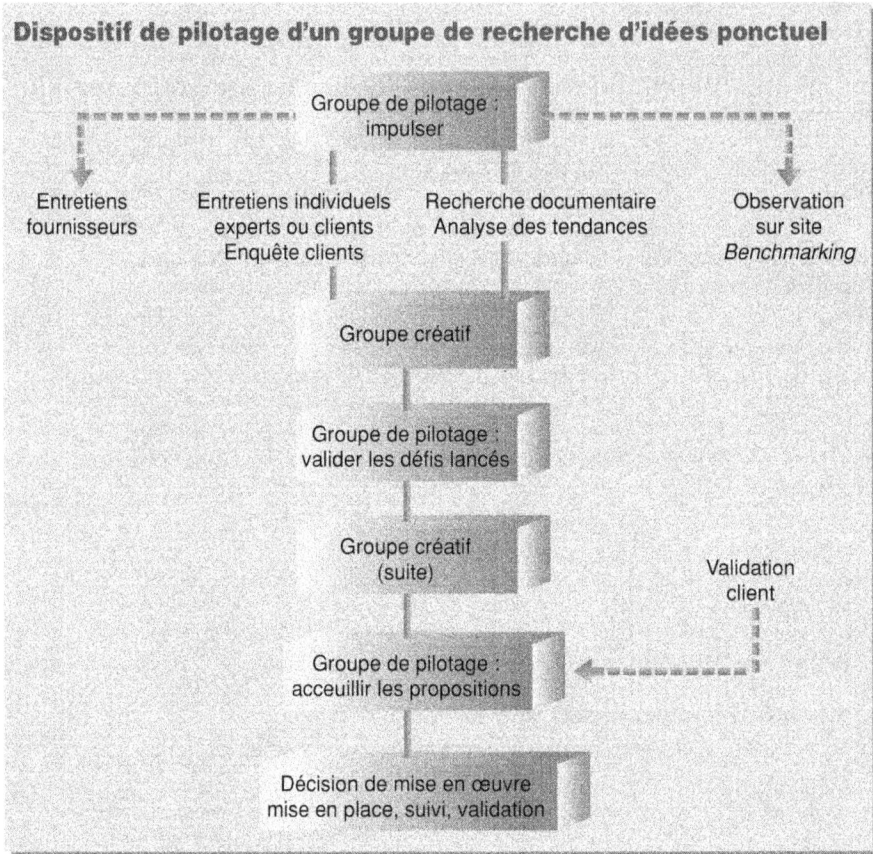

▷ « En libérant la capacité d'initiative des individus et des équipes, on gagne à la fois en productivité, en réactivité et en qualité de service. C'est une simple question de bon sens et une idée pas forcément nouvelle : ce sont ceux qui font qui sont le plus à même de prendre la décision adaptée »[2]

L'*empowerment* est moins un dispositif d'innovation participatif qu'un mode de management et d'organisation : le point commun avec l'innovation participative est de tout miser sur la capacité du personnel à agir de façon autonome et responsable.

L'objectif est de rapprocher du terrain le pouvoir d'agir.

Aux États-Unis, quatre grandes entreprises sur cinq ont mis en place des organisations limitant le nombre de niveaux hiérarchiques et fonctionnant en entités : c'est l'organisation de l'interdépendance entre ces unités autonomes et responsables qui fait la réussite des démarches d'*empowerment* plutôt que le découpage structurel ou la mise en struc-

---

2. Dossier initiative et créativité dans la revue *Qualité en Mouvement* n° 25.

ture plate. Les relations entre les unités verticales et horizontales reposent sur un contrat d'objectifs et de moyens.

Le mouvement de l'empowerment développé dans les années 90 est l'écho de l'organisation du travail en « équipes autonomes » déjà en place dans les années 70 chez RHÔNE POULENC dans son usine d'Arras. Le principe était déjà à l'époque de privilégier les organisations donnant à de petites unités opérationnelles un maximum de responsabilités pour analyser et traiter les problèmes pouvant être résolus localement.

Exemples

Chez BULL en 1994, la mise en place de « team work » répond au besoin d'un nouveau type de management de groupe : chaque équipe constituée de six à dix personnes définit une stratégie concertée d'approche du client. Ces équipes multi-métiers créatives et réactives ont pour objectif d'animer et de gérer les grands clients soit 75 % du chiffre d'affaires.*

L'écoute client et la recherche d'opportunités en fonction du type de stratégie adoptée par le client ont amélioré les relations clients-fournisseurs et rehaussé l'image de l'entreprise. L'efficacité du travail en « équipes responsables », traitant elles-mêmes le maximum de problèmes pouvant être résolus sur le terrain, est une idée admise même si elle suscite encore des craintes dans les lignes hiérarchiques qui se sentent court-circuitées.

Chez Disneyland Paris, 1996 est une année charnière. Le groupe décide de passer de neuf à trois niveaux hiérarchiques. Ainsi 220 managers aux responsabilités élargies et clairement définies prennent en charge un des 220 « small worlds » : ils ont un triple objectif de management d'équipe, de qualité de service et de gestion rigoureuse. Les coûts de fonctionnement ont diminué de 25 %, la satisfaction client a grimpé de 80 à 85 % et les décisions se prennent au plus près du client.

Revue *Le management du progrès par l'initiative et la créativité du personnel*. Paris, décembre 1994 – Pôle Initiative et Créativité de l'Institut pour la Qualité du Management. ■

Le *benchmarking* participatif

Le *benchmarking* consiste à poser les bonnes questions aux entreprises les plus performantes et à tirer un enseignement des meilleures pratiques. Il constitue un process d'apprentissage créatif à travers l'expérience des « best in class » (FREIHERR VON TUCHER, Allemagne).

Le *benchmarking* est un excellent levier d'innovation dans l'entreprise.

Il partage quelques clés avec un processus réussi d'innovation :
• accumuler de nouvelles connaissances, données, compétences,
• aller « toucher du doigt » ces pratiques pour que l'appropriation soit la meilleure possible,
• provoquer un « choc » dans le regard que l'on a sur ses propres pratiques à partir de la découverte des pratiques des autres,

• associer des idées, les combiner ou procéder par analogie d'un domaine d'activité à un autre domaine d'activité,

• ne pas chercher à copier, ne pas s'interdire de copier,

• faire le « voyage chez les autres entreprises » à plusieurs, de façon à rapprocher les fonctions, décloisonner et produire ensuite des idées ensemble,

▷ *Pour réussir un benchmarking, il faut que l'observation soit directement faite par les salariés eux-mêmes : moins il y a de filtre, plus c'est efficace.*[3]

• faire grandir l'esprit d'équipe et de coopération.

Jean-Marie LEPEULE, expert et passionné de *benchmarking*, fondateur de TEAMING nous décrit comment des actions de benchmarking ont été animées de façon participative pour provoquer la créativité des équipes impliquées.

Exemple

Ce premier exemple de *benchmarking* participatif a eu lieu dans une grande compagnie d'assurance française à l'initiative du directeur des Partenariats, manager de 45 personnes. L'opération de *benchmarking* s'est faite sur l'année 1999-2000 avec pour objectif : innover dans le domaine des partenariats à un moment où la créativité était bloquée ; franchir un nouveau cap dans l'innovation.

L'ensemble du personnel de cette équipe a participé au processus d'innovation :

– le choix des thèmes à benchmarker,

– la mise en condition de curiosité,

– les visites dans d'autres entreprises « best in class »,

– l'exploitation de cette découverte pour proposer des actions innovantes.

Étape 1 : le choix des thèmes de benchmarking

« Nous avons fait travailler les 40 personnes sur dix thèmes susceptibles d'être benchmarkés. Nous avons pesé l'impact de chaque thème sur l'excellence de l'entreprise.

Nous avons mesuré cet impact en calculant la moyenne des notes données pour chacun des critères de l'European Foundation for Quality Management » (EFQM) :

– leadership,

– politique et stratégie,

– gestion du personnel,

– gestion des ressources,

– processus,

– satisfaction des clients,

– satisfaction du personnel,

– intégration dans la vie de la collectivité,

– résultats opérationnels.

Chacun des 40 collaborateurs a donné une note entre 1 et 10.

---

3. D'après le témoignage de Jean-Marie LEPEULE, en juillet 2000, Directeur Général de Teaming.

Exemple :

THÈMES	T1	T2	T3	T4	T5	T6	T7	T8	T9	T10
1er critère	8	4	6	9	3	10	8	7	5	4
2e critère										

Cette façon d'aborder le problème était participative, même si au début les collaborateurs étaient assez réticents.

Deux thèmes ont été retenus :

– la satisfaction client,

– la maîtrise de l'information (information captée, formatée, comprise, restituée).

Étape 2 : la mise en condition de curiosité

Les 40 personnes ont ensuite été séparées en quatre groupes de dix personnes, dont un rapporteur. Chaque groupe a travaillé sur un des deux thèmes retenus et sur les critères de son choix (parmi ceux ayant reçu les meilleures notes).

Étape 3 : les visites dans d'autres entreprises

Les 40 personnes ont été chargées d'observer quatre entreprises « Best in Class ».

Par exemple, elles en ont rencontré une pour le thème de la maîtrise de l'information et une autre pour celui de la satisfaction client.

Cette seconde entreprise a remporté depuis le Trophée de l'entreprise la plus avancée dans la satisfaction client.

Cette entreprise « Best in Class » a reçu un groupe de 10 personnes et lui a décrit le fonctionnement mis en place tout au long d'une journée. La pertinence du témoignage était proche de l'excellence. Chacune des 10 personnes a posé une question préparée à l'avance.

Ensuite, chaque groupe a fait un *debriefing* à chaud.

Le groupe en visite s'est aperçu par exemple que leur accueil téléphonique était mal géré et que des pistes d'amélioration existaient.

Étape 4 : l'exploitation de ces visites pour proposer des actions innovantes

Un *debriefing* final d'une journée a eu lieu. Chaque groupe a raconté aux autres groupes ce qu'il avait vu et découvert.

Ce *benchmarking* a débouché sur l'élaboration des actions de progrès. Les groupes ont trouvé des pistes d'amélioration au niveau de la satisfaction client et de la maîtrise de l'information.

Surtout, les travaux de *benchmarking* ont développé une très grande complicité, une plus grande grande cohésion entre les collaborateurs et les différents niveaux hiérarchiques.

Exemple

Le deuxième exemple de *benchmarking* participatif se déroule dans un grand groupe industriel :

– une des cent premières entreprises françaises,

– vingt sites de production répartis en Europe,

– chaque site produit le même produit fini mais les processus de production diffèrent légèrement d'un site à l'autre,

– certains sites ont été achetés par des entreprises du pays d'implantation ; il en résulte un très grand clivage culturel entre les sites.

« Nous avons fait l'inventaire des pratiques sur les vingt sites. Nous avons listé les dix pratiques les plus significatives dans le résultat final de chaque site.

Chaque site devait évaluer et noter sa performance à gérer, à innover.

Nous avons ainsi obtenu une hiérarchie entre les sites ainsi que la « Best Practice » de chaque site ».

Une journée plénière a été organisée au cours de laquelle chaque site a vendu sa « Best Practice » aux autres. Chaque directeur de site disposait de dix minutes pour exposer ce que son équipe savait faire au mieux.

Le gain de ce genre d'échange est nettement supérieur à celui qu'on peut escompter d'objectifs classiques assénés par la Direction. Dans notre cas, les collaborateurs échangeaient entre pairs internes à l'entreprise.

Finalement, chaque site s'est approprié spontanément les objectifs des « Best in Class ». Les directeurs de sites se sont accordés sur la nécessité de se rencontrer régulièrement pour s'aider, s'épauler et mesurer le progrès.

Il en résulte une circulation de l'information plus efficace entre tous les sites, une reconnaissance mutuelle et un sentiment d'humilité grandissant à tous niveaux hiérarchiques. ■

« En période de benchmarking, les participants sont obligés de fédérer leurs intelligences. Ils doivent à la fois être humbles pour s'enrichir et performants pour apporter quelque chose d'utile. Sinon, ils se trouvent exclus par manque de légitimité. »

Les facteurs clefs de succès d'une opération de benchmarking

■ 1) Adopter un nouvel état d'esprit

Le nouvel état d'esprit se résume à cette expression : « je sais que je ne sais pas ».

Le *benchmarking* se révèle inefficace auprès du vantard de l'entreprise qui veut faire croire qu'il est bon. Il faut savoir puiser dans son humilité : « je veux apprendre, je veux voir les meilleurs et j'essaye de comprendre. » Il faut avoir l'humilité d'apprendre pour progresser car le *benchmarking* est le fait d'apprendre les meilleures pratiques du moment, voire d'anticiper sur les grandes pratiques de demain.

■ 2) Impliquer fortement la direction

C'est la condition nécessaire si on veut que le *benchmarking* puisse rentrer dans l'innovation participative. La direction doit inclure le *benchmarking* dans le plan stratégique pour que les responsables s'en servent comme un outil de management. Il faut intégrer le *benchmarking* dans l'objectif du *knowledge management*, des savoir-faire de l'entreprise.

■ 3) Commencer par des opérations simples et exemplaires

C'est l'exemple ci-dessus de la compagnie d'assurance française.

« Simples » : tout le monde doit comprendre l'objet du *benchmarking* pour avoir la faculté de comparer et participer sans complexe. « Exemplaires » : cela permet de fixer des objectifs de progrès. Après un *benchmarking*, on peut constater que l'entreprise a progressé et avancé par l'exemplarité.

■ *4) Composer des équipes mixtes*

Il faut des équipes panachées, métissées, composées de personnes d'origines différentes, par métier. C'est préférable de respecter une parité hommes/femmes. Cette mixité est plus fertilisante pour la richesse des échanges.

■ *5) Former les personnes impliquées dans le projet*

Il faut gérer l'opération de *benchmarking* comme un projet. Les participants doivent connaître tous les ingrédients de réussite de l'opération : c'est le facteur clé n° 1 du succès.

Dans la compagnie d'assurance, 40 personnes ont été formées pendant deux jours en amont de l'opération de *benchmarking*.

■ *6) Favoriser les relations transversales dans l'entreprise*

Le *benchmarking* est une occasion de partage : par exemple, profiter du *benchmarking* pour que le personnel du marketing parle au personnel des achats à propos d'innovation. Il faut trouver des centres d'intérêt communs, grâce au *benchmarking*, pour être ensuite innovant. Favoriser les relations dans une entreprise peut être très fertilisant : c'est le « Cross Fertilization »..

Le *benchmarking* et le marketing : l'orientation client est toujours forte dans un processus de *benchmarking*. Il s'agit de toujours progresser.

Le *benchmarking* peut-il jouer comme un déclencheur marketing : peut-on mieux répondre à ses propres clients après avoir étudié la relation client d'autres entreprises ?

> L'innovation peut porter sur :
> • l'offre : les produits ou services
> • les opérations clés : l'organisation, les processus, les critères de qualité
> • le niveau de performance : les pratiques commerciales, les compétences, les technologies, la R&D
> • la politique : les stratégies, les scénarios du futur.

Exemple

Une banque qui fait du crédit par téléphone a souhaité organiser un *benchmarking* sur la faculté de se servir du téléphone pour communiquer et pour vendre. Elle a envoyé des collaborateurs en Californie, dans les meilleures entreprises qui utilisent le phoning pour vendre. Ils ont visité une dizaine de centres d'appels.

Le souhait initial de l'entreprise était d'améliorer sa performance dans l'utilisation technique du téléphone : diminuer le nombre de minutes nécessaires à la gestion d'un client... Or, elle s'est aperçue au cours de son investigation que le téléphone était aussi un outil de premier ordre pour fidéliser les clients. Elle est passée d'une recherche d'efficacité purement technique à la reconnaissance de pistes de progrès pour augmenter la satisfaction clients. Elle a pu proposer de nouvelles prestations. C'est ce qu'on appelle les effets collatéraux de la démarche de benchmarking. ■

« Ils ont dit

Prendre l'air... du temps, sortir de chez soi, de l'entreprise pour y capter des tendances et de l'énergie, c'est un des principes-clés du changement mis en place chez FUJI XEROX au Japon. La capacité d'innovation de chaque salarié est un critère-clé du système d'évaluation de l'entreprise : « Nous avons encouragé l'individu à se montrer différent, à sortir du troupeau car nous ne voulions pas proposer des produits standards »[4] Par la flexibilité des horaires, les salariés sont encouragés à développer une culture des loisirs ». Pour que l'entreprise soit à l'écoute, les salariés établissent une passerelle entre l'entreprise et le monde extérieur. C'est ce qu'on appelle l'entreprise « organique ».

L'ouverture sur le monde est aussi un levier de réussite de la course à l'innovation chez AXON'CÂBLE. Le postulat est que plus les individus ont de connaissances, plus ils sont inventifs. Chaque mois, la visite de deux expositions professionnelles est organisée. Des contacts permanents avec les universités et les professeurs sont entretenus : l'entreprise accueille 60 stagiaires de 10 à 15 universités par an. Des échanges ont lieu avec les services techniques des clients. Des décloisonnements géographiques et structurels permettent aux ingénieurs de travailler ensemble : marketing et études, marketing et R&D, marketing et production,... Dans le cadre d'actions de mécénat culturel, des peintres ou des sculpteurs exposent dans l'usine. « Dans le même temps, nous organisons un symposium technique et invitons nos clients. Les échanges entre les chercheurs et les artistes sont très riches ».[5]

Tant d'entreprises nient dans leur culture d'entreprise le fait que leurs salariés ont une vie en dehors du travail, des talents, des passions. Certains univers aseptisés des grandes tours des quartiers d'affaires vous coupent du monde, de l'air extérieur et vous chuchotent ingognito : « ne sois pas entièrement toi-même, oublie-toi le temps de ton travail ». On comprend que cela ne réveille en rien la capacité d'initiative et de créativité des collaborateurs.

---

4. Propos du PDG Yotaro Kobayashi.
5. Dossier Initiative et Créativité dans la revue *Qualité en Mouvement,* n° 25.

© Éditions d'Organisation

Quelques techniques de démarches forcées

Comment en venir à bout à tout prix.

C'est peut-être paradoxal de parler de « créativité programmée ». Le mot créativité est si souvent synonyme de spontanéité ! Pourtant, la plupart des techniques qui marchent sont programmées et parfois même « forcées ».

« Quand je n'ai plus d'inspiration, je me mets à travailler sans arrêt »
Pablo PICASSO

C'est le cas de techniques comme :

• « 10 % du temps »,

• « l'étagère »,

• le « bocal de jeunes talents »

Comme il s'agit peut-être davantage d'attitudes que de démarches, elles exigent une énorme volonté.

« 10 % du temps »

Le temps consacré à l'innovation est proportionnellement lié au temps que l'on peut gagner sur les concurrents. « Ce ne sont plus les gros qui mangeront les petits mais les rapides qui mangeront les lents ».

Vous consacrez 10 % de votre temps obligatoirement à des recherches innovantes :

• vous consacrez 3 heures et demie par semaine (10 % de 35 heures)
  ou 40 minutes tous les jours
  ou deux journée pleines par mois
  ou…

• vous vous donnez pour objectif de trouver des idées innovantes pour faire progresser votre entreprise,

• votre objectif mensuel : au moins une idée appliquée, généralisée, mesurée.

La banque d'idées ou l'« étagère »

Innovez sans cesse, sans besoin précis et exposez vos innovations sur une étagère… le jour où vous en aurez besoin, elles vaudront de l'or !

À chaque fois qu'il vous vient une idée, réalisez un prototype que vous pourrez utiliser dans votre secteur d'activité ou dans un secteur avec lequel vous êtes naturellement en partenariat et mettez-le sur une étagère.

Exemple

– un nouveau conduit à réservoir d'essence, si vous êtes dans le secteur automobile,

– un cahier de format circulaire si vous êtes dans la papeterie,

– un système d'isolation thermique si vous êtes dans le BTP.

Et aussi :

– une protection adaptée à la toiture d'un bâtiment, adaptée à l'isolation d'un récipient si vos clients sont de secteurs variés (vous vendez des matières utilisées dans le BTP, les laboratoires, les fabricant de matériaux de camping, par exemple) ■

Faites fréquemment le tour de vos étagères.

Réunissez-vous autour de vos étagères, animez des ateliers créatifs au milieu de vos étagères !

Le « bocal de jeunes talents »

Vous avez à innover à tout prix, dans un délai record.

• vous choisissez entre 12 et 20 collaborateurs,

• vous les enfermez dans un même lieu avec la mission de trouver l'idée qu'il vous faut : un produit révolutionnaire pour coiffer le concurrent au poteau, un service inattendu et fascinant, une réponse à une demande impossible d'un client…

• vous ne voulez pas les revoir tant qu'ils n'auront pas trouvé,

• vous menacez de les oublier au bout d'un certain temps,

• vous leur promettez une superbe récompense.

▷ « Le bocal » : vous n'en sortirez qu'avec des idées neuves et efficaces !

Le bocal de jeunes talents est une méthode qui fait ses preuves tant qu'elle représente un réelle zone de liberté. Les collaborateurs doivent avoir la pression des résultats et une forte latitude pour explorer les idées les plus inattendues, les moins conformistes, les plus stimulantes.

Les facteurs de succès tiennent en deux termes : le temps et l'exploitable.

Il faut à la fois se donner tous les moyens de sortir l'idée impossible tout se donnant une « date limite de remise des résultats » (DLRR !) Il faut à la fois se donner la permission d'explorer tous les azimuts et de sortir de cette « boîte noire » avec des idées exploitables.

Une idée exploitable comporte des caractéristiques très précises :

• concrète,

• communicable,

• scénarisée dans le temps, l'espace, avec des acteurs,

• orientée vers un objectif précis,

• mesurable,

• pas forcément faisable aujourd'hui ou dont la faisabilité est à vérifier.

© Éditions d'Organisation

La boîte à idées « anti-boîte à idées »

Un des premiers moyens mis en place et qui reste le plus répandu est la boîte à idées. Les exemples d'idées rentables sorties des « boîtes à idées » sont innombrables.

C'est souvent le premier réflexe d'un directeur de site ou du responsable de toute structure qui a une unité de lieu : si on mettait une boîte à idées ? Et pourtant, c'est un dispositif faussement facile par excellence.

Ce système fonctionne très bien quand il est stimulé. Et il a peu de chance de survivre à son lancement quand il est réduit à des boîtes aux lettres déposées ici et là, même quand celles-ci sont bien situées, bien éclairées, bien exposées dans les halls d'entrée, près des cantines, aux détours des couloirs, là où le personnel peut y glisser des suggestions.

La boîte à idées n'a de boîte que le nom, symbole à la fois de magie, de réceptacle, de stockage, de témoin (la fameuse boîte noire !).

Les limites de la boîte à idées

> La boîte à idées gère des idées, elle s'attache au nombre d'idées, à leur nature. Le système de suggestions se définit davantage comme un outil du management : il s'attache aux porteurs d'idées plus qu'aux idées elles-mêmes.

Le côté passif, anonyme, additionnel, fourre-tout des boîtes à idées n'est plus tout à fait en phase avec les souhaits de responsabilisation et de travail en équipe du management d'aujourd'hui. Et d'un point de vue purement opérationnel, les boîtes à idées nécessitent une parfaite gestion du « *feed-back* ». Elles ont souvent généré des frustrations de part et d'autre. D'un côté, le responsable communication interne ou qualité d'un établissement se désespère de ne trouver que trois « micro-idées » se battant en duel au fond de la boîte.

De l'autre côté, on trouve des auteurs convaincus d'avoir fait de bonnes propositions non suivies d'effet. Les idées sont souvent expédiées en vrac à des services techniques où personne n'a le temps ni les moyens de faire le tri ou de communiquer sur ces idées.

Certains reprochent à la traditionnelle boîte à idées de n'impliquer qu'un faible pourcentage de salariés : il faut chercher des organisations ou des dispositifs qui mobilisent toute l'entreprise vers l'innovation.

Les conditions du succès de la boîte à idées

Les entreprises qui pratiquent la boîte à idées avec succès ont les caractéristiques suivantes.

- Un système de rémunération est prévu et la rémunération peut être importante pour les idées applicables qui rapportent,
- Les idées sont présentées oralement aux responsables hiérarchiques (ou à un comité *ad hoc*) ce qui incite le management à être à l'écoute,

- Pour améliorer le système, des clubs de « donneurs d'idées » sont constitués : ils réunissent tous ceux qui ont donné une idée, et reconnaissent les innovateurs et leurs équipes,
- Le travail en équipe (et donc la rémunération collective) est privilégié,
- Un système de reconnaissance est en place à l'aide d'une grille de critères pour sélectionner les idées qui seront primées,
- Une procédure de sélection et de décision permet une mise en application en moins de neuf mois (entre le dépôt de l'idée et sa réalisation),
- Une communication permanente et factuelle rend compte des idées déposées, des idées appliquées, des bénéfices obtenus, des rémunérations attribuées,
- Un prix de l'innovation couronne les innovations qui ont le plus de succès : des critères différents (des indices de performances) mettent en avant l'idée qui a le plus rapporté, l'idée la plus originale, l'idée qui a permis d'améliorer l'image, l'idée la plus citoyenne, etc.

Les entreprises qui mettent en place de tels systèmes constatent que :
- les collaborateurs qui ont donné de « petites idées » au début sont en train de passer à de plus « grandes idées »,
- les idées destinées à obtenir plus de confort (« travailler dans de meilleures conditions ») sont peu à peu remplacées par des idées de progrès (« s'organiser pour une meilleure productivité »),
- le problème consiste à gérer une trop grande affluence de bonnes idées au risque d'en délaisser : certaines entreprises à cause de cela préfèrent ne pas ouvrir de boîtes à idées, ne pas risquer de la transformer en « boîtes de Pandore » et pour cette raison elles ménagent une communication informelle, évitant de créer un système.

Exemple

UN DISPOSITIF TRÈS TERRAIN : LE **CEDAC**©

À mi-chemin entre un système de suggestions et une démarche de résolution de problème, le CEDAC (*Cause and Effect Diagram with the Addition of Cards*) a été testé dans différents groupes industriels.

Cette approche combine plusieurs ingrédients connus :

- l'affichage sur le lieu de travail,

- l'utilisation de Post-it pour faire des propositions,

- le classement des propositions par le diagramme de causes à effets.

Le principe est le suivant : la hiérarchie fixe un axe sur lequel établir une « percée » : sur le lieu même du problème à relever, tout salarié ou visiteur fait des propositions concrètes qui sont ensuite analysées et classées par famille.

Dossier Initiative et Créativité de la revue *Qualité en Mouvement* n° 25. ■

Le réseau d'innovacteurs

Les entreprises qui conduisent une démarche « d'innovation participative » sont nombreuses à s'être constituées un réseau d'innovacteurs… innovacteurs ou Innov'acteurs !

Chaque entité, unité ou établissement (de 500 à 1 000 personnes environ) nomme un responsable de l'innovation qui peut être soit :

• un « innovacteur » ou « innov'acteur » : fonction dédiée à l'innovation exclusivement, parfois à temps plein,

• un « coordinateur initiatives et qualité » dans les entreprises qui associent la démarche innovation à la démarche qualité,

• un responsable communication, dans d'autres entreprises où ces fonctions ne sont pas encore déterminées.

Les critères de recrutement des « innov'acteurs » sont variés et dans l'idéal très ouverts :

• une personne par entité,

• tous les niveaux,

• tous les métiers,

• le maximum de compétences,

• tous les âges,

• etc.

L'expérience montre que ce sont en général des membres de l'encadrement, des jeunes (moins de 40 ans) ou des personnes proches de la retraite.

L'innovacteur joue un rôle de conseil et de consultant interne.

L'« innovacteur » est chargé, dans son unité, de :

• détecter et stimuler l'innovation : c'est souvent une activité qui consiste à prendre son bâton de pélerin et à rencontrer les uns et les autres pour les aiguillonner (à commencer, si l'on en croit certains témoignages par le comité de direction !) et recueillir sur le terrain le maximum d'informations qui pourraient être utiles à formaliser des idées ou à lancer une recherche,

• organiser les systèmes d'innovation appropriés : boîtes à idées , etc.

• encourager et accompagner les équipes qui initient des démarches : le plus difficile étant de savoir comment faire en équipe pour :

  ▻ identifier les bons sujets,

  ▻ analyser les pistes de recherche les plus pertinentes,

  ▻ imaginer des solutions nouvelles dans son entreprise,

            ▷ sélectionner sans perdre l'originalité et la puissance de l'idée de base,

            ▷ organiser l'idée en plan action.

• communiquer et de cultiver l'innovation (« jardiner » dit François LEPOIVRE de SOLVAY !) : l'innovacteur est un promoteur de l'innovation. Il est soutenu par le patron de l'entité qui met à sa disposition les ressources internes pour informer de ce qui se fait, pour mettre en place des formations à la créativité, de conduite de projet et de démarches d'innovation. Il faut se rendre compte, ajoute François LEPOIVRE, de deux difficultés rencontrées sur le terrain :

            ▷ les innovateurs sont comme des bénévoles : cette fonction n'est pas rémunérée en tant que telle. La question de la professionnalisation de l'innovation peut se poser comme elle s'est posée pour la qualité ou la communication interne,

            ▷ on se retrouve confronté à deux logiques du temps : la méthodologie n'est crédible que si elle apporte des résultats et comme elle est liée à une évolution des comportements, elle met beaucoup de temps pour y arriver … et pour avoir des résultats, il faut mettre une méthodologie en place … Or, en général, les résultats sont attendus dans un délai très bref !

▷ **Les 5 C du credo de l'innovacteur**
Créez ! Copiez !
Communiquez !
Croissez !
Et Croyez-y !

Les « innovacteurs » constituent un réseau animé par un « coordinateur général » (un directeur ou un responsable de l'innovation au niveau du groupe ou de l'ensemble de l'entreprise).

Les innovacteurs se retrouvent plusieurs fois par an (de 2 à 5 ou 6 fois selon les entreprises) pour :

• réaffirmer et réactualiser éventuellement les orientations stratégiques de l'entreprise en matière d'innovation,

• faire un point sur les principales innovations dans chaque unité,

• pratiquer des échanges d'expérience,

• exprimer tous les besoins en terme de fonctionnement, d'accompagnement, de formation pour eux-mêmes, pour les managers et pour les collaborateurs…

• remettre le cas échéant les prix innovation prévus,

• se donner de nouveaux défis pour les semaines à venir.

© Éditions d'Organisation

Les concours et les trophées

Attention, c'est l'heure de la remise des prix et des trophées : les candidats sélectionnés se déplacent parfois de tous les coins du monde pour cet événement international : la cérémonie. C'est le moment de relire les règlements écrits pour partager le mode d'emploi du concours, les mots en majuscules se bousculent : Trophées, Jury, Médaille, Membres, Valorisation… c'est donc très officiel !

Les concours et les trophées ne sont pas en eux-mêmes des dispositifs pour manager l'innovation participative. Ils sont plutôt l'aboutissement d'un système de stimulation global qui passe par le management, la communication,… Ils constituent la partie festive et visuelle d'un dispositif plus large de gestion des idées.

Si nous présentions les concours comme un dispositif en tant que tel de l'innovation participative, cela pourrait laisser penser que les promoteurs d'idées ne rentreraient dans le processus que pour la gloire. S'ils innovent, c'est avant tout pour le plaisir d'élaborer des réponses qui font progresser leur métier.

Les avantages des concours et trophées

Les concours et les trophées cumulent un certain nombre d'avantages.
- Ils indiquent la valeur des idées par une hiérarchisation selon des critères spécifiques à l'entreprise. C'est l'occasion de montrer quels sont les critères d'évaluation, de partager la politique et le sens de cette politique,
- Ils sont précédés, accompagnés, suivis d'une importante communication qui touche ainsi l'ensemble des salariés d'un groupe, y compris au niveau international,
- Ils mettent en scène tous les acteurs, toutes les structures d'un groupe : dans la course tout le monde est représenté (pays, centres de profit, filiale, grandes directions),
- Ils témoignent de la volonté de reconnaissance, de valorisation des porteurs d'idées, des innovateurs qui en deviennent les héros (en récompensant autant les collaborateurs que leurs managers).

Exemple

En 2000, chez GAZ DE FRANCE, les quatre grandes directions du groupe sélectionnent des équipes pour concourir en finale. Le concours est ouvert à toute personne de l'entreprise se présentant seule ou en équipe jusqu'à quatre personnes. Les demi-finales correspondent au concours au sein de la direction d'appartenance, les finales sont inter-directions. Après avoir évalué les 65 dossiers sélectionnés par les directions, le jury national retiendra quatorze dossiers. Primés avec sept dossiers de premier rang et sept mentions spéciales.

Les critères d'évaluation sont :

- l'originalité,
- la simplicité,
- l'amélioration des performances,
- les résultats,
- le travail d'équipe,
- la transférabilité,
- l'adaptation d'une initiative venue d'ailleurs (ce critère s'excluant par rapport au critère originalité).

Dans le concours organisé par GAZ DE FRANCE, l'originalité est d'avoir su communiquer tout un système de valeurs par les sept mentions spéciales :

Prix Euréka
« Il suffisait d'y penser » pour récompenser les bonnes idées qui simplifient la vie

Prix Ensemble
« De la coopération jaillit la lumière »

Prix Espoir
« Une excellente idée à creuser »

Prix Excellence
« Renforce nos avantages concurrentiels »

Prix Efficacité
« Plus de résultats avec moins de moyens »

Prix Environnement
« Toujours plus respectueux »

Prix Bis Repetita
« Copié, c'est gagné » pour les meilleurs prolongements dans des contextes différents d'innovations ou d'initiatives antérieures.

L'originalité dans la toute la communication interne développée autour des trophées de l'initiative est la création de quatre personnages incarnant les quatre grandes directions du groupe GAZ DE FRANCE :

- Arthur, convivial, débrouillard et inventif : il aime travailler en équipe au sein de la Direction Transport,
- Rex, chez EDF GDF Services est la mascotte des promoteurs innovation, un fox terrier obstiné comme il faut l'être pour faire aboutir des projets innovants,
- la curieuse et malicieuse Inventine qui symbolise l'activité et la réactivité pour la Direction Recherche et aussi le plaisir que les chercheurs prennent à concevoir et réaliser ensemble,
- pour la Direction Développement international, Idéamax : il se montre déterminé, curieux, audacieux, solidaire et infatigable.

D'après le supplément à Gaz de France, *Informations*, n° 551, mars-avril 2000. ■

© Éditions d'Organisation

6 ÉTABLIR LA MESURE ÉCONOMIQUE DU PROGRÈS

La réduction des coûts

Quand la mise en place d'une idée nouvelle réduit des coûts, la mesure reste simple à effectuer. Les exemples sont nombreux.

Exemple

Quand chez FORD FRANCE AQUITAINE, le service du personnel a suggéré des bulletins de vote informatiques pour élire des délégués du personnel, cela s'est traduit par une économie de 500 000 F. Chez CITROËN, 280 millions de francs ont été économisés par le dispositif de management participatif des suggestions.

L'Usine Nouvelle, octobre 1999, n° 2706 bis, page 26.   ■

Sur un site de production, l'arrêt d'une production pour cause de maintenance est parfois très coûteux.

Exemple

Chez l'un de nos clients, des équipements étaient en arrêt pendant 3 semaines tous les deux ans. Grâce à une démarche d'innovation participative, l'ensemble de l'organisation a été repensée : en effectuant un arrêt de 12 jours plutôt qu'un arrêt de 21 jours, cela permet un gain d'1 MF par jour.   ■

Plus largement, les études faites au Royaume-Uni sur l'efficacité économique des systèmes de suggestions estiment que ces dispositifs ont au minimum un rendement sur investissement de trois pour un au cours des deux premières années de mise en œuvre. Certains systèmes ont des rendements de quatorze pour un, voire davantage.[6]

La mesure des suggestions liées à des réductions de coûts est plus facile que celle des suggestions relatives à la sécurité, à la relation client, aux conditions de travail…

Les « gains « inattendus »

Plus on investit dans le système de suggestions, plus il est nécessaire d'en mesurer le retour sur investissement.

Antoine HÉRON observe chez RENAULT le gain obtenu dans des dépenses prévues qui n'ont pas été réalisées du fait de l'innovation participative. En règle générale, la majorité des percées proposées et mises en application n'étaient pas prévues.

---

6. Source : le manuel *Comment mettre en place un système de suggestion ?* traduction française en 1996 par Antoine HÉRON pour le Pôle Initiative et Créativité de l'ouvrage écrit sur le sujet par Amanda DUNN et Geoff LLOYD.

La mesure du progrès peut aussi s'effectuer en terme de résultats qualité, sécurité, en terme de réactivité, d'apprentissage…

Exemple

Chaque année le Pôle Initiative et Créativité du Mouvement Français pour la Qualité effectue une enquête auprès d'entreprise animant un système de management des idées. En 1999, les vingt entreprises ayant répondu à cette enquête réunissent au total 216 000 personnes.

La moitié des secteurs d'activité a pris soin de mesurer les économies réalisées ; il s'agit de l'aéronautique, l'automobile, la chimie, l'électronique et la métallurgie. Là où les économies ont été mesurées, à savoir pour 123 000 salariés, l'étude indique des gains de 565 MF, soit 86 133 694,74 euros, soit une économie moyenne de 4 600 F par salarié et par an, soit 701,27 euros. ∎

Cela vaut le « coût » !

Calculez à combien s'élèverait chez vous les gains réalisés en fonction du nombre de salariés de votre entreprise.

Exemple

Quarante années durant, la compagnie néerlandaise de Télécom a mis une boîte à idées à la disposition de ses employés afin de les impliquer. L'objectif économique n'était pas mis en avant : l'objectif était avant tout d'associer les salariés.

C'est en 1993 que la simple boîte à idées devient un véritable système de suggestions. Le fait d'animer ce système (communication, stimulation, récompense,…) a conduit KPN Télécom à mesurer les gains économiques engendrés par les idées mises en œuvre.

Dates	Nombre d'idées	Temps de traitement moyen par idée	Gain net
De 1952 à 1992	40 000 (soit 1 000/an)	20 semaines	nul
1993	5 500	7 semaines	10 millions de florins soit 4 537 802,16 euros
1996	6 700	6 semaines	30 millions de florins soit 13 613 406,48 euros
1997	6 800	9 semaines	80 millions de florins soit 36 302 417,29 euros

Source : Conférence annuelle de l'association suédoise pour la promotion des idées
(à Stockholm les 26 et 27 mai 1999). ∎

© Éditions d'Organisation

7 GÉRER LA RECONNAISSANCE

Comment reconnaître la contribution des innovateurs dans l'entreprise ?

Avant d'adopter un système de reconnaissance, chaque entreprise qui se lance dans une démarche d'innovation participative doit se limiter à des expérimentations. Pour autant, aucun système n'est définitif car la signification de l'innovation change avec l'habitude, les exigences nouvelles et l'éternel risque d'institutionnalisation de tout procédé y compris les plus révolutionnaire ! Certaines start-up ne se posent-elles pas déjà la question de savoir comment développer l'« esprit procédure » tout en conservant « l'esprit innovateur » !

Prévoir l'accueil des idées

L'écoute et l'accueil des idées sont précisément décrits lors de la mise en place de systèmes de suggestions au sein de grandes structures. Le mode d'accueil varie en fonction de la structure de l'entreprise, de sa culture et tient compte des freins spécifiques à l'innovation dans telle ou telle entreprise.

Exemples

Lors d'un débat animé en avril 1999 par l'ASSOCIATION DES AMIS DE L'ÉCOLE DE PARIS DU MANAGEMENT, les intervenants témoignent des conditions d'accueil des idées.

Au ministère de la Défense, les innovateurs envoient directement leur dossier en central, à la mission innovation. Ils y sont reçus par le général Alain BONAVITA : « Pour ne pas intimider le malheureux sergent innovateur, nous avons choisi un lieu facile à trouver à Paris, au pied de la tour Eiffel et je me garde bien de me mettre en tenue ! Mais ce n'est pas le plus important : c'est l'accueil, l'effort de communication, créer une ambiance de confiance ».

À la RATP, le délégué de la mission innovation se rend souvent sur le terrain à la rencontre des innovateurs. La RATP a l'avantage d'être très localisée, ce qui permet d'aller facilement sur le terrain. Comme l'explique Hubert RICHARD, direction générale de la qualité : « Que le délégué vienne rencontrer l'innovateur (ce qui n'échappe pas à ses collègues) ou que l'innovateur se déplace, l'important est la relation de confiance créée avec l'innovateur au moment de cette rencontre ». ■

Évaluer les innovations

Un jour ou l'autre vient le moment de l'évaluation des innovations proposées. Il n'est certes pas aisé d'évaluer les idées ou le degré d'innovation des propositions faites.

C'est en amont du pilotage d'innovation participative que se déterminent les facteurs de sélection, bien avant l'étape de production d'idées.

Dans le cas d'un processus d'innovation ayant le souci d'apporter de la rupture, nous mettons l'accent sur les défis :
- représentant un vrai défi, quasiment impossible à relever, par opposition à une « simple » amélioration,
- intéressants ou prioritaires aux yeux des clients internes,
- dont les résultats seraient mesurables économiquement,
- mobilisateurs, motivants pour les personnes qui auront à les relever.

Les critères d'évaluation doivent être précisés dès le départ à la fois pour développer un mode d'innovation en phase avec la politique de l'entreprise et avoir un contrat clair vis-à-vis des porteurs d'idées sur la façon dont seront reconnues leurs idées.

Exemple

À la RATP, des commissions d'utilisateurs potentiels (managers internes) donnent leur avis par écrit. Chaque réponse est notée de E à A par intérêt décroissant.

Les labels E et A, aux deux extrêmes, correspondent aux idées qui sortent du règlement de l'entreprise ou de la réglementation nationale.

Le label E est attribué aux projets les plus intéressants qui pourraient aider à faire évoluer les réglementations.

Le label A est donné aux projets méritants mais politiquement inacceptables.

Le label B sert à refuser les projets qui n'ont qu'un intérêt local.

Le label C reconnaît les projets aboutis et intéressants qu'il faudra faire connaître à leurs utilisateurs potentiels.

Le label D qualifie les projets pas tout à fait achevés qui fonctionnent localement mais qui devront être revus par des experts plus pointus afin d'être généralisés.

D'après le bulletin n° 5 du Pôle Initiative et Créativité – Institut Qualité et Management – Mouvement Français pour la Qualité – décembre 1999. ■

Fixer les règles du jeu en matière de reconnaissance

L'étude annuelle menée par l'Institut Qualité Management montrait en 1999 que dans 2/3 des cas, des primes spécifiques sont attribuées aux auteurs des systèmes de suggestions mais que les montants maximaux de ces primes ont tendance à baisser. Elles dépassent rarement 6 000 F soit 914,69 euros dans une entreprise moyenne et 30 000 F soit 4 573, 47 euros dans une grande entreprise.

Exemples

Dans le système de suggestions mis en place chez KPN Télécom, la grille suivante a été proposée. Chaque idée reçue est classée dans l'une des trois catégories suivantes :
- si l'idée est appliquée : les porteurs de l'idée reçoivent une récompense soit 10 % des économies brutes engendrées ou bien un montant de points ayant une valeur en interne,
- si l'idée est jugée bonne mais pas appliquée : les auteurs reçoivent une prime d'encouragement (allant de 50 à 250 NLG, soit 22,69 à 113,45 euros),
- si l'idée est rejetée : les porteurs de l'idée reçoivent un petit cadeau.

À la RATP, pour qu'une innovation rapporte de l'argent à son auteur, il faut qu'elle puisse servir à d'autres entreprises, sur d'autres marchés. Si elle touche le grand public et qu'elle peut être diffusée à grande échelle, cela peut rapporter de l'argent au porteur de l'idée. En revanche, les innovateurs ne gagnent rien si l'innovation n'intéresse que le périmètre de la RATP.

D'après le bulletin n° 5 du Pôle Initiative et Créativité – Institut Qualité et Management – Mouvement Français pour la Qualité – décembre 1999.

Chez RENAULT, les contreparties tiennent compte de deux sortes d'idées :
- les idées locales qui peuvent être décidées sur place par le responsable hiérarchique N+1 de l'innovateur,
- les idées « analytiques » qui s'appliquent à une échelle plus générale et qui requièrent souvent un expert qui juge de son opportunité (idée nouvelle chez RENAULT, apport d'un progrès identifiable, analyse des améliorations possibles, bénéfice pour RENAULT).

Les idées locales (environ 90 % des idées) sont rémunérées sous forme de « points de participation », un point valant entre 100 et 400 F, soit 15,24 et 60,98 euros, selon les établissements, dans une limite annuelle de 10 points.

Les idées analytiques peuvent rapporter davantage à leurs auteurs (en cas d'une prime dépassant 1 000 F soit 152,45 euros, l'avis du chef de département est nécessaire, en cas d'une prime de 5 000 F soit 762,25 euros, l'avis du directeur d'établissement est nécessaire) avec un plafond prévu à 30 000 F soit 4 573,47 euros.

Dans le cas où une idée n'est pas retenue, le ou les auteur(s) est(sont) averti(s). Il peut lui être demandé de l'améliorer et de la représenter.

Aux « suggestions traditionnelles » essentiellement spontanées se substituent de plus en plus les « actions remarquables » pour l'initiative et/ou la créativité mises en commun. ■

La notion de récompense

Les experts des systèmes d'innovation prennent avec des pincettes la notion de « récompense ». La récompense, somme d'argent ou autre, a l'inconvénient d'être éphémère : elle peut avoir des effets démobilisateurs une fois que les personnes redescendent de leur piédestal.

On lui préfère par exemple les témoignages qui sont plus durables étant par définition partagés largement dans l'entreprise donc dans de nombreux esprits, à la différence de la récompense qui elle va uniquement dans la poche des auteurs de l'idée.

Exemples

Aux POMPES FUNÈBRES GÉNÉRALES, « Nous ne rémunérons pas les idées adoptées. Nous misons sur le volontariat. » témoigne le directeur qualité Pierre GIRAUD. « Notre personnel aime son métier passionnément car il y a des valeurs humaines très fortes. »

Chez SODHEXO, les innovateurs gagnants au Forum mondial sur l'innovation (an 2000) ont remporté un ordinateur avec lecteur DVD. Marja-Liisa PIHLSTROM, directeur de l'Innovation explique : « En général, nous leur offrons un voyage mais ce Forum était placé sous le signe des nouvelles technologies. Nous ne donnons pas de prime car l'innovation fait partie de la culture SODEXHO ALLIANCE : elle constitue l'un des principaux objectifs pour chaque manager et chaque salarié. Donc l'évolution des salaires prend déjà en compte les efforts consacrés à l'innovation ». ■

De nombreuses entreprises craignent que la récompense financière crée des effets pervers. Chez HEWLETT-PACKARD, Pierre FANTOBO[7] explique : « cela voudrait dire que l'on ne bouge pas tant que l'on n'a pas de prime ».

En érigeant l'innovation autour d'un système de récompense, on nie le fait que la créativité fait partie de la contribution de tout un chacun dans le cadre de son travail.

C'est une des difficultés rencontrées dans de nouveaux systèmes de suggestions : souvent les salariés présentent des initiatives qui relèvent finalement de leur travail tel qu'il est exigé ou contractualisé au départ. Il n'est donc pas possible de « récompenser » une idée qui a déjà été achetée par le salaire touché chaque mois.

La question c'est « À partir de quel moment on en fait davantage que ce que l'on attend de vous dans le cadre de votre travail de base ? »

Bernie SANDER, auteur de *Les systèmes de suggestions en révolution*[8] conseille de dissocier les récompenses financières du salaire. La récompense en espèces sonnantes et trébuchantes doit être réservée à de fortes innovations. Il vaut mieux, selon lui, concrétiser la récompense par un système de cumul de points ultérieurement convertis en argent ou par la remise de bons d'achat.

L'essentiel est d'établir une reconnaissance totalement dissociée du salaire de façon à la rendre parfaitement identifiable.

---

7. *L'Usine Nouvelle*, octobre 1999, n° 2706 bis, pages 28 et 29.
8. Édition française chez JVSD-Paris-1995.

© Éditions d'Organisation

Exemple

Chez FORD FRANCE à Blanquefort, les bons d'achat donnés aux auteurs des suggestions représentent une valeur cumulée allant de 11 à 18 % du gain annuel que la suggestion permet de réaliser. L'originalité du système mis en place à Blanquefort est de récompenser les différentes personnes qui se sont impliquées dans la suggestion :
– l'auteur initial touche 90 % de la somme remise pour l'idée,
– le technicien qui a apporté sa contribution ou travaillé à peaufiner l'idée touche 10 % de l'idée,
– le hiérarchique touche un forfait symbolique (50 F soit 7,62 euros en 1999) par idée appliquée.

L'Usine Nouvelle, octobre 1999, n° 2706 bis, pages 28 et 29.   ∎

Disposer d'une palette de modes de reconnaissance

La concrétisation de l'idée

La concrétisation de l'idée est déjà une forme de reconnaissance efficace. Michel BRISSON, responsable de la mission innovation à EDF-GDF SERVICES le confirme : « la plus belle des récompenses pour l'innovateur, c'est de voir sa suggestion prise en compte puis généralisée, de voir sa proposition dans "les voitures bleues" »[9].

Les prix d'excellence et la certification... les enquêtes clients

Lorsque le personnel accumule des prix et des certifications depuis 1997, cela représente une réelle émulation.

Exemple

C'est le cas de la MAIRIE DU PECQ-SUR-SEINE depuis 1997.

« Le premier prix du Mouvement Français pour la Qualité en 1997, la première mairie à avoir fait certifier des services administratifs, la première bibliothèque municipale d'Europe certifiée en l'an 2000, d'autres services déjà certifiés comme l'accueil, les actes d'urbanisme, les actes d'état civil, les inscriptions sur les listes électorales...cela représente une énorme récompense pour le personnel » explique la directrice des ressources humaines ». Le personnel est assez fier car au début, la norme ISO ne concernait que le privé.

Les résultats positifs des enquêtes de satisfaction viennent renforcer cette fierté d'avoir mis en pratique ces démarches d'innovation.

« Nous sommes considérés par l'extérieur comme une ville pilote : l'accompagnement à la certification a été pris en charge par le CNFPT ».

Interview en février 2001 de Nicole GAUTIER, DRH de la MAIRIE DE PECQ-SUR-SEINE.   ∎

---

9. Source : Conférence des Amis de l'École de Paris – Bulletin n° 5 du Pôle Initiative et Créativité – Institut Qualité et Management – Mouvement Français pour la Qualité – décembre 1999.

Exemple

LE MODÈLE D'EXCELLENCE EUROPÉEN,

L'EFQM (European Fondation for Quality Management), met l'accent sur l'écoute et la reconnaissance des salariés.

Dans le chapitre sur le management des ressources humaines, les entreprises sont amenées à s'interroger sur leur pratique du management par la reconnaissance.

Ce point est assez souvent mal noté et fait l'objet (suite à une démarche d'auto-évaluation) de fréquentes interventions de cabinets en management.

Que fait l'entreprise pour développer et libérer le potentiel du personnel ?

Comment encourage-t-elle l'implication individuelle et collective dans les activités d'amélioration permanente ?

Comment sont encouragées les initiatives et l'innovation ?

Comment l'entreprise assure-t-elle une rémunération cohérente avec les objectifs de l'entreprise ?

Comment sont reconnus les efforts et l'implication du personnel ? ■

De l'argent, des voyages en cadeaux, des bons d'achats,... une lettre du directeur

Les formes de reconnaissance matérielles ou en nature sont toujours très appréciées par les salariés.

Exemple

EDF-GDF SERVICES varie les formes de reconnaissance. Cela peut être une somme d'argent : le mérite de l'innovateur est évalué par le hiérarchique local. S'il décide de donner une certaine somme d'argent, la mission innovation double la mise. Dans certains cas, l'innovation peut accélérer une promotion. Parfois, la reconnaissance prend l'allure de « cadeaux » en nature selon le principe de la stimulation : un voyage en famille.

Dans un registre symbolique, chez EDF-GDF dès qu'une idée est reconnue utile à généraliser, l'innovateur reçoit un courrier personnalisé signé du directeur d'EDF-GDF.

D'après le supplément à Gaz de France, *Informations*, n° 551, mars-avril 2000. ■

Le point de vue du coordinateur de l'Innovation chez SOLVAY en France, François LEPOIVRE, résume l'importance de jouer sur plusieurs leviers...sans créer la confusion : « *Nous distinguons bien l'acte managérial de reconnaissance de la récompense financière. Les deux sont indispensables. Mais ce qui nous paraît extrêmement important, c'est le "fun", le plaisir de se révéler et d'aider les autres à se révéler* »

© Éditions d'Organisation

Le **POINT** *Comment valoriser les auteurs de suggestions ou les acteurs de l'innovation ?*

Rendre **visibles** les meilleures innovations par l'affichage, les journaux internes, les vidéos, les événements, les éloges publics.

Remettre régulièrement des **récompenses symboliques** sous forme de diplômes, de Trophées, de voyages, de bons d'achat, de cumuls de points…

Reconnaître **d'autres critères que la seule rentabilité** tels que la coopération, l'originalité, la sécurité, la satisfaction des clients.

Faire de la créativité un critère **d'évolution professionnelle.**

D'après un article de l'*Usine Nouvelle*, octobre 1999, n° 2706 bis.

Le **POINT** *Manager la reconnaissance*

Une entreprise où l'on se sent reconnu est une entreprise qui met en œuvre cinq clés :
1. Promouvoir la créativité comme valeur et comme pratique en donnant à chacun la liberté d'exprimer et de mettre en œuvre sa créativité.
2. Connaître les personnes et le leur prouver par les entretiens individuels, les promotions, les primes liées aux résultats.
3. Recueillir les réactions des clients en montrant comment ils perçoivent le travail effectué, ce qu'ils apprécient le plus et ce qu'ils souhaitent.
4. Valoriser les réalisations remarquables en communiquant sur ces réalisations, en y associant toujours un plus grand nombre.
5. Développer le sentiment d'appartenance par une fusion entre son image, sa vision du futur et celles de ses salariés.

D'après le dossier de la revue *Qualité en mouvement* n° 39 (avril/mai 1999)

Par exemple, chez RENAULT, on tient à développer en simultané quatre niveaux de reconnaissance :
- *la reconnaissance professionnelle* : l'initiative et la créativité doivent être prises en compte dans les entretiens professionnels, périodiques, et dans les analyses de développement professionnel de chaque membre du personnel.
- *la reconnaissance honorifique :* les réalisations les plus remarquables, individuelles ou collectives doivent être portées à la connaissance de la Direction, voire de l'ensemble du personnel : la hiérarchie est invitée à se rendre sur place pour se rendre compte des progrès accomplis et des difficultés qu'il a fallu vaincre pour y parvenir,
- *le prolongement du plaisir :* innover et créer procurent fierté et joie d'avoir su résoudre un problème, trouvé une solution nouvelle. Ce plaisir se prolonge et se partage (voyages, repas, fêtes…), c'est la récompense après la prise de risque, les incertitudes, les difficultés rencontrées ; cela encourage à repartir vers de nouveaux défis à relever,
- *la reconnaissance économique :* la reconnaissance économique est une dimension essentielle de la reconnaissance de l'initiative et de la créativité de chacun dans l'esprit d'un « partage des résultats » mais elle ne doit pas être la seule ni même la première dimension de la reconnaissance.

À noter que l'invention pose le problème de la propriété. D'après la loi, l'inventeur a l'obligation de déclarer à son employeur toute invention. Si cette invention a été faite en dehors du cadre des fonctions du salarié, celle-ci lui appartient, Si en revanche, il est « payé pour cela », si cela fait partie de ses missions de base, c'est l'employeur qui est propriétaire de l'invention.

8 PENSER EXPÉRIMENTATION : L'EXEMPLE DU PROTOTYPE

L'expérimentation constitue une des bases les plus naturellement acceptables pour innover. Il s'agit bien de « gérer l'inconnu ». L'enjeu est stressant parce qu'il implique autant la probabilité de l'échec que la nécessité de gain inhérent à l'innovation.

L'expérimentation part le plus souvent d'un prototype : modèle de l'objet à innover qui permet de simuler. L'expérimentation par prototype représente le processus le plus complet d'une démarche d'innovation : il s'agit de concevoir, de tester, d'affiner, de réfuter, de valider.

Les règles à observer pour rentabiliser l'expérimentation

1) Fragmenter la recherche en sous-problèmes

Faire appel à la démarche EDITO©[10] et développer les étapes Explorer (« comment faire pour... ») et Disséquer (de quelles manières pourrions-nous...). Plutôt que traiter un problème dans sa globalité, extraire des pistes et sélectionner celles qui concernent les principales incertitudes à éclaircir : celles qui sont pressenties comme sources bénéfiques et celles qui représentent le plus de zones obscures.

> L'expérimentation est exigeante pour les responsables RH et financiers notamment car il leur revient de décider d'investir ce qui n'existe pas ! D'où l'importance d'une vision de la finalité, d'une promesse de réponse à des enjeux forts et non de l'attente immédiate d'une réussite à 100 %.

2) Échouer le plus vite et le plus souvent possible

Un prototype sert à innover à moindre coût. Créer quelques indicateurs facilement repérables qui montrent si le prototype permet d'atteindre ou non les objectifs attendus. Au moindre signe de défaillance, stopper, analyser, retenir l'enseignement, corriger le tir et relancer très vite.

3) Ne pas perdre de vue l'objectif de départ

Le moment arrive où le prototype a réussi sa mission : identifier cette phase, exploiter les résultats acquis et courir après un nouvel objectif.

---

10. Voir chapitre 8.

© Éditions d'Organisation

La dimension mentale de l'expérimentation

L'expérimentation par la mise en œuvre d'un prototype représente une activité clé de l'innovation participative, dans la mesure où elle agit autant sur les techniques ou les systèmes que sur le mental des acteurs, en :
• mettant à l'épreuve les modèles mentaux,
• explorant et éclairant les zones d'incertitude,
• créant une vision et un langage communs entre les acteurs,
• stimulant la créativité et la motivation,
• suscitant des modes de pensée propice à l'innovation elle-même.＊

* d'après l'article Les conditions de l'innovation radicale, Robert SHELTON, *Management Review*, n° 97, juin 2000.

Les quatre domaines de l'expérimentation

L'expérimentation s'exerce dans quatre domaines complémentaires :
• la technologie : faisabilité d'une technologie pour une performance à coût réduit,
• les marchés : existence et émergence d'un marché favorable à l'innovation,
• le financement : fond disponible à temps,
• les ressources humaines : trouver, garder, motiver des collaborateurs.[11]

---

11. Ibid.

Les trois
incontournables
d'une entreprise
qui veut occuper
le terrain dans
les années à venir

EXCELLENCE

INNOVATION

ANTICIPATION

Chapitre 7

Choisir une rampe de lancement : une « start-up » intra-entreprise

1   La start-up : troisième voie entre deux risques
2   La start-up intra-entreprise, mode d'emploi
3   Établir le « business plan » d'une start-up intra-entreprise

1 LA START-UP : TROISIÈME VOIE ENTRE DEUX RISQUES

Tout projet de changement profond comporte un double risque :
- la solution est radicale : le risque est de tout détruire sans être capable de reconstruire du neuf plus performant,
- la solution est progressive : le risque est de vivre dans l'illusion du changement.

Les conséquences peuvent être fatales dans un cas comme dans l'autre :
- la solution radicale s'est attaquée de front aux structures, les opérations de *reengineering* en sont le meilleur exemple. Le succès des techniques table rase reste à démontrer. On peut l'estimer à 1/10. Autant ce chiffre peut s'appliquer légitimement aux taux de réussite d'un prototype, qui comprend naturellement une marge d'erreur élevée, autant il devient insupportable quand il s'agit de communautés humaines ;
- La solution progressive génère de l'amélioration, voire de l'excellence, mais pas forcément d'innovation : le danger alors est d'avoir l'impression d'innover quand on se contente de rationaliser. C'est ce que nous enseigne l'aménagement et la réduction du temps de travail, loi Aubry dite loi des 35 heures, ou des opérations réduction de coûts qui n'ont finalement été qu'un travail rigoureux sur la valeur ajoutée de chaque tâche et de chaque processus.

La start-up : la stratégie du Cheval de Troie

> Toute innovation doit être source de profit.
> Mais toute source de profit n'est pas de l'innovation !

La question est de savoir où l'on veut être les premiers et comment y faire croître son leadership. Cette ambition n'a plus rien à voir avec une opération réduction des coûts !

L'innovation participative permettra d'obtenir les résultats attendus à condition de conduire la démarche simultanément sur deux vitesses :
- une course de fond dont le défi concerne tous les acteurs, une démarche massive et irréversible qui s'inscrit dans le temps et produit des résultats fragmentés et irréguliers, telle que nous l'avons décrite,
- un sprint, lancé en marge de ce système, et qui fonctionne sur un registre totalement différent : la start-up.

La start-up intra entreprise représente la clé de voûte du dispositif de contournement. C'est un outil de reconnaissance et de conquête, un symbole aussi. La start-up est la preuve concrète que l'entreprise se donne les moyens d'innover et d'anticiper, sans mettre en danger son appareil tout en impulsant en continu des messages de défi et de remise en cause.

© Éditions d'Organisation

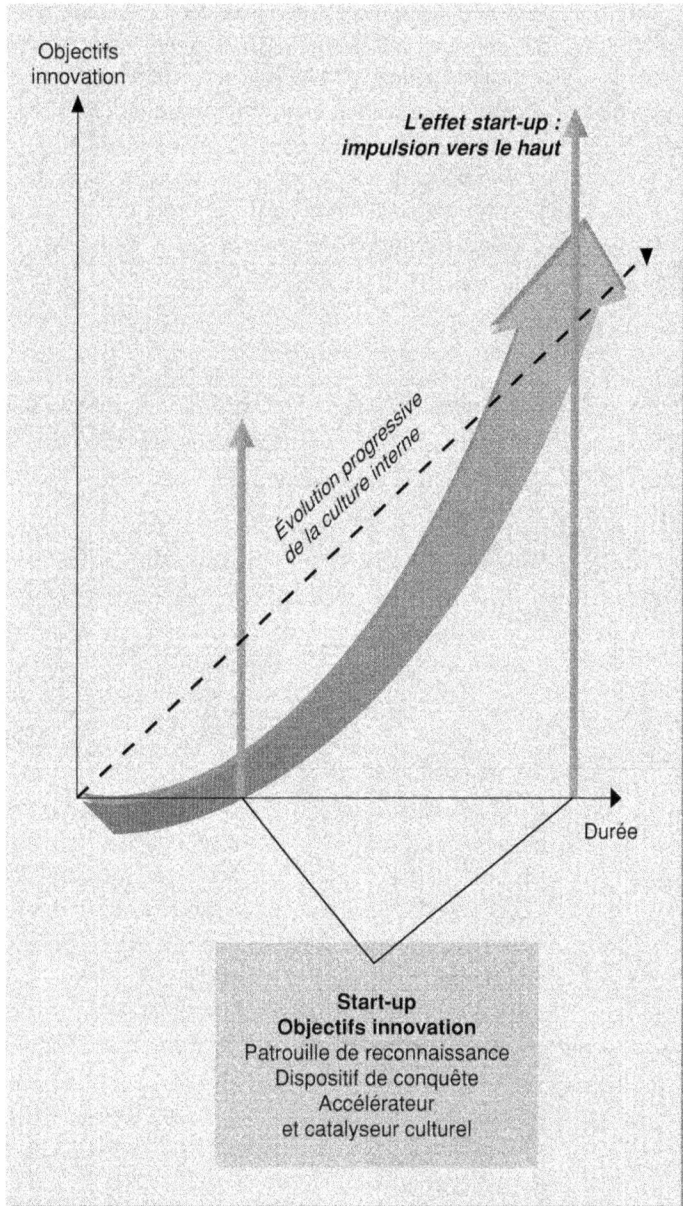

2 LA START-UP INTRA-ENTREPRISE[1], MODE D'EMPLOI

Le propre de n'importe quelle start-up est d'être vendue quand elle a rempli sa mission et ses objectifs. Une start-up intra-entreprise n'est pas un service autonome. Est-ce une forme sophistiquée et extrême du « groupe projet » ? Ou une nouvelle manière de raconter l'histoire de Merlin l'Enchanteur qui disparaît de la scène une fois sa mission accomplie ? En tous cas, il semble que ce soit un bon moyen de donner de la vitesse à des actions, de stimuler les énergies et les ressources, de jouer en dedans et au dehors, de faire de l'« insourcing » sur les bases de l'« outsourcing », bref de faire du profit à court terme.

La start-up « classique »

Une start-up se construit et se développe grâce à trois types d'investisseurs :
1) le capital de proximité incubateur,
2) le capital risque,
3) le capital développement.
Chacun de ces investissements correspond à une étape.

1) Le capital de proximité incubateur est nécessaire aux premiers pas

Il permet, comme son nom l'indique, au projet d'incuber, c'est-à-dire de « couver l'œuf » quand il s'agit d'une naissance, et de donner le temps au microbe contagieux de s'installer jusqu'à ce qu'il se manifeste quand il s'agit d'une maladie !

Concrètement, pendant la période d'incubation et sous le parrainage attentif des incubateurs, les acteurs d'une start-up :
• finalisent leur projet,
• conçoivent leur *business plan* ou *business model,*
• consolident leurs contacts avec les cœurs de cibles de leur marché,
• évaluent le poids de la concurrence,
• organisent leurs ressources humaines et matérielles,
• font leur premier tour de table dit « tour d'amorçage ».

Cette étape est souvent renforcée par l'intervention des « BA », des *business angels* qui font la différence par un apport de fonds qui peut multiplier par 5 ou 10 le capital incubateur. Chacun de ces « BA » peut apporter nominativement jusqu'à 5 à 10 %. Leur contribution est la plu-

---

1. Que certaines entreprises baptisent plus modestement « unités ou structures new business developpment ».

© Éditions d'Organisation

part du temps de nature « matière grise » (conseils en tous genres) et ils se rémunèrent sur le capital (et non sous forme salariale). En très grande majorité, ils interviennent avant la phase de démarrage. En général, les *business angels* sont contactés par les incubateurs, même si certains *business angels* se sentent menacés par la concurrence des incubateurs qui développent une puissance de feu proche de la leur.

La phase incubation dure généralement de trois à neuf mois.

2) Le capital risque : le début de la réussite

Les capital-risqueurs en règle général prennent le dossier en cours. Rares sont ceux qui sont là en amont. Ils alimentent le deuxième étage de la fusée avec des investissements souvent supérieurs à cinq ou dix fois celui des incubateurs et des « BA » réunis. Leur apport garantit le décollage quand les conditions de succès sont réunies. Leur part de risque se situe à la charnière de la réussite et du décollage : la start-up signe ses premières grosses affaires et son crédit d'image est au beau fixe, la start-up transforme ses essais.

Les capital-risqueurs ne prennent aucun risque d'échec de départ. En revanche, ils peuvent être victimes d'un équilibre apparent, qui prend quelques mois à révéler son état réel d'inviabilité ou d'un début de succès fracassant, balayé en quelques semaines par une fragilité liée à un client exclusif qui ne suit pas, ou encore à une incapacité de faire front à la demande.

Les capital risqueurs sont présents jusqu'à la fin de la phase de décollage et au début de la maturité.

3) Le capital développement : du décollage à la maturité

En général, le capital développement arrive au milieu de la phase de décollage, en même temps éventuellement que la mise sur le marché boursier. Il fait l'objet d'un troisième tour de table. Le terme de développement est lié à une étape tout aussi éphémère que des deux précédentes dans la mesure où la start-up est appelée à être rachetée au meilleure de sa forme !

L'expérience montrera en matière de start-up s'il s'agit d'un redémarrage à chaque fois comme il conviendrait à cette forme d'entreprise ou si, démon de l'institutionnalisation faisant, les liminaires qui font l'originalité et la garantie d'innovation céderont la place au développement réitéré purement et simplement qui transformeront les start-up en entreprises ordinaires !

▷ Comment intégrer des procédures dans notre start-up sans tuer l'esprit d'innovation originel ?

Et pourquoi pas des procédures qui développent l'esprit d'innovation ?

Ces modes de fonctionnement et de financement indiquent qu'on est loin de l'entreprise du petit artisan menuisier qui deviendra la chaîne du meuble livré en kit trois générations plus tard ! Et ce n'est pas l'innovation qui est en cause : IKEA a innové en matière d'ameublement, tant au niveau du style (bien loin des commodes Louis XVI !) que de la relation client fournisseur (le client monte son meuble lui-même). Ce qui est en cause, c'est la notion de rapidité. Une start-up est innovante dans son mode de lancement – l'investissement est un catalyseur déterminant – mais pas nécessairement dans ses produits et services si ce n'est par l'avènement des nouvelles technologies.

Par ailleurs, quand on consulte les experts et les investisseurs professionnels, incubateurs et *business angels,* ce sont les premiers à conseiller une prudence digne des morales de La Fontaine : *« démarrez petit avec un capital limité et validez le business plan avec quelques clients »* ! Cette configuration à la fois audacieuse et prudente semble parfaitement bien convenir à une entreprise « normale » qui veut innover pour gagner sans risquer de tout perdre !

La start-up intra-entreprise

▷ Lorsque les règles du jeu changent, tout peut changer !

Une start-up intra-entreprise peut appliquer les même étapes et les mêmes règles d'investissement que les start-up « classiques » tout en se donnant des objectifs d'innovation.

© Éditions d'Organisation

Exemple

Par exemple, une chaîne hôtelière veut lancer un nouveau concept de service multiple à la suite d'une demande répétée de clients qui souhaiteraient trouver les meilleures distractions dans n'importe quelle ville à toute heure du jour et de la nuit, en arrivant à l'improviste. L'idée est séduisante et probablement rentable. Elle implique une parfaite connaissance de la cité, un réseau de partenaires extrêmement variés et fiables, une possibilité de faire une offre totalement personnalisée sans engager d'investissement structurel lourd…

Tester le concept dans l'organisation actuel est compliqué : trop d'aléa et trop d'exigences supplémentaires en terme de service associé par rapport au service de base. La réussite d'un tel projet tient précisément dans le fait que le service de base ne soit plus l'hôtellerie, avec tout ce qu'elle peut comporter de loisirs mais le séjour (très court, une soirée par exemple) avec la garantie de l'hébergement dans les meilleures conditions.

On sait qu'il est plus facile à un organisme qui possède une structure hôtelière complète de gérer un programme de loisirs riche, varié et improvisé que l'inverse. On sait aussi que le propre d'une structure lourde est d'être moins souple dans la diversification d'offres de nature différentes de son métier de base.

En terme de paradigme, la question est de savoir comment transformer le métier d'« hébergeur » (hôtellerie) en celui d'« amphitryon » (celui qui accueille).

La solution start-up permet de :

- construire un projet à part,
- permettre à des salariés volontaires et de bon niveau de se lancer dans une aventure exceptionnelle,
- regrouper les ressources adaptées,
- de bâtir un *business plan* ou *business model* et de les confronter à un marché potentiel,
- de garder la main sur les tours de table (capitaux incubateur, B.A., risque et développement) en maintenant une répartition telle qu'aucun partenaire ne prenne la majorité (n partenaires à moins de 15 % par exemple)
- de développer ce concept jusqu'à son terme, d'en récolter les fruits en matière de finances, d'image externe et de communication interne.

D'après Joel Arthur BARKER, *Les Paradigmes, à la découverte du futur*, Éditions un Mode Différent, Québec, 1992. ■

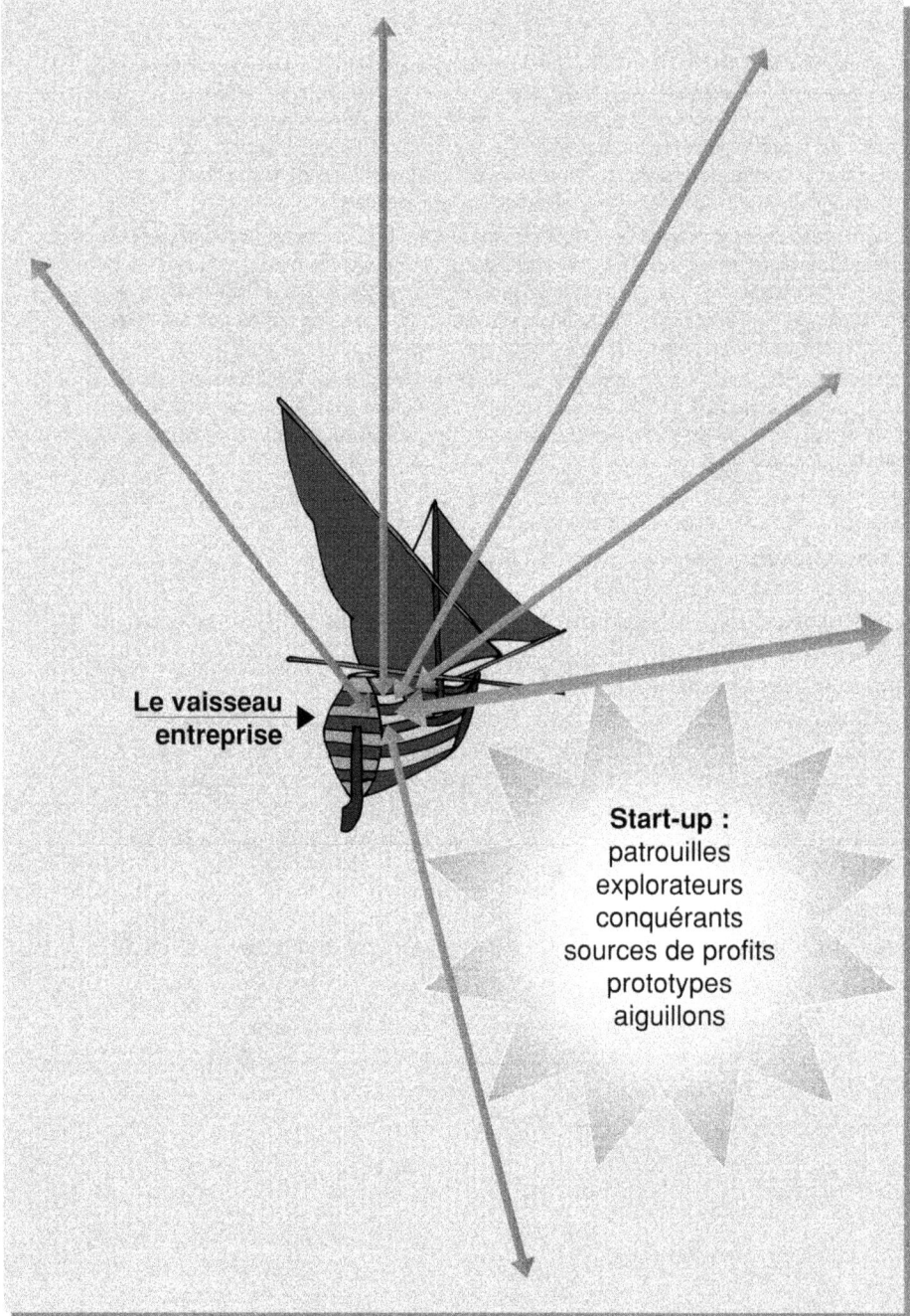

Le vaisseau entreprise

Start-up :
patrouilles
explorateurs
conquérants
sources de profits
prototypes
aiguillons

© Éditions d'Organisation

3 ÉTABLIR LE « BUSINESS PLAN » D'UNE START-UP INTRA-ENTREPRISE

> Les cinq mots les plus dangereux pour l'innovation[2] « Montrez-moi votre plan d'activité »[3]

Ce type de grille permet de voir d'un seul coup d'œil le projet de la start-up.

Exemple de grille pour établir un business plan

PÉRIODES BESOINS	Amorçage	Réussite	Décollage	Maturité
Salaires équipe start-up (temps/personne)				
Salaires équipe de remplacement (si personnel interne)				
Salaires équipes de mise en œuvre (temps/personne)				
PÉRIODES BESOINS	Amorçage	Réussite	Décollage	Maturité
Sous-traitance (conseil, marketing direct…)				
Frais de structures (locaux, moyens…)				
Frais de fonctionnement (prospection, déplacement,…)				
TOTAL BESOINS				
CAPITAL	Incubateur + BA	Risque	Développement	…
C.A.				
RÉSULTATS (bruts)				
RÉSULTATS CONSOLIDÉS				

---

2. D'après l'article *Start-up : « évitez de brûler les étapes »* Consulting – Gilles FORESTIER.
3. Citation attribuée à Lawrence T. BABBIO, extrait de l'article « Les Conditions de l'Innovation Radicale », de Robert SHELTON, *Management Review*, n° 97, juin 2000.

Toute idée est
l'expression d'un besoin.

Tout besoin non satisfait
est une innovation
en puissance

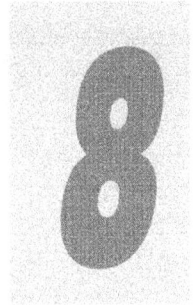

8

Favoriser la créativité

1 FAIRE DE LA CRÉATIVITÉ : UN ÉTAT D'ESPRIT, UNE DÉMARCHE, DES TECHNIQUES

Un état d'esprit

Innover consiste à viser un objectif *a priori* impossible tout en ne se demandant pas *a priori* comment l'atteindre. La créativité implique d'abord de se transporter dans une réalité voulue et de se préoccuper ensuite des moyens nécessaires pour y accéder. La créativité procède d'une naïveté farouche doublée d'une ambition démesurée ! Elle transgresse nécessairement et momentanément les tabous qui imposent un cadre rationnel à toute forme d'activité professionnelle ou non. Elle défie les principes qui blâment la prise de risque ou le rêve irréaliste.

Rêver

« La Raison n'est rien sans le recours de l'imagination » René DESCARTES.

À l'encontre de ces préceptes raisonnables et prudents, la créativité nous invite à risquer de faire l'ange sans craindre de faire la bête, à vendre la peau de l'ours avant de l'avoir tué ou à rêver comme Perrette que son minuscule pot au lait lui donnera accès à la ferme idéale. Imaginons l'inconcevable, projetons-nous dans cet état magique, décrivons-le minutieusement, concrètement et laissons-nous porter par cette croyance qu'il en sortira quelque chose de nouveau, d'inattendu et de… profitable.

L'innovation commence par un rêve et finit par une surprise. Bonne (correspond en mieux à que ce qu'on attendait ou à tout autre chose !) ou mauvaise (la montagne qui accouche d'une souris). La créativité est ce voyage qui mène de l'un à l'autre, qui passe par une série d'étapes dont certaines échappent à l'entendement.

« Nul ne peut engendrer une étoile dansante s'il ne porte en lui le chaos » NIETZSCHE.

En clair, il semble vain de donner raison à une philosophie plutôt qu'à une autre : dans un premier temps, jouons avec le feu assez longtemps pour se donner la chance de s'extraire d'un contexte lesté de contraintes et d'enjeux déclarés intangibles. La nécessité d'ordonnancer les éléments à des fins pragmatiques et réalistes ne risque pas de se faire oublier !

Imaginer

Il est facile d'illustrer ces propos par des paradigmes aujourd'hui révolus. Ceux par exemple qui interdisaient de penser que la terre était ronde et qu'elle tournait autour du soleil ou qu'un corps plus lourd que l'air pouvait voler. Force est de reconnaître que ces « impossibles » étaient imposés par des diktats culturels ou dogmatiques. Les précurseurs qui les ont transgressés avant l'heure ont risqué leur réputation et parfois

© Éditions d'Organisation

leur peau pour permettre à leurs successeurs de profiter de leur hardiesse. Qu'en est-il aujourd'hui ? Quels sont les impossibles « plus lourds que l'air » du troisième millénaire ?

Le triptyque initiatique *découvreurs – inventeurs – innovateurs* est-il voué à conditionner toute forme de créativité à une époque où l'humanité a la capacité de dépasser la vitesse du son et maîtriser celle de la lumière, de modifier l'ordre naturel de la planète, d'outrepasser les limites terrestres ? À notre niveau individuel d'hommes et de femmes, experts en de multiples domaines, une telle porte ouverte sur le meilleur et sur le pire devrait nous inspirer plus de permission que de soumission.

En d'autres termes : qu'est-ce qui nous retient de dépenser de l'énergie et du temps à sortir du cadre des repères connus ? Que risquons-nous à livrer bataille à ces « mammouths » bardés de corporatisme et de certitudes que sont certaines institutions et autres systèmes de fonctionnement ? Qu'est-ce que nous gagnons à nous investir corps et âme dans une productivité à court terme ?

La créativité se donne le droit, (parfois sacrilège !), de se reposer des questions déclarées réglées depuis longtemps ou de faire comme si certaines règles n'existaient pas : c'est le devoir d'insolence auquel elle convie tout un chacun.

L'entreprise ne se situe pas hors jeu du débat qui oppose les croyances en des *a priori* définitivement acquis et celles qui en doutent. Toute forme d'organisation marchande ou non est concernée en tout premier plan en tant qu'institution composée de nombreux systèmes. Et si la créativité est devenue la chasse gardée de certaines fonctions dans les entreprises depuis longtemps, depuis l'époque des fondateurs pour qui elle était une vertu naturelle, puis depuis cette autre époque qui a fait de l'innovation une discipline scientifique, c'est en partie parce que la technologie est devenue la valeur quasi unique. Les R&D et le marketing, se sont appropriés la créativité au même titre que les artistes la création, excluant par-là même les non initiés, interdisant de séjour la créativité dans tout champ non technologiques.

Développer l'esprit de créativité dans une entreprise passe par un horizon à ouvrir sur deux voies :
• se donner la permission d'imaginer des idées inédites…
• dans tous les domaines.

Les sujets ne manquent pas : il en existe autant que de projets innovants à réaliser et que de problèmes à résoudre. Cela consiste par exemple à imaginer de nouvelles manières d'organiser le travail en équipe, de reconnaître et rétribuer la contribution des salariés, de manager la polyvalence des expertises, de créer des relations de partenariat avec l'environnement ou d'associer chaque collaborateur personnellement à la réussite collective de l'entreprise.

Une démarche

La situation idéale désirée est généralement inspirée soit par :
• une vision dans laquelle nous nous projetons (par exemple : dans 3 ans, je veux que tous les collaborateurs de l'entreprise soient associés directement à l'analyse d'un besoin des clients et à la réponse à la demande),
• un état existant insupportable (par exemple : plus de la moitié des messages émis n'obtiennent aucun *feed-back*).

Visualiser mentalement l'idéal à atteindre

Dans les deux cas, qu'il s'agisse d'un projet à mener à bien ou d'un problème à résoudre, l'initiateur d'une démarche d'innovation formule un vœux fort, *a priori* sans précédent et dont les solutions ne sont pas connues. Le défi consiste bien à s'attaquer aux obstacles à franchir, voire de les utiliser à sa cause et de provoquer une situation de rupture. La créativité est l'outil qui aidera le plus sûrement à obtenir ce qu'on veut.

En même temps, le risque existe de confondre la carte et le territoire ! Une démarche créative bien menée conduit chaque protagoniste à visualiser mentalement l'idéal à atteindre. Il le fait d'une façon si convaincante, si « magique » disent certains, que le but semble atteint. La créativité est une arme à double tranchant : sa pratique nous fait découvrir des points de vue parfois inimaginables et cette découverte purement intellectuelle émousse parfois le désir de l'atteindre en réalité. Voire le rejette définitivement, un peu comme on dit de certains spectacles ou de certains livres qui nous ont éblouis que de les revoir ou de les relire risquerait de détruire cette image qui nous remplit. Et si c'est vrai que les plus grandes innovation sont nées d'un rêve, elles se sont toutes confrontées aux lois et aux contraintes de la réalité.

Déboucher sur le concret

En ce sens, la « créativité gadget » a longtemps tué l'esprit de la créativité et surtout discrédité l'innovation elle-même. Délirer autour d'un bac à sable dont chaque grain est censé transformer le plomb en or est un moment agréable et combien détendant. Mais se contenter d'en sortir comme on sort d'un bon film ou d'une partie de cartes passionnante, le cœur réjoui et repus, sans aucune intention d'en transformer la production en une réalité nouvelle, aura fait de la créativité une mode dont on se lassera. À l'instar de l'aérobic ou de la patinette en ville.

© Éditions d'Organisation

☞ « C'est par la logique que l'on prouve, c'est par l'intuition que l'on trouve » Raymond POINCARÉ.

Et paradoxalement, la créativité telle qu'elle est pratiquée ici et là souffre souvent d'être limitée à des exercices amusants, il en sort des idées qui correspondent le plus souvent à des tabous internes qu'on ne se permet pas de transgresser sinon verbalement et sous cape : entrer sans frapper dans le bureau du directeur, par exemple, venir travailler en short ou transformer son entreprise en une immense place publique où chacun pourrait passer.

Il est nécessaire que ces interdits s'expriment mais le rôle de la créativité doit dépasser largement l'effet catharsis de la non-censure. Et pour cela, devenir beaucoup plus ludique et beaucoup plus hardie qu'elle ne l'est aujourd'hui. Les avancées dans l'inconnu et l'immatériel doivent être beaucoup plus poussées, précisément dans l'optique de surpasser les barrières culturelles et les non-dits et de mieux s'investir dans des défis concrets.

☞ Il est beaucoup facile de rendre une idée originale faisable qu'une idée faisable originale.

Pour parvenir à ce résultat, les techniques d'animation créative ne manquent pas. Mais aucune d'elles ne remplacera le désir d'atteindre la situation voulue, ni la nécessité pour toute démarche d'innovation d'être orientée vers une finalité claire.

Les techniques

Rien n'est plus facile que d'exécuter des techniques de créativité et produire des idées au kilomètre. Le défi consiste à les prendre au sérieux et à les traduire en actions efficaces au premier abord souvent déroutant.

Ainsi, résumons le processus innovation participative en trois principes simples.

1) Appliquer la créativité est à la portée de tous
Exactement comme s'il s'agissait d'une recette de cuisine, appliquer une technique de créativité est un processus basique qui marche.

Exemple

Sur une feuille de papier, écrivez un mot au centre et associez tous les autres mots qui vous viennent à l'esprit. Vous en trouverez plus de 20 en 5 minutes ! ■

2) Appliquer des idées à soi-même demande au plus du courage. Faire appliquer des idées à une équipe ou à une société exige une intention clairement exprimée et beaucoup d'attention.

Qu'une idée soit jugée bonne ou mauvaise par la communauté, cela importe peu. Le principe consiste à engager une démarche d'appropriation interactive (selon le schéma cybernétique, voir page suivante).

Exemple

Proposer un système tournant de congé pour permettre à chacun de bénéficier de l'Aménagement et la Réduction du Temps de Travail est une idée, en soi, ni bonne ni mauvaise. Elle sera légitimée si l'intention est clairement expliquée (tel mode d'organisation pour garantir l'équité entre chacun, par exemple) et rendue applicable si la créativité de chacun est mise à contribution pour l'enrichir ou la rejeter et permettre par-là même à chacun d'exprimer son besoin. ∎

N'oublions pas que derrière chaque idée émise se cache un besoin. Et quelle que soit la décision finale, satisfaisante pour une partie seulement des personnes concernées, chacun aura compris l'intention et aura été impliqué dans le débat.

3) *Avoir une idée par jour est une question d'entraînement. Avoir l'idée la plus efficace au meilleur moment est une question d'organisation et d'état d'esprit.*

L'innovation participative ne consiste pas à provoquer systématiquement les situations de rupture à tous moments. Son rôle est de créer un contexte qui favorise l'état de veille, la capacité de trouver les solutions innovantes et d'accepter les changements ou les bouleversements qui s'en suivent.

La créativité fonctionne comme n'importe quelle pratique : il faut l'exercer soi même pour l'apprécier et obtenir des résultats. Tous les exemples de pratique se valent pour démontrer qu'un mode d'emploi appliqué à la lettre aboutit à un résultat opérationnel recevable, la cuisine comme les arts martiaux, l'informatique, la peinture, le surf, le jardinage, la musique, l'expression dans une langue étrangère, la pédagogie, l'écriture, etc. Ce qui fait la différence de qualité dépend d'éléments aussi variés que le talent, l'expérience, l'entraînement, voire la forme physique et psychologique, la difficulté du sujet, la précision des informations, etc.

L'application méthodologique la plus studieuse ne suffit pas. De même que pour n'importe quelle discipline la créativité exige une pratique régulière dont on évalue les effets et dont on fixe de nouveaux degrés de performance. Chaque technique créative est adaptée pour obtenir un résultat spécifique, toutes sont faites pour donner de l'énergie et activer les talents.

La créativité n'échappe pas non plus à un élément déterminant de réussite de toute pratique : la confiance en soi. Le premier obstacle à franchir pour se lancer dans une pratique nouvelle est de s'affranchir du

© Éditions d'Organisation

regard des autres. La peur de rater étant stimulée essentiellement par la honte. Mais le challenge est se lancer sans arrière-pensée et sans crainte. La capacité de vaincre sa peur dépend de son désir de réussir et de son expérience des situations déstabilisantes.

La cybernétique : créativité, communication, innovation

La cybernétique (du grec *kumbernân* : gouverner) est un système de communication interactif. L'émetteur prête autant d'attention à la qualité de son message qu'à celle des données que les destinataires lui retournent. Il les utilise pour enrichir, modifier ou consolider le contenu de son message.

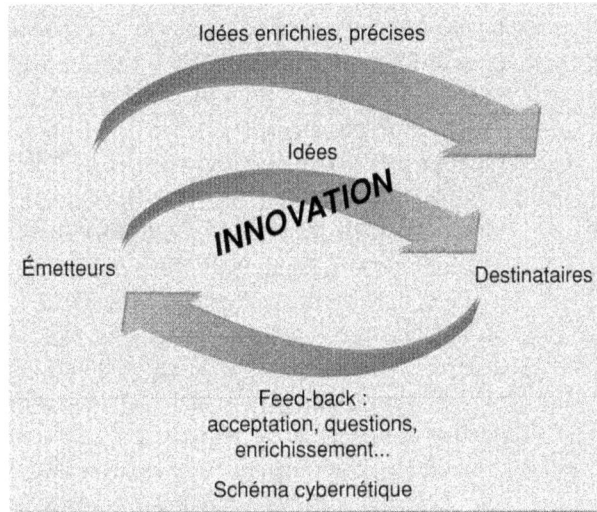

Schéma cybernétique

Nous proposons d'appliquer ce système à l'instauration d'une relation de complicité avec l'entourage dont le *feed-back* sera, comme son nom l'indique, nourricier plutôt que normatif, encourageant plutôt que censeur.

La créativité fournit des idées. La communication permet aux idées de circuler et d'être partagées. L'innovation transforme les idées en valeur ajoutée. L'innovation participative implique tous les acteurs, faisant de ceux qui génèrent la nouveauté et de ceux qui l'exploitent les membres d'une même communauté.

De la créativité à l'innovation il n'y a qu'un pas : le réel.

Source : Luc De Scryver,
Ms.SC Creativity an
Innovation center Europe
in Carrefour de
l'Innovation Participative
et des suggestions,
1er et 2 décembre 1999,
Marne la Vallée. Pôle
Initiative & Créativité.
MFQ

**De la créativité à l'innovation
il n'y a qu'un pas : le réel**

CRÉATIVITÉ		*INNOVATION*
Imagination	➡	Mise en œuvre
Processus	➡	Produit
Générer	➡	Développer
Nouveauté	➡	Utilité
Conceptuel	➡	Concret

Les deux logiques

La clé de la créativité tient dans le va-et-vient entre deux formes de logiques différentes :
• la logique linéaire : pour me rendre de A à Z, je dois passer par B, puis par C, puis par D, etc.,
• la logique globale : pour me rendre de A à Z, j'ai une vision panoramique de l'alphabet qui me permettra éventuellement d'entrer par F pour aller à W et de passer par O pour assembler T et C…

Chacune de ces logiques correspond à un hémisphère du cerveau. La logique linéaire au cerveau gauche et la logique globale au cerveau droit. Cette découverte du docteur SPERRY, Prix Nobel 1981, sans doute discutable sur un plan purement « géographique », apporte en revanche un éclairage précieux sur le fonctionnement alternatif « bi-hémisphérique » de la pensée. La créativité et l'innovation résultent d'un dialogue permanent entre le cerveau droit et le cerveau gauche. Ce jeu alternatif doit être poussé à l'extrême pour produire l'efficacité et l'originalité attendues.

Exemple

La scolarité telle qu'elle est encore largement pratiquée, surtout à partir des classes secondaires, discrédite abusivement l'apport du cerveau droit au bénéfice du gauche. Que la discipline étudiée soit de nature scientifique, littéraire ou technique, il est proposé à l'élève de se conformer à une série de « vérités » qu'il doit assimiler sans avoir la possibilité de les découvrir par lui-même et de les confronter à sa propre intuition. Il reste, d'un tel choix pédagogique, une forte mémorisation de données toutes faites et bien peu de méthodes pour penser par soi-même. Face à cette éducation déséquilibrée, il est indispensable de retrouver la faculté d'appréhender et d'exprimer la globalité de la réalité, faculté naturelle chez tous les enfants que la scolarité risque d'étouffer au bénéfice d'un rationalisme excessif. La créativité dispose de techniques de travail qui aident à libérer la fluidité de son cerveau droit tout en recueillant le fruit de cette énergie pour le transformer en action innovante. ∎

© Éditions d'Organisation

Exemple

En quoi une technique peut-elle stimuler une partie du cerveau plutôt qu'une autre ?

« Dessine-moi un cheval » est un exemple désormais classique et toujours aussi démonstratif. Demandez à quelqu'un de dessiner un cheval :

- les uns gribouillent sur la feuille de papier une esquisse globale et ensuite ils détaillent les membres, la tête, les sabots...
- les autres commencent dans un coin de la page à détailler un sabot puis une patte, puis le corps, etc.

La première approche « cerveau droit » apporte immédiatement une vision d'ensemble du cheval, les proportions de son corps, une place dans l'espace de la page, etc.

La seconde, « cerveau gauche », se concentre sur un détail immédiatement finalisé sans se soucier ni des proportions ni de la position du sujet dans le format de la page, ni de l'esthétique générale. ■

Stimuler l'alternance entre les deux cerveaux

« Tout ce qui est rationnel est partiel, tout ce qui est réel est global »
Pierre HASSNER

Les techniques de créativité consistent surtout à stimuler l'alternance entre les deux cerveaux en commençant par l'approche du cerveau droit. Elles activent le double « entonnoir » : ouvrir un maximum pour focaliser ensuite, pousser la globalisation, son désordre et son flou au maximum pour ensuite reprendre chaque détail, sélectionner les plus intéressants et les finaliser.

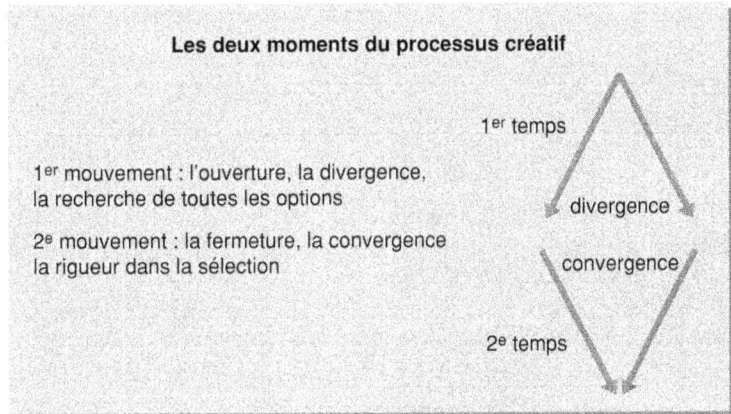

Les deux moments du processus créatif

1er temps

1er mouvement : l'ouverture, la divergence, la recherche de toutes les options

2e mouvement : la fermeture, la convergence la rigueur dans la sélection

divergence

convergence

2e temps

Stimuler le cerveau droit consiste à globaliser instantanément un sujet avant d'en traiter les détails.

Exemple

Concrètement, dans le cas d'un texte à écrire, cela consiste à jeter un mot et à l'éclater en une carte des mots plutôt que de chercher d'abord par quelle phrase commencer.

Dans le cas d'un exposé à donner, cela consiste à faire exprimer spontanément et sans ordre les questions que se pose le public avant de commencer.

Dans le cas d'un domaine où innover, cela consiste à esquisser toutes les formes possibles du sujet, sans ordre *a priori* : d'une façon totalement intuitive, qui laisse au cerveau droit le temps et l'énergie d'exprimer sa vision d'ensemble. ∎

Rêve de changement et changement de rêve !

> La logique du « ET » remplace celle du OU. Par exemple : il faut faire preuve d'une compétence technique ET managériale, gestionnaire ET innovateur, autonome ET dépendant, stratège ET improvisateur.

De l'ardente obsession du patron qui veut arriver à « ça », une sorte de vision de rêve, mais qui ne sait pas comment, à la sagesse de celui qui prend le temps d'opérer les changements, il n'existe aucun juste milieu. C'est toute la force de l'innovation qui ne se contente pas de réaliser un rêve de changement mais qui nous pousse à changer de rêve et à modifier les paradigmes ! Cela revient à regarder les choses comme on ne l'a jamais fait ou à regarder des choses qu'on n'a jamais voulu voir. L'innovation consiste moins à rêver d'aller au bout du monde que d'avoir la vision que la terre est ronde et qu'on peut la sillonner de toute part. L'innovation se situe au point de rencontre de notre intuition et de notre logique, de nos deux hémisphères cérébraux.

Le POINT. *La créativité aide à prendre du recul autant qu'à produire des idées, grâce notamment :*

– au parcours EDITO® qui nous guide étape par étape, de l'Exploration du domaine de l'innovation à l'Organisation des idées en actions concrètes et efficaces,

– à une méthodologie structurée dans sa forme qui permet une grande ouverture sur le fond,

– aux techniques d'animation qui stimulent simultanément nos capacités d'appréhender la vision globale d'une situation (cerveau droit) et nos capacités à traiter minutieusement les éléments qui la composent (cerveau gauche),

– à un esprit constructif et une écoute qui s'emploient à détecter dans toute proposition un aspect positif et un potentiel de nouveauté et d'efficacité,

– à une invitation à « voyager » dans l'irrationnel pour nous faire toucher du doigt des réalités que des générations de suprématie technologique ont évacué faute de les avoir maîtrisés : émotions, symboles, langage non verbal, par exemple.

© Éditions d'Organisation

Le cerveau gauche est le siège :	Le cerveau droit est le siège :
de l'analyse du raisonnement de la logique des mathématiques des mots des chiffres de la linéarité de la progressivité	de la synthèse de l'intuition de l'ésthétique des sensations des images des métaphores de la globalité de l'instantanéité
L'innovation est un dialogue entre les deux hémisphères	

Dans le diagramme : Vision de rêve — Un coup de baguette magique ! — Innovation — Franchir un cap risqué, destabilisant, grâce à beaucoup d'énergie, de créativité et de confiance — Cerveau droit — Cerveau gauche — Conduite du changement linéaire, étape par étape, pas à pas

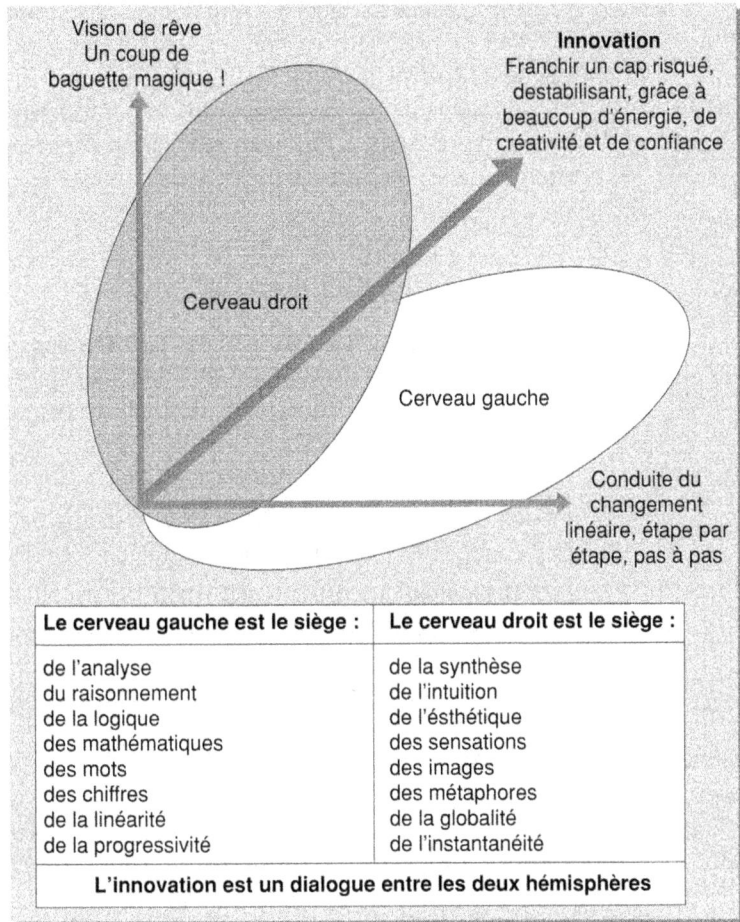

2 PRATIQUER LA PENSÉE MAGIQUE

La pensée magique se reconnaît à deux caractéristiques :
• elle est très concrète,
• elle est totalement impossible à réaliser aujourd'hui.

Exemple

Le tapis volant. Très simple à illustrer, à filmer dans notre imaginaire. Totalement impossible à réaliser aujourd'hui. ∎

C'est ce que nos ancêtres disaient du feu, de l'automobile, de l'avion, du téléphone… Derrière chacune de ces inventions, il existe une pensée magique. Faire naître du feu sans avoir recours à la foudre du ciel. Mouvoir un véhicule par lui-même sans être tracté ou poussé par une force extérieure (animal, vent…). Faire voler un engin plus lourd que l'air. Se trouver à deux endroits en même temps. Etc.

Aller jusqu'à l'Eurêka

Certes, il est beaucoup plus facile d'identifier une pensée magique après coup ! Il existe peu d'exemples d'innovations qui ont vu le jour sous un simple claquement de doigt. Les innovations partent généralement d'un fantasme collectif et viennent à terme au bout d'un temps plus ou moins long, sous l'impulsion de quelques génies.

Le défi de la créativité est d'accélérer ce temps, de réduire les délais, de provoquer le déclenchement qui conduit à l'« Eurêka ».

La pensée magique est une clé, sinon la clé, maîtresse de la créativité. Elle consiste à imaginer l'impossible qui résoudrait notre problème.

Exemple

UNE AGENCE COMMERCIALE ET L'ARTT

Par exemple : dans le cadre de l'ARTT, une agence commerciale composée de cinq à six personnes ne peut recruter une personne de plus (qui augmenterait de 20 % l'effectif) mais veut apporter un service personnalisé et efficace au client, en moins de temps, avec le même nombre de personnes.

Une piste de recherche peut être : comment faire pour que tout puisse se faire en simultané (soit deux actions en une, parfois en des endroits différents) c'est-à-dire que chacun soit à la fois doué d'ubiquité et armé des huit bras de Shiva.

Exemples de « pensées magiques » qui si elles étaient possibles résoudraient le problème :

1. l'agence est une machine à réduire le temps : toute personne qui y met les pieds gagne des minutes ou des heures en fonction du temps qu'elle y passe. (vous y entrez à 9 heures, vous y passez une heure et quand vous en sortez : il est 9 heures 30),

2. chaque agent est relié à plusieurs dizaines de clients en même temps (comme un serveur à ses terminaux),

3. l'agence est la résidence secondaire des clients (ce qui rendrait le service possible en dehors des heures de travail).

Produire une pensée magique par rapport à un problème donné consiste à visualiser une solution géniale. Il s'agit de décrire une situation concrète (filmable), inimaginable autant physiquement (l'idée 1 est physiquement et physiologiquement impossible !) que moralement (l'idée 3 : quel client accepterait l'idée de passer ses week-ends à l'agence ! ?) et pourtant très efficace !

Si ces propositions étaient mises en œuvre, le problème serait résolu !

© Éditions d'Organisation

Comment exploiter une « pensée magique » pour en tirer une proposition aussi efficace et originale et... réalisable ?

1. Exploiter le sens de l'idée magique :

L'idée 1 : « *l'agence est une machine à réduire le temps : toute personne qui y met les pieds gagne des minutes ou des heures en fonction du temps qu'elle passe (vous y entrez à 9 heures, vous y passez une heure et quand vous en sortez : il est 9 heures 30)* » implique que la fréquentation même de l'agence vous fait gagner du temps.

2. Chercher des axes d'idées mues par la même intention exprimée dans l'idée magique.

Par exemple : l'agence vous fait gagner du temps.

Des exemples d'axes d'idées en réponse à cette intention peuvent être :

Pour les employés :

– Les activités « chronophages » sont transformées en gagne temps : les employés pourront décider en moitié moins de temps sur des opérations courantes (révision radicale des processus de décisions sur les opérations les plus courantes), les procédures administratives sont réduites à 50 %, un système d'accès aux informations utiles quotidiennement permet d'obtenir une réponse en moitié moins de temps qu'auparavant, etc.

Pour les clients :

– L'agence offre aux clients de précieux services associés : partenariat avec des distributeurs de produits de première nécessité (alimentation, produits ménagers...) qui livrent à domicile ou avec des fournisseurs qui interviennent en moins de 24 heures (plomberie, électricité, peinture, etc....)

3. Transposer l'aspect original contenu dans l'idée magique de départ dans l'idée réalisable.

L'originalité est la réduction du temps grâce à l'agence (valeur ajoutée en terme d'organisation et d'image). L'idée doit valoriser cette originalité et devenir le leitmotiv de l'innovation : innover pour gagner du temps, pour libérer l'employé et le client.

Une recherche créative intégrée à une démarche d'innovation s'appuie sur un « concept leader » sur lequel nous décidons d'agir en priorité.

Par exemple, l'axe « l'agence qui fait gagner du temps » est un axe parmi d'autres. Il aurait été tout aussi pertinent sans doute de retenir que chaque agent est relié à plusieurs dizaines de clients en même temps ou que l'agence est la résidence secondaire des clients. Chacun faisant appel à des concepts différents, le premier à celui de la déesse Shiva, le second à celui du paradis terrestre !

Le concept leader est celui que l'on choisit pour conduire son action :

– exploration des thèmes,
– analyse des stratégies pour parvenir à ses fins,
– mode d'implication et de communication,
– système de reconnaissance et de motivation,
– exploitation commerciale en terme d'offre et d'image institutionnelle.

Tout au long de la démarche, le thème leader est décliné à 100 % et il est brandi comme un étendard destiné à rassembler les énergies. Pour autant, les axes qui n'ont pas été retenus servent à alimenter le succès de l'action menée par l'axe leader.

Par exemple, si l'axe leader retenu est « l'agence vous fait gagner du temps », il ne faut pas remiser les idées qui visent à ce que chacun serve dix clients en même temps ni celles qui fait de l'agence un centre de loisirs.

Le « concept leader » est l'étrave qui ouvre les flots et permet au navire de passer. ∎

Nous l'avons vu, la créativité doit faire passer par des chemins détournés pour mieux innover. Qui ne s'est jamais trouvé un jour dans l'obligation de changer de route à cause d'un chantier ou d'un événement exceptionnel et qui grâce à cette déviation a découvert un nouvel itinéraire plus efficace ou plus agréable ? La créativité doit être une empêcheuse de tourner en rond.

Lors d'une séance de recherche créative, il est nécessaire que le groupe perde ses repères momentanément, le temps d'avoir recours non plus à ses connaissances ou à ses habitudes mais à son intuition, son instinct, tout ce que nous n'utilisons pas assez souvent parce que nous pensons (souvent à tort) que ces moyens ne sont pas fiables.

Ce détour « déroutant » au sens propre du mot, doit nous procurer un minimum de vertige. Le vertige est cette peur de se retrouver sans soutien ni rambarde au-dessus du vide, ou dans une zone aquatique où nous n'avons pas pied. Le vertige est nécessaire à la créativité et à l'innovation tout comme il est nécessaire pour développer son sens de la responsabilité et de l'autonomie. Comment décider sereinement sans avoir connu la sensation que nous étions sans filet et seul à pouvoir le faire à un moment précis ? La pensée magique est cette forme de « transe » qui nous porte du réel à l'idéal et de l'idéal au réel, en nous faisant emprunter un passage étroit.

Être intrépide et tenace

La pensée magique accélère la créativité. Visualiser l'impossible donne des ailes et porte imprudemment à croire le problème résolu avant même qu'il soit posé. Bien sûr, c'est formidable d'imaginer qu'une agence peut vous faire gagner 100 % de votre temps ! de même que d'imaginer qu'avec une bonne méthode, on peut faire que toute l'équipe du chantier s'organise du jour au lendemain pour éliminer les risques d'accident ou que chaque directeur arrive tous les lundis matin au comité de direction avec des questions concrètes et des réponses efficaces concernant le bon fonctionnement de l'usine !

L'ambiguïté de la créativité et de la pensée magique, consiste à y croire tout en ne se faisant pas d'illusion !

Y croire, parce que derrière les visions les plus utopiques se cache une idée intéressante. Les visions les plus utopiques étant souvent celles qui décrivent une situation très désirée.

Ne pas se faire d'illusion, car ce qui fait échouer la mise en œuvre des bonnes idées est généralement lié au manque d'implication des acteurs. Sans doute parce que la créativité rime traditionnellement avec la fascination du magique, nous faisant croire un instant que ça peut marcher tout seul !

© Éditions d'Organisation

L'innovation est l'interface entre l'idéal et le réalisme. Elle nous embarque vers l'un et nous ramène vers l'autre, effectue des aller-retour fréquents jusqu'à se fixer sur la proposition inédite qui crève l'écran.

L'innovation joue une succession d'échecs et de succès, d'espoir et de déception. La bonne idée peut arriver du premier coup mais il faut que tous les « metteurs en œuvre » soient prêts à la comprendre et à saisir ce qu'ils vont gagner à la faire réussir.

▷ « Le temps, voilà le grand innovateur ! » Francis BACON

La ténacité consiste à renouveler les défis les uns après les autres, avec une fraîcheur toujours renouvelée, sans jamais perdre de vue la finalité.

Un directeur de l'innovation nous disait qu'il était un jardinier. D'autres parlent de militantisme !

Cet aspect met le doigt sur l'importance du management et de la communication. Faire trouver des idées magiques est facile. Et tellement amusant ! Maintenir chacun sous pression pour les traduire dans la réalité sans perdre l'enthousiasme du découvreur est une autre paire de manche ! C'est la raison pour laquelle l'innovation doit être maintenue autant par l'excitation créative du moment que par la perspective de l'enjeu et de la finalité.

Le POINT   *Faites progresser votre créativité*

Des auteurs philosophes comme Arthur KOESTLER (« The Act of creation ») ou Daniel BOORSTIN (« les Découvreurs ») se sont intéressés au phénomène de la création. De ces travaux, on peut tirer une synthèse simplifiée des traits significatifs qui caractérisent les créateurs. Nous ne sommes pas tous des génies mais nous sommes tous créatifs ! Identifiez vos points forts et vos points faibles… et faites quelque chose !

1. **Curiosité et ouverture d'esprit :** vous vous intéressez aux autres, vous aimez ce que vous comprenez, vous vous attachez à résoudre un problème nouveau, vous y prenez un plaisir réel.

2. **Esprit d'observation et puissance d'attention :** vous identifiez rapidement les détails insolites et signifiants, vous êtes capable de décrire un objet avec précision et de restituer votre description d'une façon concrète et fidèle.

3. **Capacité de collecte des informations utiles :** vous savez où trouver les informations dont vous avez besoin et les sélectionner en peu de temps.

4. **Mémoire large et fiable :** vous mémorisez facilement les noms, les chiffres, les images, les sons, les situations, les conversations… et vous pouvez faire confiance à votre mémoire à tout instant.

5. **Sens de l'association d'idées :** toute idée vous entraîne spontanément dans des univers différents, vous avez l'esprit d'à propos et le sens du jeu de mot.

6. **Intuition, imagination, sens du futur :** vous êtes capable en un instant de créer plusieurs scénarios hypothétiques qui transforment une situation actuelle vers une situation voulue ou pressentie.

7. **Flexibilité, sens du relatif :** vous comparez spontanément une situation vécue, avec une autre, ou une idée avec une autre pour prendre du recul, vous vous observez facilement dans l'action.

8. **Expression orale et écrite :** vous êtes à l'aise en public, vous savez accrocher un auditoire ou un lecteur, vous passez facilement du concept au concret et vos propos sont abondamment illustrés d'exemples.

9. Esprit d'analyse et de synthèse : vous savez aisément dégager les trois ou quatre points clés d'un contenu, indiquer ce qui les relie, proposer une synthèse qui met en avant une idée forte.

10. Concentration et résistance : vous pouvez maintenir votre attention sur un même sujet pendant un long moment sans être distrait ni ressentir le besoin de vous en évader.

D'après l'article *Introduction à la créativité*, ch IV « peut-on se former à la créativité ? » Geoscopie.com

3 MAÎTRISER LES APTITUDES À LA CRÉATIVITÉ

Comment savoir si nous sommes créatifs ? Quels critères ? La créativité représente-t-elle une compétence en soi ?

L'aptitude à la créativité se mesure par quatre facteurs, comme l'indique le test de J.P. GUILFORD.

1. La fluidité

La fluidité est la capacité à produire le plus rapidement possible un grand nombre d'idées à partir d'une consigne donnée.

Exemple

« Toutes les petites économies que l'on peut faire pour que cumulées, elles réduisent les coûts d'une façon significative. » ∎

En 5 minutes d'affilée, combien peut-on produire d'idées « ouvertes » (dont on ne sait pas si elles sont réalisables au moment de leur émission) ?

Un exercice simple et qui surprend toujours consiste à :

1) faire écrire sur une feuille vierge toutes les idées qui viennent à propos d'une consigne donnée,

2) à reproduire le même exercice sur une feuille qui comporte une numérotation de 1 à 20.

Le second exercice est souvent deux fois plus productif que le premier !

2. La flexibilité

La flexibilité est la capacité de produire des idées dans des catégories différentes : domaines (scientifiques, sportifs, politiques, littéraires…), démarches, cultures, etc.

© Éditions d'Organisation

Exemple

« Indiquez des manières impliquantes d'accueillir un nouvel embauché »

Des propositions appartenant à des stratégies différentes peuvent être de demander au nouvel arrivant de :

- rencontrer une dizaine de clients dans le premier mois (immersion par le marché),
- formuler toutes les questions que lui suggère l'entreprise dans la première semaine (découverte par la maïeutique),
- donner une note à tous les services sur des critères de compréhension des missions, de connaissance des autres activités, du sens du service vis-à-vis de l'interne et de l'externe (œil neuf). ■

Entraînez-vous à la flexibilité en listant cinq termes propres à plusieurs domaines différents : sports, cinéma, politique, géographique.

Décrivez une idée pour l'un de ces domaines et adaptez-la à chacun des registres.

3. L'originalité

L'originalité est la capacité à trouver des idées rares dans un contexte donné : une même idée pouvant être très originale dans un contexte et très banale dans un autre. Ce critère relatif comprend une double dimension :

• cette idée n'a pas encore (jamais…) été appliquée dans notre entreprise,

• cette idée surprend par son aspect inattendu et insolite.

Exemple

« Comment faire concrètement entrer le client dans l'entreprise ? ». L'approche qualité consiste naturellement à lister et classer les objectifs, à recenser les actions qui ont déjà été faites ici et ailleurs et à proposer des programmes d'amélioration à partir de l'existant.

L'originalité se stimule de la façon suivante : proposer un mode de relation qui n'a jamais été appliqué dans l'entreprise et qui surprendrait les clients et les salariés.

Exemples d'idées originales (par rapport aux entreprises où elles ont été appliquées)

- *un comité de direction de VPC invite une dizaine de clientes à dîner le soir d'une journée de séminaire « au vert » dédié à sa stratégie client,*
- *un groupe de clients assure l'introduction d'une convention interne et joue les monsieur Loyal auprès du PDG qui doit exposer la stratégie de l'entreprise,*
- *les murs du siège d'une entreprise de grande distribution sont tapissés en tous lieux par des photos immenses des rayons des magasins peuplés de clients (idée initiée dans un magasin américain, dans les années 30).* ■

Pour stimuler l'originalité, vous pouvez lancer la consigne : listez ce qui n'a jamais été fait chez nous et qui surprendrait par son côté insolite. Faites produire le maximum d'idées tous azimuts et sélectionnez dans l'ordre :
• les plus originales,
• puis les plus efficaces à partir de ce premier choix,
• puis les plus faisables à partir de ce second choix.

4. L'élaboration

> Toute idée qui n'a pas été appliquée au moins trois fois n'a jamais été appliquée ![1]

L'élaboration est la capacité de développer et de préciser une idée : scénarisation, éléments détaillés de fonctionnement, indicateurs de suivi et de résultats, intégration de l'action dans l'environnement.

Le piège d'une idée est de rester au stade de l'intention. S'entraîner à l'élaboration consiste à s'efforcer de produire une description de l'idée d'une façon « filmable » : que l'on peut visualiser, dont on peut entendre les sons, qu'on peut toucher, dont on peut sentir les odeurs.

Concrètement, cela s'assimile à l'écriture d'un scénario qui, à partir d'une note d'intention et d'un synopsis, rend compte de toutes les actions dans le moindre détail de précision.

4 JOUER LE « I + 3I + I » = UNE FORMULE QUI PEUT RAPPORTER GROS !

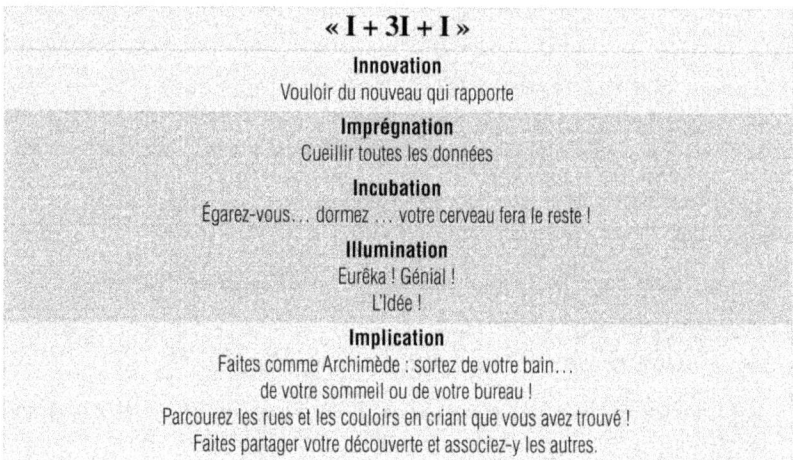

« I + 3I + I »
Innovation
Vouloir du nouveau qui rapporte
Imprégnation
Cueillir toutes les données
Incubation
Égarez-vous… dormez … votre cerveau fera le reste !
Illumination
Eurêka ! Génial !
L'Idée !
Implication
Faites comme Archimède : sortez de votre bain…
de votre sommeil ou de votre bureau !
Parcourez les rues et les couloirs en criant que vous avez trouvé !
Faites partager votre découverte et associez-y les autres.

---

1. Déclinaison d'un proverbe africain : *tout ce qui n'a pas été raconté au moins trois fois n'existe pas.*

© Éditions d'Organisation

L'innovation commence par une préoccupation

Devant une situation quelconque, nous pouvons faire preuve d'attitudes diverses :
- l'indifférence : je remarque en passant et je passe à autre chose,
- la curiosité : je m'arrête, j'observe, je m'informe et j'essaie de comprendre,
- le voyeurisme : je regarde et je profite du plaisir que cela me procure,
- l'ingérence : je m'en mêle et je m'implique,
- etc.

L'une incite-t-elle plus à l'innovation qu'une autre ? Aucune expérience n'est probante en la matière. Ce qui diffère en revanche, c'est l'attitude que nous pouvons avoir devant une situation qui d'une façon ou d'une autre évoque un élément qui fait l'objet d'une préoccupation du moment.

Exemple

Par exemple, si vous vous demandez comment changer votre cuisine, vous regarderez les cuisines exposées en vitrine ou installées chez vos amis. Cette attitude durera le temps de votre préoccupation qui pourra s'arrêter une fois l'installation faite. ■

L'innovation commence par une préoccupation. Par ce qui précède une occupation. L'exemple de la cuisine vaut pour n'importe quel sujet. L'important est de vouloir modifier quelque chose. Les motivations pour le faire peuvent être de natures extrêmement diverses : disposer d'un moyen indispensable, vivre mieux, avoir mieux que les autres, donner une image de soi-même, être curieux de voir comment ce sera autrement, etc.

À travers une démarche participative, l'entreprise doit accueillir l'expression des préoccupations des employés et en inculquer de nouvelles.

Exemple

Les employés doivent pouvoir exprimer leurs préoccupations concernant l'évolution de leurs métiers, la nécessité de parler anglais, ou l'angoisse devant les nouvelles compétences dont tout le monde parle.

Une direction doit savoir-faire partager les siennes : les intérimaires sur les chantiers sont les plus touchés par les accidents, un salarié sur dix sait correctement accueillir un client au téléphone, les réclamations ne sont pas traitées... autant de préoccupations qui doivent se transformer en innovations ! ■

Ces sujets peuvent paraître au ras des pâquerettes. En même temps, ils représentent un enjeu stratégique réel.

Le pire est de lancer des thèmes « bidons », des « objectifs marécages » pour initier une démarche d'innovation. Améliorer notre communication… optimiser notre relation avec le client… développer nos savoir-faire sont autant de consignes dont le flou n'engendrera que des idées vagues et décevantes.

Que choisir quand on n'a pas d'objectifs précis ? Une des manières de provoquer un défi est de se demander ce qui est insupportable : ce que l'on ne veut plus voir dans son entreprise !
- des salariés qui passent le plus clair de leur temps à discuter dans les couloirs,
- des managers qui remettent publiquement en question des décisions qu'ils ont eux-mêmes prises en comité de direction,
- des réunions systématiquement organisées au dernier moment à 18 heures,
- des informations qui concernent l'activité quotidienne que l'on apprend par les media quand ce n'est pas par les clients eux-mêmes.

Tous ces dysfonctionnements sont préoccupants. L'amélioration continue au jour le jour aura du mal à les faire disparaître, ils sont trop récurrents et profondément ancrés dans les habitudes. L'innovation peut s'attaquer radicalement à ces symptômes en prenant le problème à la racine, d'une manière constructive voire ludique.

Le fait que ce soit un défi *a priori* insurmontable est du ressort de l'innovation ! Transformer l'insupportable ou le catastrophique en valeur ajoutée aussi positive que le point départ est négatif est une des bases de la créativité. Le fameux « what is good about-it ? » de Sidney SHORE, révolutionnaire en son temps, commence à faire des émules !

Archimède ?
Il ne pense plus qu'à ce défi insoluble qu'il doit relever lorsque le roi lui a dit : je ne supporte pas l'idée qu'on puisse me voler, donne-moi le poids exact des pierres contenues dans cette couronne d'or !

Imprégnation, Incubation, Illumination : le syndrome d'Archimède !

La préoccupation devient un centre d'intérêt : l'imprégnation

Quand on est préoccupé par quelque chose, on recueille instinctivement toutes les informations qui ont trait de près ou de loin à l'objet de cette préoccupation.

© Éditions d'Organisation

Exemple

Vous êtes directeur de la communication d'un grand groupe et vous devez communiquer une image cohérente et commune à toutes les unités, la moindre enseigne, le moindre logo, la moindre bribe de conversation qui évoque cette question retient votre attention. Vous allez rencontrer des collègues, lire des livres et des revues, pendant des jours et des jours, parfois sans rien trouver ! Mais vous vous imprégnez. Vous intégrez le maximum de données qui se rapportent au sujet de votre préoccupation. ∎

Vous oubliez tout et vous laissez votre cerveau travailler : l'Incubation

▷ Archimède se livre à tous les calculs possibles et imaginables, consulte ses amis et ses ennemis, compulse ses innombrables manuscrits !

Il arrive un moment où l'afflux d'informations transforme la préoccupation en obsession inextricable. La visibilité est nulle et la solution bien plus inaccessible qu'au début. Moment angoissant car bien souvent, l'échéance est imminente. Le plus sage est de tout lâcher, d'aller dormir, de faire la fête, de se livrer à une tout autre activité et de faire confiance aux neurones. Ils ont besoin de décongestionner et d'être livrés à eux-mêmes. C'est le moment d'incuber. Laissez le cerveau travailler tout seul, laissez-le dormir et il fera le reste !

L'idée surgit simple et limpide : l'Illumination

▷ Et Archimède ? Il va se divertir et se relaxer dans un bain. Il a quasiment oublié son problème quand l'eau déborde... : Eurêka !

Un proverbe populaire recommande de confier ses problèmes au sommeil : *la nuit porte conseil*. L'expérience montre que c'est souvent au réveil que la solution vous vient. La phase d'illumination ne se commande pas. Elle peut arriver ou non. En revanche, il est rare qu'aucune idée ne vienne. Au pire, elle est acceptable et décevante !

Mais tout le déroulement de ce processus, totalement naturel à tout chercheur de n'importe quelle discipline, est nécessaire à la création d'une idée. Une idée qui vient par hasard ne vient jamais vraiment d'une façon aléatoire : elle a été précédée consciemment ou non par ce cheminement de la pensée fait d'observations, de réflexions, d'échanges avec d'autres personnes, de consultations de données, etc.

La réponse intéresse ceux qui se sont posés la question : l'Implication

L'étape de l'« illumination » est enthousiasmante : on a trouvé ! Mais elle recèle un sérieux piège : elle est enthousiasmante surtout pour celui ou pour ceux qui se sont frottés au problème. Elle risque même de paraître dérisoire à ceux qui n'ont pas suivi le déroulement de la recherche. Ceux-là la bouderont peut-être même, de plus ou moins bonne foi, « si on y est arrivé aussi facilement, pourquoi avoir attendu si longtemps ?! ». N'oublions pas que les meilleures idées sont les plus simples et les plus évidentes une fois révélées. Pensons au « fil à couper le beurre ».

▷ « Rien en ce monde n'est aussi fort qu'une idée dont l'heure est arrivée »
Victor Hugo

Dans une démarche d'innovation participative, impliquer les gens tout au long du parcours est une condition de succès incontournable. Ils s'approprieront mieux les idées retenues. Ils en identifieront mieux les enjeux.

Le POINT   *Facilitez-vous la tâche !*

1) Ménagez-vous des périodes de silence et d'inactivité
2) Laissez le temps au temps : laissez les idées incuber
3) Prenez sans cesse des notes, sans réfléchir et relisez-les de temps en temps
4) Quand vous cherchez une idée précise, exercez-vous à trouver un tas d'idées qui n'ont rien à voir avec : échauffez-vous !

---

5 ADOPTER LE PARCOURS EDITO© :

Le parcours naturel de tout processus créatif passe par les trois étapes de l'imprégnation, de l'incubation et de l'illumination. Ce parcours peut s'effectuer en une seconde, en une semaine, en un an, en une vie ! Les méthodologies créatives proposées par les spécialistes fleurissent depuis longtemps et plus particulièrement depuis les années 70. Elles ont toutes la caractéristique commune de reproduire en accéléré et en structuré le parcours naturel de l'imprégnation, de l'incubation et de l'illumination. Elles s'inspirent toutes les unes des autres.

▷ « La pensée, c'est la perte de temps qui s'écoule entre la perception et l'action »
Edward de Bono

EDITO, n'échappe pas à cette règle.

Le parcours EDITO met l'accent sur deux points essentiels dans le recours à la créativité à des fins d'innovation :

1) Décrire pour comprendre

L'importance d'examiner cliniquement la réalité avant de chercher à l'interpréter, d'où la dénomination de la deuxième étape : **Disséquer.**

▷ « Décrire c'est comprendre » dit un proverbe indien.

C'est la parfaite définition de l'acte qui consiste à examiner, disséquer pour mieux analyser.

2) Organiser les idées en actions

L'innovation se vérifie sur des actions réalisées (à partir d'idées conçues) et la notion d'efficacité, critère prioritaire d'une proposition à

© Éditions d'Organisation

mettre en œuvre, se traduit dans l'organisation. D'où la dénomination de la cinquième étape : **Organiser**.

E comme Explorer
Observer sous tous les angles, sans a priori, avec les yeux d'un enfant, au-delà des préjugés et des stéréotypes

D comme Disséquer
Explorer le champ du problème par différents chemins
Déstructurer pour restructurer, comprendre, hiérarchiser, reformuler
Établir un contrat de succès

I comme Imaginer
Imaginer un grand nombre d'options de solutions
Chercher des idées magiques, se donner la permission de tous les possibles

T comme Trier
Hiérarchiser les idées les plus efficaces (avec des critères rationnels)
Décider en se projetant dans le futur

O comme Organiser
Développer l'idée en plan d'action
Résoudre les difficultés, vaincre les résistances
Associer les acteurs-partenaires

---

6 ACTIVER LES LOGIQUES DE LA CRÉATIVITÉ

Comment rendre les participants créatifs ?

Combien de fois nos clients nous demandent-ils d'un air dubitatif : « Mais que faites-vous pour rendre les participants créatifs ? ».

Par boutade, il nous arrive de répondre qu'il n'y a pas grand-chose à faire : la confiance et l'humour pallient bien des soi-disant déficiences cérébrales ! Il arrive également que les participants nous disent : quand le chef n'est pas là, on peut y aller !

En plus de cette mise en condition, qui n'est autre qu'une libération des énergies, il est possible de passer à la vitesse supérieure grâce à quelques moyens :
1) il existe des méthodes de stimulation qui révèlent le talent des invividus,
2) une bonne synthèse établie régulièrement en cours d'animation recentre les énergies et reconnaît le travail accompli,
3) utiliser les différentes logiques de pensée en complément les unes des autres fait découvrir à chacun l'incroyable potentiel qui dort en lui.
Révéler le talent des gens et libérer leur énergie qu'est-ce à dire ?

▷ Les outils de la créativité sont là pour conjuguer les différentes ressources que nous avons en nous-mêmes et qui constituent notre talent.

Le talent : chaque acteur au cœur de l'organisation peut mettre ses talents au service de ses missions. De quels talents s'agit-il ? Il s'agit d'une combinaison de savoir, de savoir-faire et de savoir-être adaptée à un contexte donné. C'est le concept actuel de compétence. Le talent est à la fois une richesse personnelle, une volonté de la révéler et de l'utiliser et une capacité d'en adapter les applications à l'environnement.

L'énergie : la créativité en action est ludique et motivante. Les exercices proposés encouragent des tendances naturelles puissantes (tout détruire pour mieux construire : la technique de sabotage ou raconter une histoire à partir de mots et d'image : la technique du photo-langage) et animent une dynamique de groupe fondée sur l'émulation et la reconnaissance mutuelles.

La méthode : la créativité très ouverte sur le fond est très structurée sur la forme. Le parcours EDITO©, décrit dans cet ouvrage, permet d'adapter l'assemblage des techniques les plus appropriées à toute recherche.

Quant aux logiques, elles méritent toutes d'être développées en détail avec des exemples d'utilisation concrets pour montrer combien nous faisons appel à elles à tous les moments de notre vie sans faire exprès et combien aussi nous sous-estimons leur puissance d'action.

Quatre logiques de la créativité : combinatoire, analogique, associative, onirique

La logique combinatoire

La logique combinatoire consiste créer des couples aléatoires de termes différents pour en faire jaillir un concept nouveau.

Exemple

voiture + dormir = camping car. ■

Il s'agit de décomposer le sujet de la recherche en éléments et fonctions.

© Éditions d'Organisation

Exemple

Si l'on prend un exemple simple et connu de tous : l'habitat.

Les éléments d'une maison		Les fonctions d'une maison	
– le toit	– les plafonds	– se réunir	– travailler
– les fenêtres	– la cave	– dormir	– se détendre
– les portes	– le grenier…	– manger	– bricoler
– la cheminée		– recevoir	– lire

■

La logique combinatoire s'exerce sur chaque couple de termes créés dans une matrice combinatoire (exemple sur quelques termes)

Exemple

	TOIT	FENÊTRES	PLAFOND	CHEMINÉE
SE RÉUNIR	Construire un village à l'africaine sur la terrasse d'un immeuble en pleine capitale.	Vaste *bow-window* en véranda-salon, ouverte sur le jardin en été, fermée en hiver.	Couvrir le plafond d'un miroir pour donner l'impression d'un grand nombre de personnes réunies.	Installer une cheminée publique entourée d'un banc circulaire sur la place ou dans le square.
DORMIR	*À VOUS DE JOUER !*	« Lit-fenêtres » extérieur entouré de fenêtres que l'on peut ouvrir directement sur la nature (concept métissé de la tante de camping, de la moustiquaire et du baldaquin).	*À VOUS DE JOUER !*	*À VOUS DE JOUER !*
MANGER	*À VOUS DE JOUER !*	Planter un potager-verger à fenêtre qui s'ouvre comme un garde-manger, où l'on peut cueillir herbes, salades et fruits.	*À VOUS DE JOUER !*	Créer une table- cheminée pour cuisiner en mangeant, style grill pour fondue thaïlandaise.

■

Si l'on prend un exemple dans une entreprise dont l'objectif est de définir de nouvelles missions à partir des métiers existants…

Exemple

	Les métiers	Les missions à développer
	– ingénieur – commercial – marketing – opérateur	– se faire reconnaître en externe – identifier le besoin des clients – augmenter les compétences – décloisonner les équipes

Exemple sur quelques termes...

	INGÉNIEUR	COMMERCIAL	MARKETING	OPÉRATEUR
SE FAIRE CONNAÎTRE EN EXTERNE	Organiser des assises sur l'ingénieur du 3ᵉ millénaire.	Chaque commercial invite tous les mois un client à déjeuner avec le comité de direction.	*À VOUS DE JOUER !*	Valoriser les « nouveaux gestes de l'art » avec des photos de qualité sur les opérateurs en action, publié sur un site Intranet professionnel.
IDENTIFIER LE BESOIN DES CLIENTS	Les ingénieurs d'une même entreprise animent une convention interne pour l'ensemble du personnel centré sur le client utilisateur.	À chaque fois qu'un commercial identifie un nouveau besoin d'un client, il lance un défi à toute l'entreprise pour trouver une nouvelle offre.	*À VOUS DE JOUER !*	*À VOUS DE JOUER !*
AUGMENTER LES COMPÉTENCES	*À VOUS DE JOUER !*	*À VOUS DE JOUER !*	Le marketing traduit les principaux résultats d'étude en communication interne ludique et pédagogique (théâtre, jeu, etc.).	Un guide des bonnes pratiques internes définit les relations des spécialistes avec leurs utilisateurs internes.

■

> La logique combinatoire est surtout utile pour trouver de nouvelles fonctionnalités.

La logique combinatoire fonctionne très bien si les éléments de départ ont fait l'objet d'une exploration approfondie et si l'objectif de la recherche est très clairement défini : chaque proposition dans chaque case doit répondre à l'objectif de départ. L'utilisation de la « pensée magique » est totalement recommandée dans un premier temps pour être exploitée ensuite en proposition faisable et efficace.

© Éditions d'Organisation

La logique analogique

La logique analogique s'appuie sur des ressemblances ou des comparaisons pour enrichir un principe d'action. Cela va de l'utilisation du « c'est comme… » à celle du symbole et de la métaphore.

Exemples

Exemple de comparaison : le management des hommes c'est comme l'éducation des enfants.

On peut ensuite explorer cette comparaison par…

– encourager les gens

– ménager les jalousies

– expliquer concrètement

– garder le contact

– etc.

Exemple de symbole (du concret à l'abstrait) : la grande tour en verre est à l'entreprise ce que l'arc de triomphe fut pour Napoléon : le visage grandiose du prestige.

On peut ensuite explorer ce symbole par…

– afficher sa réussite,

– développer son image et son autorité sur des références imposantes,

– utiliser l'image de la puissance pour développer sa puissance…

Exemple de métaphore (de l'abstrait au concret) : l'économie mondiale est une forêt habitée.

On peut ensuite explorer cette métaphore par…

– prendre en considération tous les éléments de natures différentes qui influent sur le système,

– intégrer les facteurs imprévisibles et incontrôlables (changements politiques *idem* changement météorologiques)

– nécessité d'organiser artificiellement pour perpétuer l'abondance (maîtriser le taux de change *idem* chasser certaines espèces pour réguler la faune) ■

> La logique analogique est surtout utile pour créer de nouveaux systèmes de fonctionnement.

La logique analogique consiste le plus souvent à décrire à fond un système bien connu (un match de football, le passage en bourse, la naissance d'une chenille, le système solaire) et exploiter au maximum les ressorts de cette analogie pour inventer… un nouveau parcours client, un processus de transformation, une synergie entre plusieurs entités.

Exemple

Par exemple, l'agence est une bille de flipper, plus elle rebondit de borne en borne (les clients) plus le joueur (chaque agent) marque des points… d'où un management fondé sur le contact client et les rétributions qui les récompensent. ■

La logique associative

> La logique associative est surtout utile pour trouver de nouveaux concepts (nom, accroche publicitaire, produit, service, etc.).

Notre cerveau est constitué d'une infinité de connexions. Mais nous avons été formés à réfléchir selon certains schémas exclusifs. Résultat : nous avons du mal à produire des associations libres qui révéleraient très rapidement d'autres schémas. À force de s'habituer à raisonner tous les jours sur les mêmes situations, des parcours finissent par s'imprimer et exclure toutes les autres voies. La logique associative s'appuie sur le fait qu'aucune association n'est *a priori* le fruit du hasard. Laissez vos idées « sortir des chemins battus, laissez les rebondir les unes sur les autres ».

Exemples

Passez par exemple de la ligne au linéaire, du linéaire à l'itinéraire, de l'itinéraire au parcours, du parcours au messager, du messager à Iris, (messagère des dieux), et inventez le nom : ITINERIS ! *(association totalement reconstituée pour les besoins du livre !)* ■

EXEMPLE DE SCHÉMA : ASSOCIER LE CHAUFFAGE À LA TEMPÉRATURE PHYSIQUE.

Si l'on cherche à innover dans ce domaine sans sortir de l'équation chauffage = température, on cherchera à perpétuité des améliorations dans les limites de cette relation.

Si l'on sort de ce schéma en laissant son esprit associer le terme de chauffage à d'autres éléments que la température physique, on touche très rapidement des domaines liés à la chaleur humaine, à l'association bénéfique du chaud au froid, etc. (voir la proposition du « concept générateur » en page suivante). ■

La logique onirique

La logique onirique est des quatre la moins identifiable : son champ d'action est l'inconscient et la démarche consiste à en faire sortir des idées et des visions « conscientisables ». L'exercice même n'est pas anodin. Il touche à l'affectif et à l'intimité des individus. En même temps, c'est la ressource la plus utilisée depuis la nuit des temps par les créateurs en tous genres : artistes, inventeurs, découvreurs. C'est bien le rêve qui conduit l'homme à voler au-dessus des nuages (l'avion), à être à deux endroits en même temps (le téléphone), à dompter la foudre (les allumettes, l'électricité…) etc.

> La logique onirique est utile pour toute recherche créative à haut niveau d'exigence.

La prospective, l'anticipation, la conquête de ce qui est impossible aujourd'hui passe par le rêve. Imaginez l'impossible, l'infaisable, le « magique ». Il existe des méthodes de travail qui aide à décrire rêves et visualisations sous toutes leurs facettes.

Une des plus simples consiste à demander à un groupe d'exprimer ce que serait telle situation dans l'idéal. Le rêve se concrétise souvent par une pensée magique.

© Éditions d'Organisation

Exemple

Par exemple : *L'idéal serait que chacun devine sur-le-champ le besoin des autres…* Mais ça peut être aussi à l'occasion d'une recherche sur votre bureau idéal : *« je vois un immense puits de lumière, la voix des clients contents nous exprime leur satisfaction à travers une symphonie, les réclamations s'affichent automatiquement sur un immense livre d'or et proposent des solutions simultanément… »*. Avec un peu d'imagination et le sens de la communication, on voit comment exploiter ce genre de description. ■

Outils PRATIQUES *Le principe du concept générateur© : associez, continuez, rapprochez, rêvez et innovez !…*

Toute action et toute chose observables représentent une idée, un concept abstrait : une représentation. La relation entre l'action ou la chose et sa représentation dépend de chaque culture voire de chaque individu ; de son expérience, de son système de valeurs, etc.

Ainsi, l'action de s'asseoir représente le repos pour une majorité d'Occidentaux. Il peut représenter la prière ou la négociation dans d'autres cultures. L'action elle-même peut changer de signification en fonction de l'objet auquel elle est associée. S'asseoir dans un fauteuil ne représente pas le même concept que s'asseoir sur une pierre. Le premier est signe de confort, le second de dénuement.

Le repos se décline d'au moins deux manières : confort et dénuement.

Le confort peut-être simple : *besoin d'être à l'aise* ou sophistiqué : *plaisir de vivre*, voire connoté : *signe de richesse*.

Le dénuement peut être subi : *manque de moyen* ou voulu : *forme de spiritualité*.

L'innovation par le *Concept Générateur©* consiste à partir de ce qui existe pour associer et combiner le maximum de concepts et de représentations entre eux pour en générer des nouveaux.

Exemple

Par exemple : un fabricant de chauffage vend des radiateurs (objet). Il doit innover pour développer son affaire. Question : doit-il améliorer ses radiateurs ou se diversifier ?

Avant de répondre à cette question, il se livre à l'exercice du concept générateur.

1) Appareil de chauffage : produit. Quel concept ? CHALEUR.

2) CHALEUR : Quels produit et service ? Cuisines, salle de bain, baie vitrée, cheminée.

3) CHALEUR : Quels concepts associés ? FROID, BIEN-ÊTRE, AMOUR…

4) FROID : quels produits et services ? Air conditionné, ventilateur, isolation.

5) CHALEUR – FROID : Quels concepts associés ? CONFORT (Donner du chaud quand il fait froid et inversement) - ÉCONOMIE – ÉCOLOGIE (énergie) – NATURE (se protéger).

6) CONFORT – ÉCONOMIE : quels produit et service ? Conseil en domotique et en architecture, literie (couverture chauffante), décoration (maison chaude).

7) ÉCOLOGIE – NATURE : quels produits et service ? Conseil en multi-énergies, sauna, habitation en bois.

HYPOTHÈSES INNOVANTES (dont certaines sont déjà sur le marché !) :

– Proposer des systèmes de chauffages autorégulés avec d'autres sources de chaleur : cheminée, baie vitrée, couleur des murs, nombre de personnes…

- S'associer avec un fabricant de bois pour construire des saunas à domicile,
- Proposer un ensemble « chauffage de proximité », formule organisée des appareils d'à point, pour un usage approprié et économique réglé par l'ordinateur domestique,
- Proposer le chauffage et l'air conditionné en un seule offre assemblée et économique.

> On ne vend pas des produits, on vend des solutions.

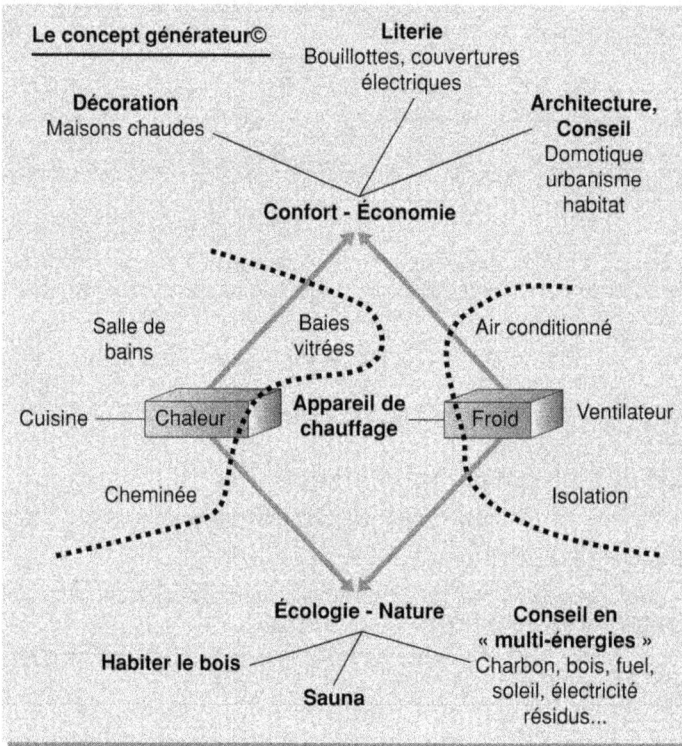

7 APPLIQUER LES TECHNIQUES D'ANIMATION CRÉATIVE ET LES OUTILS D'ORGANISATION DE L'INFORMATION SELON LE PARCOURS EDITO©

Le parcours EDITO© reproduit les étapes naturelles de la découverte :
- Imprégnation (Explorer)
- Incubation (Disséquer)
- Illumination (Imaginer)

Les deux dernières étapes du parcours,

Trier et Organiser, permettent de transformer une idée créative en action concrète, applicable et efficace et de transformer la créativité en innovation.

© Éditions d'Organisation

Les techniques proposées ici, plus d'une vingtaine au total, font partie d'un catalogue très fourni de plusieurs centaines.

Toutes servent essentiellement un objectif : stimuler notre cerveau à émettre des idées et à les organiser de manière à se les approprier avec assez de force et de conviction pour avoir envie de les mettre en place et de les faire réussir.

Les techniques créatives appropriées à chaque étape d'EDITO©

1. Explorer • La carte des mots associés • La reformulation • Le multi-questionnement • La fiche de définition • Dessiner le problème	**2. Disséquer** • La « purge » des idées connues • Le portrait en creux • Le pilori et le pinacle • Le scénario catastrophe • L'exploration dans l'idéal • La carte des mots associés (convergente)
3. Imaginer • Le scénario catastrophe • Le remue-méninges • La « pioche créative » • Les défis fous et magiques • L'analogie • La participation • La mine d'idées	**5. Organiser** • Les fiches-écoute • Les fiches-analyse • Les fiches-action • Le scénario-catastrophe • Les outils pour organiser l'information : les tableaux, les graphiques, le diagramme causes-effets, l'analyse multicritères
4. Trier • Le vote pondéré • Le classement prioritaire • L'avocat de l'ange	

1. Explorer

Cette étape vise à explorer les problèmes sous tous les angles, sans *a priori* au-delà des préjugés. Les principales techniques sont :

• La carte des mots associés
• Les reformulations
• Le multi-questionnement
• La fiche de définition
• Dessiner le problème

La carte des mots associés (carte mentale)

■ *Objectifs*

▷ Explorer toutes les idées associées à un thème.

▷ Mettre en commun les représentations de chacun en favorisant une vision globale.

▷ Faciliter l'association et la démultiplication des idées.

Durée moyenne : 10 à 15 minutes.

■ *Principes*

• Dans un groupe de travail, chacun a une représentation du problème ou d'un thème et y associe des idées différentes. Recueillir l'ensemble de ces représentations permet à chacun d'enrichir son point de vue.

• Recueillir ces représentations en « carte » permet au groupe d'avoir une vision globale de ces représentations.

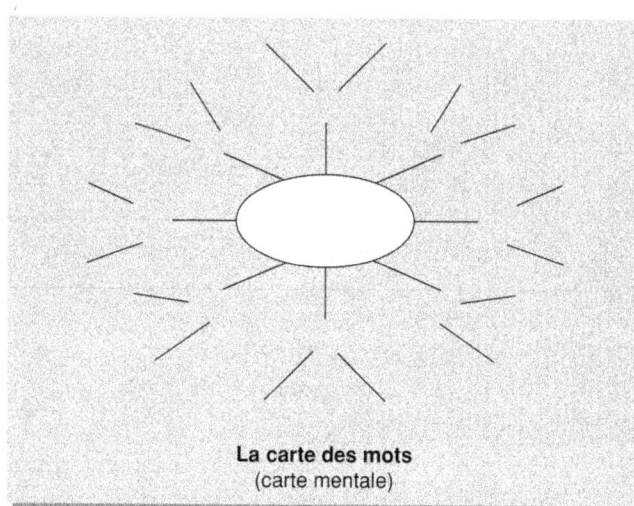

La carte des mots
(carte mentale)

■ *Modalités d'utilisation*

1. L'animateur note dans une bulle centrale le thème, le problème, le nom du projet qu'il souhaite voir explorer par le groupe.

2. Il invite les participants à associer librement autour de ce mot (lors d'un premier tour de table éventuellement) : « quel est le premier mot qui vous vient à l'esprit quand vous entendez … ? ». Il note les premiers mots et les dresse en couronne autour du mot clé central.

© Éditions d'Organisation

3. À partir de cette première production, et en oubliant virtuellement le premier mot clé, l'animateur invite à associer librement sur les mots de la première couronne. Il les note en les raccrochant au fur et à mesure des termes écrits (sans les regrouper nécessairement).

4. L'émission d'idées est stoppée faute de munitions d'idées ou bien lorsque la page du paper board est couverte de mots.

5. Option : pour élargir cette exploration, des mots-clés sont choisis par les participants et explorés à leur tour par cette même technique.

■ *Conseils d'animation*

• Encourager la divergence : rappeler et appliquer les règles de la roue libre.

• La carte des mots en fermeture : en s'appuyant sur la production du groupe en ouverture, l'animateur complète, synthétise, illustre, classe par famille ou axe. La carte peut alors être reproduite en classant les mots par famille ou axe.

Les reformulations (en cascades)

■ *Objectifs*

▷ Affiner la définition d'un problème.

▷ Prendre en compte la perception individuelle du problème des différents participants.

▷ Favoriser la réflexion, l'appropriation.

Durée moyenne = 20 à 40 minutes.

■ *Principes*

• Poser un problème, le sélectionner, le définir et le décomposer en sous-problèmes, nécessite plusieurs étapes de reformulations.

• Plus le problème est complexe et global, plus ces étapes de reformulations sont indispensables.

■ *Modalités d'utilisation*

1. Choisir une phrase inductrice en fonction de la nature du problème et la noter au tableau :

▷ « Pour moi le problème est de... ».

▷ « Pour moi l'objectif est de... ».

et pour une reformulation plus opérationnelle :

▷ « Comment faire pour... ? ».

▷ « De quelles manières pourrions-nous... ».

2. Demander aux participants de rédiger par écrit une à trois reformulations du problème de départ en commençant par le début de phrase proposé.

3. Recueillir ces reformulations en les notant au tableau et en les numérotant.

4. Relire ensemble toutes les reformulations proposées.

5. Souligner les mots clés et regrouper par famille pour dégager des axes.

6. Élaborer ensemble une reformulation par axe pour définir ainsi plusieurs sous-problèmes.

■ *Conseils d'animation*

• Proposer aux participants de noter chacune de leur reformulation sur une fiche bristol ou un post-it, (en sous-groupes éventuellement) leur demander de regrouper leurs reformulations par famille et de les hiérarchiser.

• Aider éventuellement les participants à préciser leur pensée en cherchant avec eux des termes concrets.

• Option : pratiquer la reformulation en cascades, « comment faire pour... », en choisissant à chaque étape la reformulation la plus pertinente (qui devient un axe d'action) que l'on décompose à nouveau en reformulations « comment faire pour ... » jusqu'à aboutir à une solution satisfaisante.

Le multi-questionnement

■ *Objectifs*

▷ Explorer le plus largement et, surtout, précisément possible toutes les facettes du contexte, du problème ou du projet.

▷ Pour ne pas réfléchir à se poser les bonnes questions : se poser toutes les questions possibles.

▷ Oublier tout ce que l'on sait pour explorer son problème comme si on ne le connaissait pas du tout.

Durée moyenne : 20 à 60 minutes.

■ *Principes*

Utiliser la palette des modes de questionnements :

1. QQCOQP (Quoi, Qui, Comment, Où, Quand, Pourquoi ?),

2. Les deux relances : « en quoi » ou « qu'est-ce que cela représente pour vous »,

3. Les 5 « pourquoi ? » (poser 5 fois de suite la question « pourquoi ? »),

© Éditions d'Organisation

4. L'enfant de 8 ans : toutes les questions que poserait un enfant de 8 ans pour comprendre toutes les données du problème.

■ *Modalités d'utilisation*

1. Diviser le groupe en trio : A est porteur du problème, B est le journaliste et joue celui qui questionne tous azimuts mu par une totale curiosité, C prend des notes très rapidement, il est la mémoire du trio et capte toutes les réponses de A sans se censurer dans sa propre prise de notes.
2. À la fin, C reprend ses notes et dit « si j'ai bien compris, ton problème est de… ».

Puis C reprend toutes les indications objectives (mesurables, constatables) que B fait dire à A.

Alternative : diviser le groupe en tandem, A est le porteur du problème, B l'interroge avec comme objectif de comprendre tout le contexte.

■ *Conseils d'animation*

• L'animateur doit insister sur la forte coopération des participants au sein de chaque équipe : il doit être persuasif en disant que c'est dans l'écoute que se trouve déjà une partie de la solution.
• L'animateur invite B à poser des questions en fonction de chaque réponse faite par A. B doit reformuler ce que dit A avant de lui poser une nouvelle question.

> Ce questionnement est à la base de toute fiche-action :
> • libellé de l'action et moyens et budget d'avancement
> • objectifs
> • calendrier et indicateurs
> • détail de l'action
> • responsables et contributeurs.

La fiche de définition

■ *Objectif*

> Décrire précisément un problème, une action ou une activité.
> Durée moyenne = 20 à 60 minutes.

■ *Principe*

Cet outil oblige à répondre à sept questions-clés. Il est très précieux pour s'assurer que le sujet est bien défini et chiffré.

■ *Modalités d'utilisation*

Répondre aux questions :

• QUOI ? Définition, nature, objet du problème, de l'action ou de l'activité.
> « Qu'est-ce que c'est ? »,« De quoi s'agit-il ? ».
• QUI ? Personnes concernées, nombre, qualification
> « Qui est concerné ? ».

- OÙ ? Lieux
  - « À quel endroit se déroule l'action ou le problème ? ».

- QUAND ? Moment, durée, fréquence, dates
  - « Depuis quand cela se produit-il ? »,
  - « Pendant combien de temps ? ».

- COMMENT ? Description de la manifestation du problème, de l'action ou de l'activité (moyens, manière, méthodes, assistance…)
  - « Comment ça se passe ? »,
  - « Comment faire pour réaliser cette action ? ».

- COMBIEN ? Coût du problème, budget de l'action, financement
  - « Combien coûte ce problème ? »,
  - « Combien coûte cette solution ? ».

- POURQUOI ? Intérêt de traiter le problème, objectif de l'action
  - « Pourquoi traiter ce problème ? »,
  - « Pourquoi entreprendre cette action ? ».

Dessiner le problème

■ *Objectif*

Recueillir les différentes perceptions du même problème avec toute l'authenticité de ces perceptions.

Durée moyenne = 25 à 40 minutes.

■ *Principe*

C'est une technique projective qui conduit à l'expression spontanée de tout un volet du problème.

Ce qui compte, ce n'est pas tant le dessin lui-même que :

- les commentaires précis qu'il suscitera à son auteur ou à un autre participant,
- l'effet produit au sein du groupe par la visualisation de l'ensemble des dessins : une meilleure compréhension de la perception de chacun, une cohésion, une prise en compte de la différence de points de vue.

■ *Modalités d'utilisation*

1. Choisir un thème lié au contexte et qui soit le plus conceptuel possible : exemple, la communication interne au sein de la division actuellement. Si vous souhaitez choisir un thème moins abstrait, demandez à chaque participant de décrire le symbole qui ferait le mieux comprendre comment cela marche. Exemple, les coûts globaux, les coûts de revient,…

© Éditions d'Organisation

2. Donner un transparent vierge à chaque participant et écrire la question au tableau : « dessiner la communication interne au sein de la division actuellement ». Laisser 5 à 10 mn selon les besoins.

3. Pour la mise en commun, demander à chaque participant de venir présenter son transparent à l'ensemble du groupe. Là, soit vous demandez à chacun de commenter son transparent : vous prenez en note par mots-clés ses commentaires. Soit vous invitez un participant à commenter le transparent.

■ *Conseils d'animation*

L'animateur indique que les commentaires portent sur la description du transparent et expliquent en quoi ceci représente « la communication interne »… En aucun cas, il ne s'agit de juger la qualité artistique du dessin !

2. Disséquer

Pour analyser toutes les composantes du problème principal et le décomposer en axes de recherche ciblés, on peut utiliser les techniques créatives :
• La « purge » des idées connues
• Le portrait en creux
• Le pilori et le pinacle
• Le scénario catastrophe
• L'exploration dans l'idéal
• La carte des mots associés (convergente)

La « purge » des idées connues

■ *Objectifs*

▷ Recenser toutes les solutions connues : expérimentées, ici ou ailleurs, celles qui ont marché et celles qui n'ont pas marché, celles qui ont déjà été évoquées.

▷ Trouver dans cette liste une ou plusieurs solutions qui conviennent au problème à traiter.

▷ Permettre aux participants de libérer leur esprit pour explorer plus largement le problème et chercher des solutions nouvelles.

Durée moyenne = 10 à 30 minutes.

■ *Principes*

• Si le problème est simple la purge des idées de solutions sert de remue-méninges.
• Si le problème est plus compliqué, la purge fait partie d'une première étape d'exploration (avec la carte de représentations) éventuellement prolongée par une observation du problème plus ouvert avant de reformuler le problème en sous-problèmes.

■ *Modalités d'utilisation*

1. Faire un premier tour de table et lister les solutions proposées en les numérotant.
2. Continuer la liste jusqu'à épuisement des idées.

■ *Conseils d'animation*

• L'animateur ne critique en aucune façon les idées proposées et les note intégralement telles qu'elles sont énoncées.
• Lorsqu'une idée est abstraite, il la note et relance le groupe pour clarifier cette idée : « comment ? » « Qu'est-ce que cela représente ? »

Le portrait en creux

■ *Objectif*

Aborder un thème en dépassant la perception première, éviter la banalité des premières idées en début d'exploration, définir plus précisément le problème ou le projet.

Durée moyenne = 10 à 45 minutes (selon la somme des modalités d'utilisation choisies).

■ *Principe*

Susciter la créativité des participants avec une contrainte créative (prendre le problème à l'envers).

■ *Modalités d'utilisation*

1. À partir d'un mot clé, inviter les participants à dire ce que la thématique à définir ou le problème n'est pas... ou ne doit pas être en appliquant les règles de la roue libre.
   Exemple : la réunion, ce n'est pas : du passe-temps, du temps perdu, un lieu de règlement de compte, un lieu de loisir, un aérogare, une voie de garage...
2. À partir de ce qu'il n'est pas, faire la liste complète et détaillée de ce qu'est le problème, ses composantes, ses axes, ses hypothèses, les questions à se poser...

© Éditions d'Organisation

3. Sélectionner les points les plus pertinents.

4. Selon la nature du problème ou du sujet abordé, traduire ces points en idées d'action ou reformuler des axes de recherche (ou des sous-problèmes) : comment faire pour…

■ *Conseils d'animation*

• Dans la phase de roue libre « en creux », exprimer les idées dans une forme affirmative, concrète et éviter à tout prix les formulations par la négative (vides de contenu), aider à cette formulation affirmative.
Exemple : qu'est-ce que la créativité n'est pas…
Formulations affirmatives : triste, coincée, élitiste..
Formulations négatives : « l'absence d'énergie », « pas vivante »…
L'animateur accueille la proposition formulée par la négative et relance la production en demandant :

• « la créativité n'est pas « pas vivante », c'est-à-dire concrètement… comment traduire cette idée en terme affirmatif ? »…

Les réponses sont multiples :

• « la créativité n'est pas morte, statique, figée, triste, ennuyeuse… »

Un terme formulé négativement est un concept en creux qui se remplit de sens s'il est traduit par des synonymes en plein.

Le pilori et le pinacle

■ *Objectifs*

▻ Permettre l'expression rapide de points de vue opposés sans entrer dans un débat d'idées.

▻ Explorer les composantes d'un problème ou d'un thème en se situant aux extrêmes.

▻ Faciliter la purge, générer de l'énergie dans le groupe.

Durée moyenne = 15 minutes pour le pilori et 15 minutes pour le pinacle.

■ *Principes*

Identifier les motifs qui expliquent l'existant : une situation, un service, un produit…

Juxtaposer les positions extrêmes pour aborder un sujet sous tous ses angles.

■ *Modalités d'utilisation*

1. Assigner les fonctions « mise au pinacle » et « mise au pilori » à deux groupes de participants.

2. Lancer le procès. Deux possibilités :

▻ A) Procéder en deux temps : le pilori puis le pinacle

B) Procéder en simultané : les partisans et les détracteurs interagissent.

3. L'animateur note les idées au fur et à mesure. En simultané, il se fait aider d'un autre et utilise deux tableaux de papier (l'un note le pinacle, l'autre le pilori).

4. Relire ensemble toutes les reformulations proposées.

5. Souligner les mots clés, hiérarchiser et regrouper par famille pour dégager des axes.

6. Lister des solutions ou élaborer ensemble une reformulation par axe pour définir ainsi plusieurs sous-problèmes.

■ *Conseils d'animation*

• Créer un climat de confiance au préalable dans le groupe.
• Encourager les participants à s'identifier à leur rôle et à convaincre l'autre groupe.
• Éviter cette technique si elle peut devenir un prétexte à règlements de comptes internes, elle est contre-indiquée si le groupe a des tendances négatives *a priori*.
• Utiliser le pilori en premier.

Le scénario catastrophe

■ *Objectifs*

▷ Trouver des idées originales.

▷ Stimuler la créativité et l'énergie des participants par le paradoxe.

▷ Se libérer des craintes et des contraintes qui peuvent freiner la créativité.

▷ Repérer les pièges à éviter et les risques de sabotage dans la mise en place d'une solution.

Durée moyenne = 15 minutes (pour 20 idées environ).

■ *Principes*

Imaginer le pire des scénarios que l'on puisse mettre en place pour ne pas résoudre le problème ou ne pas atteindre l'objectif, et ensuite en sortir des idées de solutions positives.

■ *Modalités d'utilisation*

1. Demander aux participants de donner toutes leurs idées en leur posant la question suivante :

▷ « Comment faire exprès pour échouer totalement dans ce projet… ? ».

▷ « Comment créer une situation tout à fait désastreuse… ? »

© Éditions d'Organisation

> « Comment faire pour que cette solution ait les pires effets… ? ».

> Lister toutes les idées en les numérotant.

2. Relancer l'émission d'idées catastrophiques en s'appuyant sur les différentes composantes du problème.

3. Demander ensuite toutes les parades possibles pour empêcher toutes ces catastrophes.

4. Sélectionner les solutions les plus efficaces sans se soucier des contraintes de faisabilité.

5. Transformer, développer, adapter ces idées en solutions réalisables.

■ *Conseils d'animation*

• Exiger des idées concrètes : « est-ce que l'on pourrait faire exprès pour… ? ».

• Transformer les idées d'actions exprimées par la négative « ne pas… » par des idées concrètes exprimée par l'affirmative « que peut-on faire exprès pour ne pas… ».

L'exploration dans l'idéal

■ *Objectifs*

> Se projeter dans l'idéal ou dans le futur pour explorer une situation.

> Encourager l'expression des attentes.

Durée moyenne = 20 à 30 minutes.

■ *Principes*

• Toute idée est l'expression d'un besoin.

• Tout problème peut être transformé en objectif.

■ *Modalités d'utilisation*

1. Mettre les participants du groupe en situation avec une phrase inductrice : « Imaginez que le problème est résolu, à quoi le voyez-vous ? »

> « Notre service (machine, procédure, projet…) fonctionne idéalement, comment le décrivez-vous, qu'est ce qui le caractérise ? »

> « Pour moi, dans l'idéal, nous aurons partiellement ou totalement atteint notre objectif si… »

2. Noter les idées soit en « carte de représentations », soit en liste en les numérotant.

3. Repérer les idées clés, les sélectionner ou bien les traduire éventuellement en solutions, en axes de recherche ou en indicateurs de résultats.

■ *Conseils d'animation*

• Ne pas hésiter à relancer la production d'idées (règles de la roue libre) et à se situer dans l'idéal où tout est possible.

La carte des mots (convergente)

■ *Objectifs*

➤ Faire une synthèse complète et visuelle de la production du groupe.

➤ Vérifier avec le groupe que chaque point important a trouvé sa place dans cette synthèse.

Durée moyenne = 10 à 15 minutes.

■ *Principes*

• Toute synthèse, quel que soit le sujet, peut se visualiser à partir de mots-clés qui sont la porte d'entrée de chaque idée.
• Le groupe a besoin de synthèse à chaque étape-clés du processus créatif (EDITO©).

■ *Modalités d'utilisation*

1. L'animateur note dans une bulle centrale le thème, le problème, le nom du projet qui va faire l'objet d'une synthèse.
2. Il invite les participants à relire l'ensemble des idées ou remarques produites sur les paper board. Il note chaque famille d'idées en couronne autour du mot clé central.
3. À partir de chaque premier mot, il peut faire partir une ou deux nouvelles branches qui viennent préciser l'idée ou apporter une nuance.

3. Imaginer

Pour chaque axe de recherche, on imagine un grand nombre de solutions et on cherche des idées magiques avec :
• Le scénario catastrophe
• Le remue-méninges
• La « pioche créative »
• Les défis fous et magiques
• L'analogie
• La participation
• La boîte à idées

Le scénario catastrophe, décrit pour l'étape précédente DISSÉQUER, est très utile, appliqué à chaque axe de recherche pour imaginer des solutions.

© Éditions d'Organisation

Le remue-méninges (Brainstorming)

■ *Objectif*

Recueillir ou susciter le plus grand nombre d'idées possible.

Durée moyenne = 20 minutes.

■ *Principes*

Un individu a plus d'imagination en groupe que seul.

L'application des règles de la roue libre :
• Tout dire
• En dire le plus possible
• Lever le jugement : ni critique, ni commentaire (positif / négatif)
• Accueillir les germes d'originalité : le farfelu, la fantaisie
• Rebondir sur les idées des autres

■ *Modalités d'utilisation*

1. Présenter et afficher le thème de réflexion avec les règles de travail (demander l'accord du groupe).
2. Recueillir toutes les idées au tableau(-papier) en les numérotant. Dépasser une moyenne de cinq idées par participant.
3. Exploiter chaque idée :
    ➤ traduire les idées farfelues en actions originales et concrètes
    ➤ regrouper éventuellement par thème.

■ *Conseils d'animation*

• Poser des questions précises. Exemples :
    ➤ Quels problèmes rencontrons-nous ? (recherche des problèmes)
    ➤ Pourquoi rencontrons-nous ce problème ? (recherche des causes)
    ➤ Comment faire pour éliminer ce problème ? (recherche des solutions)
    ➤ Être entraînant, dynamique par la voix et la prise de note ou paper-board.

La « pioche créative »

■ *Objectifs*

    ➤ Pratiquer le *brainstorming* (remue-méninges) par écrit.
    ➤ Favoriser l'expression des timides.
    ➤ Encourager la fantaisie, le farfelu.
    ➤ Permettre une élaboration des idées plus poussée et faciliter l'association aux idées des autres.

Durée moyenne = 30 minutes.

■ *Principes*

• Écrire nécessite de réfléchir en mobilisant toute son énergie.
• Les idées formulées isolément sur des fiches cartonnées peuvent être rapprochées pour être combinées entre elles.

■ *Modalités d'utilisation*

1. Les participants sont autour d'une table avec, à leur disposition, un paquet de fiches cartonnées pour écrire chacune de leurs idées.
2. Une « pioche » au centre permet aux participants d'y déposer les fiches-idées qu'ils ont rédigées.
3. Dès qu'un participant est à court d'idée, il pioche une fiche-idées et s'en sert pour rebondir et associer une nouvelle idée.
4. À la fin de la séquence d'émission d'idées, l'ensemble des fiches-idées est lu à voix haute en opérant éventuellement un classement par famille.
5. Les idées les plus originales, voire dérangeantes, sont enrichies avec la technique de l'avocat de l'ange (voir plus loin).

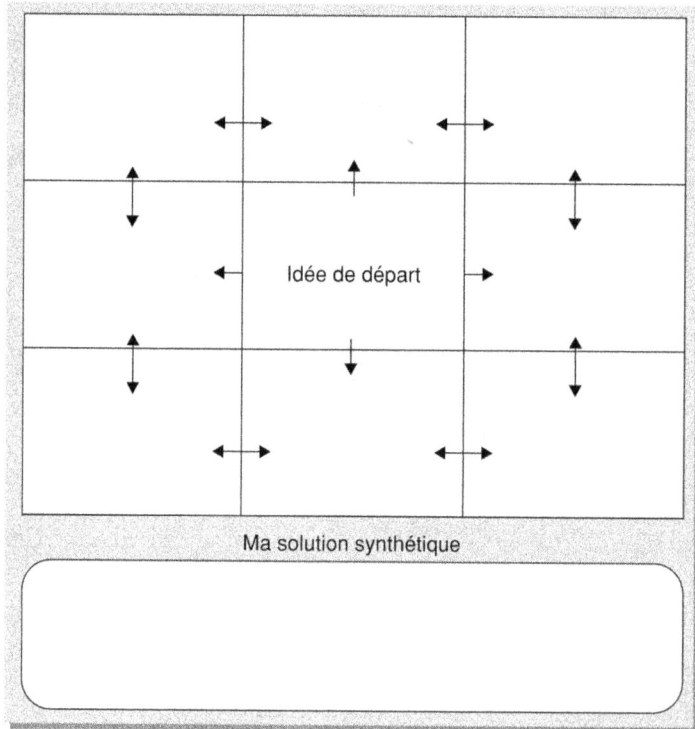

6. Option : autre exercice qui se pratique par écrit : le « brainwritting », à l'aide d'une feuille comportant neuf carrés et une base en rectangle.

© Éditions d'Organisation

Une feuille de ce type est distribuée à chacun. Chaque participant écrit une première idée dans le carré du centre puis passe sa feuille à son voisin qui associe une deuxième idée dans une case voisine et ainsi de suite. Quand les neufs cases sont remplies, il revient au participant suivant de proposer une synthèse élaborée dans le rectangle du bas de la feuille.

■ *Conseil d'animation*

La « pioche créative » en musique augmente la productivité. Pour cela choisir une musique stimulante.

Les défis fous et magiques

■ *Objectifs*

　▶ Trouver des idées originales et efficaces.

　▶ Saisir au vol la créativité d'une idée pour la traduire immédiatement en solution concrète.

Durée moyenne = 30 à 40 minutes.

■ *Principes*

Se fixer un défi fou et magique c'est-à-dire un objectif doublement provocateur :
• totalement impossible aujourd'hui,
• mais très efficace par rapport à l'objectif.

Ex. réduire de 25 % les coûts de telle fonction…

■ *Modalités d'utilisation*

1. Dans un premier temps, rappeler le défi fou et magique en réveillant au maximum l'enthousiasme et la curiosité des participants : de quelles manières pourrions-nous réduire les coûts de 25 % ?
2. Diviser le groupe en deux : créer des tandems où A devra donner oralement des solutions magiques (visualisables/concrètes, très efficaces par rapport à l'objectif et impossible actuellement), et B devra saisir au vol chaque idée pour la transformer par écrit en idée faisable et tout aussi efficace.
3. L'animateur est au milieu d'un demi-cercle, entouré par des A debout et il les invite à tour de rôle ou librement à proposer des idées folles (impossibles) et très efficaces (par rapport à l'objectif). Derrière chaque A est assis un B qui transforme studieusement les idées de A en idée originale et faisable techniquement.
4. À la fin, l'animateur fait au *paper board* une mise en commun des solutions proposées par les B.

■ *Conseils d'animation*

• Respecter les règles de la roue libre, encourager les participants, les doper de votre enthousiasme, leur dire toujours : OUI et que peut-on faire encore qui soit très efficace…, vous avez tous les moyens, tous les droits.

• Faire confiance à la créativité du groupe.

• Quand le groupe fatigue, l'animateur joue son rôle d'entraîneur, il reformule chaque idée en même temps qu'elle vient, il se déplace, a des attitudes chaleureuses,… se réjouit sans marquer son jugement.

Les analogies

■ *Objectifs*

▷ Trouver des idées originales.

▷ S'appuyer sur d'autres domaines de connaissance pour élargir ses ressources d'idées.

Durée moyenne = 2 heures.

■ *Principes*

Déplacer le problème dans un autre domaine, puis transposer les idées et les situations liées au second domaine dans le premier.

■ *Modalités d'utilisation*

1. Dans un premier temps, définir le problème et l'objectif (observation et structuration) : lister les caractéristiques en roue libre puis choisir les caractéristiques clés (sélection dans la liste ou par synthèse).

2. Lister des analogies dans des univers différents (faune, architecture, histoire, science-fiction, mythologie, géologie, neurologie, objets,…) « Notre problème me fait penser à…, c'est comme… ».

3. Lister des analogies jusqu'à trouver des analogies plus originales, plus lointaines et plus riches.

4. Choisir intuitivement une, deux ou trois analogies qui paraissent les plus fécondes (ni trop pauvre, ni trop acrobatique).

5. Explorer les analogies sélectionnées : les décrire précisément.

6. Traduire chaque analogie dans notre univers pour trouver des solutions.

■ *Conseils d'animation*

• Respecter les règles de la roue libre, encourager l'originalité.

• Faire confiance à la créativité du groupe.

• Distribuer les analogies sélectionnées à différents sous-groupes.

© Éditions d'Organisation

La participation

■ *Objectifs*

▷ Faciliter l'émission d'idées, améliorer la gestion du temps.

▷ Responsabiliser les participants.

Durée moyenne = 30 minutes.

■ *Principe*

Les participants prennent en charge leurs idées rédigées sur post-it ; ce sont eux qui les organisent en les plaçant sur un tableau.

■ *Modalités d'utilisation*

1. Remettre à chaque participant un paquet de post-it.
2. Aux différentes étapes de la recherche, les inviter à écrire leurs idées (lisiblement) et à placer leurs post-it au fur et à mesure sur le tableau.
3. Réguler avec le groupe l'organisation des post-it sur le tableau.
4. Commenter avec le groupe le résultat obtenu (familles d'idées, structuration des idées).

■ *Conseils d'animation*

• Les idées doivent être faciles à comprendre par tous, complètes, précises et concises.
• Cette méthode d'animation peut être combinée avec l'une ou l'autre des techniques d'animation créative proposées, ou bien servi à construire un diagramme (causes-effet, actions-solutions).
• Lors d'un vote pondéré, les participants inscrivent directement leur note sur le post-it de l'idée.

La mine d'idées

■ *Objectifs*

▷ Faciliter l'émission d'idées, sortir de l'angoisse de la feuille blanche.

▷ Élargir la gamme des solutions habituelles, sortir des sentiers battus.

Durée moyenne = 30 minutes.

■ *Principe*

Les participants s'inspirent d'une banque de solutions, d'une totale variété, sans lien avec le problème traité.

■ *Modalités d'utilisation*

1. Annoncer que les participants sont dans une excellente forme, qu'ils n'ont aucun problème et une masse de solutions ! Inviter les partici-

pants à lister toutes les solutions concrètes dans des univers les plus variés (technique, humain, industriel, santé…).

2. Noter ces solutions en vrac en les numérotant dans leur ordre d'arrivée : toutes les accepter tout en demandant des solutions très concrètes (du concept, pas de la manifestation). En avoir au moins vingt différentes.

3. Diviser le groupe en tandem ou trio, leur répartir équitablement les solutions numérotées et leur demander de traduire chaque solution en suggestions adaptées à la problématique.

4. Commenter avec le groupe le résultat obtenu (familles d'idées, structuration des idées).

■ *Conseil d'animation*

Dans la liste initiale, les solutions doivent être précises, concrètes, élaborées, compréhensibles par tous.

4. Trier

Il s'agit de hiérarchiser les idées les plus efficaces à l'aide :
• du vote pondéré
• du classement prioritaire
• de l'« avocat de l'ange »

Le vote pondéré

■ *Objectif*

Sélectionner (et non pas choisir) les idées les plus importantes.

Durée moyenne = 30 à 60 minutes.

> Un bon vote pondéré doit permettre de dégager 3 à 6 idées principales.

> Ne confondez pas cet outil de sélection avec un outil de décision.

■ *Principe*

Cet outil permet d'éliminer les idées secondaires et de se consacrer aux plus importantes. Il a la même fonction que l'écrit d'un concours : il sélectionne les meilleurs, mais ne décide pas des admis.

■ *Modalités d'utilisation*

1. Distribuer à chaque participant un capital de points à répartir sur les idées qui lui semblent importantes (les points peuvent être matérialisés par des gommettes).

© Éditions d'Organisation

Fixer une note maximale par idée en utilisant le tableau de répartition :

Nombre d'idées	Nombre de points	Plafond de points/idée
Moins de 10	3 ou 4	2
de 11 à 20	5 à 8	3
plus de 21	8 à 10	5

2. Noter les points de chacun au tableau et additionner.
3. Organiser une discussion sur les idées qui ont reçu le plus grand nombre de points.

Le classement prioritaire

■ *Objectif*

Définir une priorité de traitement d'un problème ou de mise en place de solutions.

Durée moyenne = 20 à 40 minutes.

■ *Principe*

À l'issue d'un vote pondéré, le groupe se met d'accord sur le classement des trois ou quatre problèmes/solutions retenus.

■ *Modalités d'utilisation*

1. Présenter les critères de classement
   ▸ Problème : simple, mesurable, pertinent, motivant
   ▸ Solution : simple, économique, rapide, efficace
2. Demander aux participants de classer individuellement les problèmes/ solutions dans l'ordre prioritaire : 1 pour le premier, 2 pour le deuxième…
3. Faire le total des classements obtenus pour chaque problème/solution.

Le problème/solution retenu(e) en priorité est celui (celle) ayant obtenu le total le plus faible.

Exemple

UN EXEMPLE DE CLASSEMENT PRIORITAIRE

Un groupe de cinq personnes utilisent le classement prioritaire pour déterminer l'action à entreprendre en priorité pour faire venir les clients :
- solution 1 : les inviter à déjeuner après la réunion
- solution 2 : prévoir une relance téléphonique avant la réunion
- solution 3 : leur donner un ordre du jour précis avec l'invitation
- solution 4 : offrir des bons de réduction

	Paul	Marc	Luc	Anne	Roger	TOTAL	Rang
Solution 1	1	2	1	2	1	7	1
Solution 2	4	4	4	3	4	19	4
Solution 3	2	3	3	4	3	15	3
Solution 4	3	1	2	1	2	9	2

Les solutions seront appliquées dans l'ordre suivant : 1 - 4 - 3 - 2. ■

L'avocat de l'ange (Sydney SHORE)

■ *Objectifs*

▷ Encourager la créativité et installer un courant de sympathie avec l'auteur de l'idée.

▷ Accueillir positivement les idées nouvelles, surtout quand ces dernières ne nous apparaissent pas pertinentes ou trop banales.

▷ Prendre le temps d'apprécier une idée quelle qu'elle soit. Développer l'écoute active.

▷ Développer une idée en l'enrichissant, s'appuyer sur les aspects positifs d'une idée.

Durée moyenne = 5 à 10 minutes par idée dont on se fait l'avocat de l'ange.

■ *Principes*

Il est plus tentant de faire le diable que l'ange. Et l'ange est plus constructif que le diable.

Plus une idée est novatrice, moins elle est reconnaissable comme telle de prime abord, on ne reconnaît que ce que l'on connaît déjà.

■ *Modalités d'utilisation*

1. Écouter attentivement l'idée présentée par votre interlocuteur.

© Éditions d'Organisation

2. Reformuler l'idée fidèlement et vérifiez auprès de votre interlocuteur si votre reformulation lui convient.

3. Enchaîner avec la formule exacte : « ce que j'aime dans votre idée, c'est… » (la sincérité est absolument nécessaire).

4. Poser des questions pour faire préciser l'idée, l'enrichir avant de prendre une décision.

■ *Conseil d'animation*

Être sincère, toute idée comporte au moins deux points forts.

5. Organiser

Cette étape consiste à développer les solutions en plan d'actions en associant les acteurs-partenaires. Sont alors utiles :

• Les fiches-écoute
• Les fiches-analyse
• Les fiches-action
• Le scénario-catastrophe (voir étape DISSÉQUER)
• Les indicateurs de mesure

Les fiches-écoute

■ *Objectifs*

▸ Associer l'écoute à la créativité lors d'une intervention (exposé).

▸ Préparer et conduire une séquence de bilan ou de synthèse (intermédiaire ou finale) avec un groupe.

▸ Recueillir la perception de chacun et structurer le point de vue d'un groupe pour enrichir le contenu d'une intervention (présentation de résultats d'études, exposé d'un projet…), organiser l'écoute dans un grand séminaire (40 à 80 personnes).

Durée moyenne (mise en commun de la fiche) = 60 minutes.

■ *Principe*

La fiche-écoute est un support qui permet à chaque participant de structurer sa prise de note et son point de vue avec une phase ouverte (surprises/confirmations) et une phase de focalisation (questions/idées). La mise en commun des fiches-écoute des participants d'un groupe est structurée par les cases proposées dans la fiche-écoute.

Modèle de fiche-écoute	
Ce qui me surprend Mes surprises	**Ce que je savais déja** Mes confirmations
Les questions que je me pose Mes questions	
Les idées que cela me donne Mes idées	

■ *Modalités d'utilisation*

1. Remettre une fiche-écoute à chaque participant et expliquer son utilisation (avant l'intervention dans le cas d'un exposé).
   Une fiche-écoute type comprend les cases suivantes :
   ➤ mes surprises/mes confirmations/mes questions/mes idées

2. Après l'exposé, la séquence en question, la situation en référence, rappeler les consignes de la fiche-écoute et laisser quelques minutes de réflexion individuelle pour permettre à chacun de mettre en ordre ses idées et de les hiérarchiser.

3. Recueillir les points principaux de chacun en effectuant quatre tours de table successifs.

4. Compléter ensemble les listes des questions et des idées, sélectionner les thèmes clés et exploiter en plan d'actions.

© Éditions d'Organisation

■ *Conseils d'animation*

Cette technique peut facilement être utilisée lors de grands séminaires (40 à 80 personnes) en confiant l'animation de sous-groupes à des animateurs-maison. Un rapporteur de chaque sous-groupe présente en séance de mise en commun les questions et les idées sélectionnées par son groupe. L'équipe de direction les accueille avec la technique de l'avocat de l'ange. Une synthèse globale est, par la suite, effectuée, diffusée et exploitée au sein des équipes.

Les fiches-analyse

■ *Objectifs*

▹ Avant d'agir, comprendre les contours de la solution choisie, permettre à chacun de formaliser le diagnostic de la situation.

▹ Impliquer chacun soit dans l'étape Disséquer mais aussi dans l'étape Organiser : anticiper sur tous les aspects de la mise en pratique de la solution retenue.

Durée moyenne = 60 à 90 minutes.

■ *Principe*

La fiche-analyse est un support créé pour structurer la réflexion de chaque participant. Une phase de réflexion individuelle précède la phase de mise en commun.

■ *Modalités d'utilisation*

1. Avant la réunion, mettre au point une fiche-analyse adaptée à l'objectif recherché.

   Le modèle classique comprend les rubriques suivantes :

   ▹ Forces, Faiblesses, Menaces, Opportunités

   Autre modèle pour analyser l'impact d'une décision sur une cible donnée :

   ▹ Atouts, Freins, Idées d'actions pour réduire les freins

   Autre modèle pour conduire une réflexion stratégique :

   ▹ Situation actuelle, Ressources/Obstacles, Première étape, Alliés/Adversaires, Situation idéeale

2. Remettre la fiche-analyse à chaque participant et expliquer son utilisation.

3. Laisser un temps suffisant aux participants pour exploiter leur fiche.

4. Recueillir les points clés de chaque fiche lors de tours de table successifs en faisant émerger les convergences et les divergences.

5. Exploiter les points de convergence et de divergence en proposant des axes d'interventions et des solutions.

■ *Conseils d'animation*

• Avec un groupe compétent et motivé sur le sujet abordé, cette technique peut constituer le cœur de la réunion.
• Les fiches gagnent à être réalisées sur un grand format (A 3).
• La réflexion peut être menée en sous-groupes (tandem, trio…) et être formalisée sur transparents ou feuilles de tableau de papier (pour faciliter la mise en commun).

Modèle de fiche-analyse (A)	
Forces	**Faiblesses**
Menaces	**Opportunités**
Mes idées	

© Éditions d'Organisation

Modèle de fiche-analyse (B)	
Action :	Cible concernée :
Atouts	**Freins**
Idées d'action pour réduire les freins	

Modèle analyse (C)	
Aujourd'hui	
Ressources	**Obstacles**
Première étape à atteindre	
Alliés	**Adversaires**
Situation idéale à atteindre	

Les fiches-action

Les fiches-action permettent de récapituler ce qui a été décidé, et d'en prévoir les étapes d'exécution ainsi que les personnes responsables.

Modèle de fiche-analyse (A)
FICHE ACTION N°...

○ Titre de l'action : ....   Date : ....
Origine : ....

Description : ....
....
....

Avantages	Inconvénients
....	....
....	....
....	....
....	....

Comment s'appuyer sur les points forts et surmonter les points faibles ?...
....
....
....

Étapes de mise en œuvre :
1.
....
2.
....
3.
....
4.
....

Personnes/fonctions à impliquer (interne et externe) :
....
....
....

Première étape de mise en œuvre :
....
....
○ ....

© Éditions d'Organisation

```
┌─────────────────────────────────────────────────────────┐
│                 Modèle de fiche-analyse (B)               │
├───────────────────────────────────────────────────────────┤
│     Origine : ........................ Animateur : ...............│
│  ○  Réunion du : .........................                 │
├───────────────────────────────────────────────────────────┤
│     Décision : ...........................................│
│     ......................................................│
├───────────────────────────────────────────────────────────┤
│     Motif : ..............................................│
│     ......................................................│
├───────────────────────────────────────────────────────────┤
│     Responsable(s) : .....................................│
│     ......................................................│
├───────────────────────────────────────────────────────────┤
│     Méthode et moyens mis en œuvre : .....................│
│     ......................................................│
├───────────────────────────────────────────────────────────┤
│     Obstacles : ..........................................│
│     ......................................................│
├───────────────────────────────────────────────────────────┤
│     Délai : ..............................................│
│     ......................................................│
├───────────────────────────────────────────────────────────┤
│     Critères de vérification/indicateurs de résultat : ...│
│     ......................................................│
├───────────────────────────────────────────────────────────┤
│     Remarques : ..........................................│
│     ......................................................│
│  ○  ......................................................│
│     ......................................................│
└─────────────────────────────────────────────────────────┘
```

LES CIBLES INTERNES : IDÉES-INTENTIONS

Le registre des idées ou des intentions émises dépend du niveau de compétence et de motivation des participants / sujet abordé.

	IDÉES (concrètes)	INTENTIONS
Ce qui dépend de nous	– à appliquer – à enrichir pour application > *registre de la responsabilité*	– à communiquer – à traduire concrètement > *registre de la prise de conscience*
Ce qui dépend des autres	– à « vendre » à la hiérarchie > *registre de la délégation*	– à écouter pour y répondre > *registre de la revendication*

La participation active est aussi un outil de diagnostic pour le manager. L'écoute se traduit par un accueil positif de chaque idée avec la technique de l'avocat de l'ange de Sydney SHORE.

Le **POINT**   Chaque idée est traduite dans un plan d'action à court terme, moyen terme ou long terme. Une communication d'accompagnement permet de reconnaître et de promouvoir les idées proposées.

Les outils pour organiser l'information

Les outils d'organisation de l'information appropriés à l'étape Organiser peuvent aussi être utiles dans les étapes Explorer et Disséquer.

Les tableaux

■ *Objectif*

Enregistrer des données, chiffrées ou non, de telle manière qu'elles soient facilement utilisables et vérifiables.

Durée moyenne = 10 à 30 minutes.

■ *Modalités d'utilisation*

1. Définir la donnée qui fait l'objet du relevé
   le critère de classement : jours, mois, types de produits.
2. Tracer un tableau à une ou deux entrées
   selon le nombre de critères de classement.
3. Inscrire les valeurs observées de la donnée étudiée.

▷ Prévoir la durée de l'observation. Désigner la (les) personne(s) en charge du recueil de données. Construire les tableaux les plus simples possibles.

Une entrée

Citère	Valeur

Deux entrées

	C2			
C1				

© Éditions d'Organisation

Les graphiques

■ *Objectif*

Visualiser un ensemble de données.
Durée moyenne = 10 à 30 minutes.

■ *Principe*

Un schéma en dit plus long qu'un discours.

■ *Exemples*

Graphiques de répartition ou de comparaison

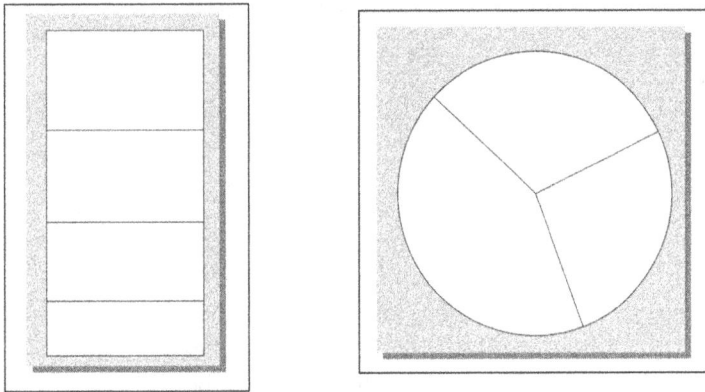

Graphique à coordonnées orthogonales

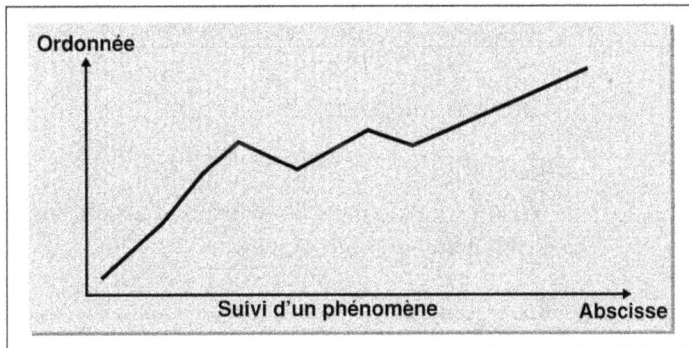

Le diagramme causes-effet

■ *Objectif*

Visualiser l'ensemble des causes, produisant un effet donné, regroupées par famille.
Durée moyenne = 60 minutes.

■ *Principe*

▷ **Veillez à définir des familles de causes bien adaptées à votre entreprise.**

Le diagramme causes-effet est une représentation par grande catégorie de l'ensemble des causes à l'origine d'un effet. Il est aussi appelé diagramme d'ISHIKAWA ou diagramme en arête de poisson.

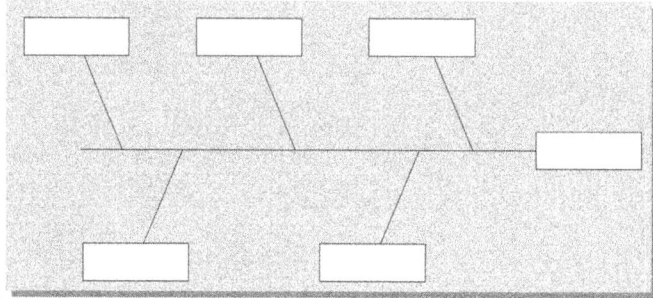

■ *Modalités d'utilisation*

1. Définir en groupe les principales familles de causes. Plusieurs moyens mnémotechniques peuvent être proposés :
   ▷ H3M : Hommes - Machines - Matières - Méthodes
   ▷ 5M :   Main-d'œuvre - Matériel - Matières - Méthodes - Milieu
2. Construire le diagramme en positionnant les familles de causes et en intégrant les causes plus fines.
3. Sélectionner par vote pondéré les familles de causes, puis les causes les plus probables.

L'analyse multi-critères

■ *Objectif*

Permettre à un groupe de se mettre d'accord sur le choix de solutions ou de problèmes, les mieux adaptés aux critères de décision.

■ *Principe*

À chaque fois qu'une décision doit être prise en fonction de plusieurs critères, le groupe se met d'accord sur le choix des critères, leur définition et leur poids.

Durée moyenne = 60 à 120 minutes.

■ *Modalités d'utilisation*

1. Définir avec le groupe les critères de choix et les noter sur le tableau de papier : performances, délais, coûts, simplicité, facilité…

© Éditions d'Organisation

2. Établir avec le groupe le barème de pondération pour chaque critère retenu en fonction de l'importance qui lui est accordée (on peut pour cela utiliser un classement prioritaire). Par exemple : 4 pour la rapidité, 3 pour le confort, 2 pour la sécurité, 1 pour le coût.

3. Construire la matrice multicritères :

> Donnez le même sens de notation à chacun de vos critères. Si 0 en « rapidité » est très lent, 0 en « coût » est très cher.

   - une ligne pour chaque critère de choix,
   - une colonne pour chaque idée.

4. Recueillir et totaliser les notes :
   - chaque membre du groupe attribue une note de 0 à 3 à chaque idée au regard des critères retenus,
   - les notes sont affectées du coefficient de pondération du critère,
   - le total des notes attribuées à chaque idée détermine le résultat global au regard de l'ensemble des critères.

5. Retenir l'idée qui totalise le plus de points.

Exemple

UN EXEMPLE D'ANALYSE MULTI-CRITÈRES

Objectif

Aller seul de Paris à Lyon dans les meilleures conditions de délai, confort, sécurité et coût.

Cahier des charges

Rapidité : moins de 3 heures de centre-ville à centre-ville
Confort : possibilité d'écrire pendant le trajet et d'étendre ses jambes
Sécurité : risques d'accident et d'agression 1‰
Coût : 90 euros.

Notation de 0 à 3 selon la satisfaction du critère.

Rappel : 0 = pas du tout. 1 = peu. 2 = assez. 3 = tout à fait

Critères	Pondé-ration	Solutions							
		TGV (1re classe)	Total	Avion	Total	Voiture	Total	Auto-stop	Total
Rapidité	4	3	12	3	12	1	4	0	0
Confort	3	3	9	2	6	0	0	1	3
Sécurité	2	3	6	3	6	1	2	0	0
Coût	1	2	2	0	0	0	0	3	3
Total			**29**		**24**		**6**		**6**

8 CONJUGUER CRÉATIVITÉ COLLECTIVE ET CRÉATIVITÉ INDIVIDUELLE

Animation et pratique, à l'image d'un orchestre

La créativité se pratique très bien individuellement. Toutes les techniques existantes possèdent une version collective et une version individuelle.

Un individu devant une feuille blanche aura *a priori* les mêmes difficultés qu'un groupe devant un tableau de papier. Les échecs relatés en matière de groupes de créativité sont dus pour la plupart à un manque de méthode et d'animation.

Un groupe qui se réunit autour d'une table sans autre méthode d'animation que le classique *« alors, c'est quoi vos idées ? »* ne produira que deux ou trois banalités, tandis qu'un groupe qui travaille avec des méthodes d'animation adaptées produira plus de cent banalités d'où surgiront les quelques perles qu'il fallait trouver !

La question de l'animation est primordiale. Elle se manifeste d'au moins deux façons :
- les séances de recherche créative sont animées par une personne qui possède le minimum méthodologique,
- le système de management dans son ensemble intègre la créativité dans son organisation.

L'énergie et la croyance que le groupe produira des propositions à la hauteur de ce qu'on attend dépend de chaque participant et de la capacité d'une personne à conduire le groupe aux meilleurs résultats. En la matière, l'analogie du chef d'orchestre est parfaite. Passer de la chorale de patronage au chœur capable de vous interpréter un récital, nécessite… le fameux 90 % de transpiration pour 10 % d'inspiration, attribué tantôt à MOZART, tantôt à LITZ, tantôt à tel autre génie !

La créativité s'exerce quotidiennement à l'image de la musique et de n'importe quel mode d'expression. Beaucoup d'entreprises bloquent sur leur capacité d'innovation et sur leur faible productivité en ce domaine. Ce sont les mêmes chez qui on constate que la créativité des individus est totalement laissée en friche (pas de formation à la créativité, pas de participation créative organisée).

© Éditions d'Organisation

Prééminence de la créativité collective en entreprise

En entreprise, la créativité est beaucoup plus souvent abordée sous son angle collectif. Et ce pour plusieurs raisons :

1) Le manque de maîtrise individuelle des éléments dans leur globalité

L'enrichissement mutuel et l'effet démultiplicateur de la créativité représentent une nécessité dans des domaines que personne individuellement ne maîtrise totalement. Ce phénomène est assez récent dans notre civilisation occidentale fondée sur la réussite individuelle : jadis, il y avait l'inventeur. Depuis plusieurs décennies, les sciences ont montré le chemin du travail et des résultats collectifs. Cette discipline de haut niveau d'expertise a constaté, avant les autres, que la complexité rendait impossible l'individualisme dans l'efficacité de la recherche.

2) Le partage des idées et l'appropriation par chacun

Une entreprise est une communauté d'individus chargés, chacun à son niveau, de contribuer à atteindre des objectifs communs de succès. Chaque acteur a une perception et des enjeux spécifiques. La créativité est une des manières les plus vivantes et motivantes de faire partager ces points de vue différents et en faire jaillir des idées qui sont celles de la communauté.

3) La permission de transgresser l'ordre établi

La créativité est affaire de permission. Oser exprimer une idée qui sort du cadre. Écouter une idée qui sort du cadre. Croire qu'une idée atypique peut vous apporter une réelle valeur ajoutée. L'entreprise est une communauté fondée sur un contrat de contribution/rétribution. Ce contrat s'inscrit dans un règlement et dans des normes plus ou moins bien formalisées et s'exerce souvent dans une relation de soumission à la hiérarchie. Il faut dire tout haut des propos qui plaisent. Et ce qu'on pense réellement se raconte sous cape. Les idées nouvelles dérangent. Non parce qu'elles sont indécentes ou impertinentes mais parce qu'elles bousculent l'ordre établi. Et pour qu'elles soient prises en compte, il est nécessaire qu'un manager prenne en charge leur mise en œuvre et en gère les conséquences. Ce qui demande du courage, au double sens du terme : courage de dépenser l'énergie nécessaire et courage d'affronter une autorité réticente et parfois menaçante.

La créativité pratiquée collectivement permet de franchir ces obstacles avec plus d'aisance, surtout quand les responsables sont intégrés dans le processus.

Outils PRATIQUES   *La méthode Delphi*

La méthode DELPHI a été mise au point aux États-Unis dans les années 50 pour établir des prévisions dans des domaines scientifiques.

La méthode DELPHI repose sur une consultation à distance d'experts, *a priori* de haut niveau : le travail se fait par écrit à travers un questionnement ouvert. Le nombre d'experts consultés n'est pas fixé. Par expérience, le nombre idéal se situe entre 30 et 60. En dessous de ce seuil, la matière n'est pas toujours assez riche. Au dessus, les méthodes d'analyse sont plus complexes à gérer. Nous avons cependant pratiqué cette méthode avec environ 200 experts, sur une question prospective concernant la création d'activité et les résultats ont montré que la méthode fonctionnait bien, à condition de bien distinguer ce qui est de l'ordre de l'émergence (aspect intéressant mais relevé par une minorité) de la récurrence (aspect évoqué par la majorité).

Les étapes de la méthode

1re étape : envoi d'un problème aux experts et retour des réponses à l'envoyeur

Un problème est soumis à chaque expert individuellement par courrier. Il lui est demandé d'une façon ouverte de proposer des prévisions telles qu'il les perçoit. L'énoncé de ce problème peut-être découpé en quelques questions ouvertes (cinq à six maximum).

Chaque expert renvoie sa réponse à un coordinateur (qui peut être un groupe de coordination) qui en fait une analyse de contenu et une synthèse.

2e étape : renvoi des synthèses aux experts et retour à l'envoyeur

Un texte de synthèse est retourné aux experts pour que chacun le modifie lorsque :
- des éléments qu'il avait transmis et qu'il juge importants ont disparu,
- la synthèse qu'il lit lui apporte de nouvelles idées par association,
- des éléments apportés par d'autres lui suggèrent des questions ou des contradictions.

Les experts retournent les synthèses amendées, au coordinateur qui prend l'ensemble de ces notes pour les retourner aux experts.

3e étape : renvoi des synthèses amendées aux experts et renvoi pour validation

Une nouvelle synthèse amendée est renvoyée aux experts pour une seconde lecture et dernières rectifications. Les experts retournent la synthèse au coordinateur.

Le coordinateur renvoie la synthèse finale pour validation.

Cette méthode peut parfaitement bien fonctionner avec les nouvelles technologies de l'information et de la communication. Elle est plus particulièrement adaptée à la prospective. Est considéré comme expert, toute personne qui a de l'expérience dans le domaine concerné :
- expérience technique
- expérience organisationnelle ou managériales
- expérience d'un secteur d'activité.

La simplification possible

Dans certains cas, notamment dans des sujets plus simples, il est possible de ne faire que deux étapes.

L'essentiel de cette démarche de créativité et de prospectives participatives consiste à croiser des points de vue experts et de les développer.

© Éditions d'Organisation

La constitution d'un réseau d'animateurs en créativité

L'animation et la dynamique de groupe requièrent des capacités spécifiques, au même titre que toute activité : la vente, la gestion, la qualité, etc. Un bon animateur est quelqu'un qui aime obtenir des résultats en commun avec d'autres personnes et qui maîtrise quelques pratiques et quelques techniques propres à l'animation.

Constituer un réseau d'animateurs en créativité revient à :
• former et accompagner les animateurs à l'animation créative,
• faire appel à eux pour des projets aux enjeux prioritaires,
• évaluer leurs performances au nombre de propositions appliquées avec efficacité,
• communiquer sur l'innovation, les conditions de mise en place et les ressources internes en créativité.

Les principales utilisations de la créativité en entreprise

1) Résoudre un problème

Par exemple, un dysfonctionnement dans un processus retarde les délais… un groupe de personnes faisant partie de ce processus trouve des solutions. Groupe auquel on peut adjoindre des personnes ne connaissant pas du tout le problème.

2) Trouver un nouveau produit

3) Trouver une nouvelle marque

4) Communiquer pour une meilleure appropriation : par exemple pour faire participer des salariés à une réflexion sur l'approche de certains marchés.

5) Explorer des perceptions
   ▸ Image
   ▸ Fonctionnement
   ▸ Climat

Exemple

Vous cherchez à savoir quelles sont les attentes d'un consommateur sur le confort d'une voiture ou d'une maison ou sur le système de transport d'une ville, vous lui demandez d'imaginer l'idéal… ses suggestions traduisent ses attentes. Ou bien, connaître le climat d'une entreprise, demander des conseils à un ami. ■

6) Analyser des besoins. Ainsi, la simple analyse des suggestions émises par des groupes de salariés ou de consommateurs fournit des indicateurs précieux des besoins au-delà des strictes demandes.

7) Exploiter des données et des résultats

Exemple

Des résultats d'étude en interne : présenter les résultats, relever les points forts et les points faibles. Lancer une recherche collective sur comment améliorer les points faibles et optimiser les points forts. ∎

8) Échanger des expériences

Exemple

Des managers d'unités opérationnelles se retrouvent. Ils ont besoin de formaliser des règles du jeu pour mieux fonctionner et mieux communiquer avec leurs équipes. Ils se retrouvent à douze ou quinze et se livrent à un exercice de créativité
- par trio : A raconte une expérience, bonne ou mauvaise, B pose des questions pour le relancer et l'amener à approfondir son exposé, C écoute et prend des notes et tente rapidement de transposer les cas concrets en principes. Chacun fait cet exercice. Le trio fait une mise en commun entre eux pour recadrer et une mise en commun générale permet d'enrichir cette élaboration collective de la pédagogie des expériences. ∎

9) Définir des orientations stratégiques

Exemple

Des centres de gestion se retrouvent pour réfléchir ensemble sur la manière de reconstituer le tissu rural, de le maintenir et de lui apporter une nouvelle offre de conseil en terme de création d'entreprise. ∎

10) Et… entraîner son imagination et son intuition pour être pragmatique et flexible aux bons moments, par des entraînements réguliers, comme s'il s'agissait d'un sport.

9 ANIMER UNE SÉANCE DE RECHERCHE CRÉATIVE

Bâtir un plan d'animation

▷ Pour faire un plan d'animation, la première question est : « qu'est-ce que je veux obtenir à la sortie de la séance ? » Ensuite, on choisit l'enchaînement des techniques d'animation.

Les techniques d'animation proposées sont extraites d'un catalogue impressionnant au regard de tout ce qui existe officiellement ici et là et de ce que chaque animateur adapte et invente au fil des séances.

Mais la connaissance exhaustive des techniques existantes n'apporterait rien : ce qui est important pour qui veut animer une séance de créativité n'est pas tant de savoir quelle technique utiliser que de savoir ce qu'il cherche à obtenir en fin de séance.

Veut-on obtenir :
• un nouveau nom ?

© Éditions d'Organisation

• un nouveau système de distribution ?
• une autre manière de fidéliser ses clients ?
• une réduction de coût de 30 % ?
• un produit jamais vu ?
• un mode de fonctionnement ?
• etc.

Un plan d'animation se construit sur des objectifs à atteindre et selon le parcours naturel de la créativité : immersion, incubation, illumination que le parcours EDITO© formalise.

Prenons deux exemples de plan d'animation élaborés pour :

1) un comité de direction qui se donne deux jours pour établir les grandes lignes de son plan à trois ans,

2) une équipe commerciale qui dispose de deux heures pour trouver des idées capables de transformer radicalement des motifs d'insatisfaction (révélés dans les résultats d'une étude) en leviers de fidélisation.

Exemples

1. Le comité de direction de la marque M. se réunit deux jours pour élaborer un plan prospectif à trois ans (en une journée)

Une séance de créativité sur des sujets qui concernent de près l'avenir de chaque participant poursuit un double objectif :

- un objectif opérationnel : disposer d'un plan à trois ans,
- un objectif de communication : faire grandir la cohésion de l'équipe.

Séquence 1 : **Explorer ensemble la marque**

Objectif de la séquence : identifier les points forts et les points faibles pour relever les défis

Technique : Carte des mots associés à la marque M.

Puis choisir deux mots qui font le plus penser à :

– un point faible *pour* relever les défis de demain,
– un point fort *pour* réussir les défis de demain.

Séquence 2 : **Disséquer le contexte et anticiper les conditions de réussite**

Objectif : ouvrir et dégager des pistes prospectives

Techniques :

– scénario catastrophe (ou prospective régressive) : Tout ce qu'il faut faire pour conduire l'entreprise M. au fiasco (ou nous sommes dans trois ans, l'entreprise M. est en perdition, que s'est-il passé ?)
– formule idéale : dans l'idéal, l'entreprise M. aura totalement réussi si...
– indicateurs de résultats : l'entreprise M. aura totalement réussi quand...
– sélection des pistes à poursuivre en synthèse de cette production.

Séquence 3 : **Le plan à 3 ans**

Objectifs de la séquence : créer des scénarios prospectifs gagnants

Techniques :

– mise en situation : vous êtes devant les actionnaires, vous venez leur présenter un plan à trois ans en image,

- le groupe se répartit en petits sous-groupes de deux ou trois, chacun choisit une piste à transformer en scénario,
- par sous groupe : mise en image de l'évolution de l'entreprise (finalités et défis) uniquement à partir d'images recueillies dans des journaux (sans chiffres et sans mots) : il s'agit de décrire le futur voulu, en découpage d'images, en donnant aux actionnaires le plus d'informations précises sur les finalités et les défis qui permettront de l'atteindre.
- mise en commun : chaque groupe explique son scénario, les autres jouent le rôle de « l'avocat de l'ange »,
- commentaires et conclusions.

Séquence 4 : Le choix des défis

Objectifs : trier et valoriser les défis les plus percutants et les plus motivants

Technique : chaque participant attribue aux défis exprimés dans les scénarios une première note : le défi le plus stimulant (original, excitant,..) et parmi ce premier choix en opérer un second, en attribuant une note aux défis les plus efficaces.

Séquence 5 : Le lancement des défis

Objectifs : organiser en détail le lancement de chaque défi suivant un programme d'action et de communication interne et externe

Techniques :

- reprendre chaque défi sélectionné en sous-groupe et décrire en détail les actions à mener selon des fiches actions qui comportent : étapes, acteurs, indicateurs de suivi, indicateurs de résultats,
- mise en commun
- conclusions

Un compte rendu détaillé de la séance est envoyé à chaque participant pour validation, enrichissement et décision.

2. UNE ÉQUIPE COMMERCIALE PROFITE D'UNE PRÉSENTATION DE RÉSULTATS D'ÉTUDE DE SATISFACTION DES CLIENTS POUR TROUVER ENSEMBLE DES IDÉES CONCRÈTES CAPABLES DE TRANSFORMER RADICALEMENT DES MOTIFS D'INSATISFACTION EN LEVIERS DE FIDÉLISATION (EN 4 HEURES)

Ce type de séance courte et « à chaud » doit concentrer tous les ingrédients les plus « épicés » de la créativité. Voici un plan d'animation qui peut se faire en 4 heures, présentation de l'étude comprise (soit 2 heures + 2 heures)

Séquence 1 : Présentation des résultats de l'étude

Objectif de la séquence : écouter et identifier les points clés
Technique :

- Donner à chacun une fiche-écoute sur laquelle il note au fur et à mesure de la présentation ses confirmations (sur des points qu'il juge importants), ses surprises, les questions et les idées que les données présentées lui suggèrent ;
- Faire une mise en commun de ces réactions et les noter toutes en direct sur un tableau de papier ;
- Faire une synthèse.

Séquence 2 : Les causes de l'insatisfaction

Objectif de la séquence : partager les représentations de chacun
Technique :

À partir de cinq à six items de l'étude notés les plus négativement, faire avec tous les commerciaux un scénario catastrophe sur chacun de ces points *(par exemple : que faut-il faire pour le service après-vente soit encore pire... que faut-il faire pour que les clients se plaignent encore plus des délais de livraisons... que faut-il faire pour que les clients trouvent que les relations avec leurs fournisseurs sont de moins en moins humaines...)*

© Éditions d'Organisation

Séquence 3 : Les idées de fidélisation

Objectif de la séquence : trouver un maximum de propositions qui faciliteront la fidélisation des clients

Technique :

– Chaque scénario catastrophe, un par thème, est distribué à un petit groupe de trois ou quatre participants qui ont une heure pour transformer les idées négatives en idées positives efficaces.

– Chaque petit groupe revient présenter au moins cinq idées performantes.

– Le directeur commercial fait l'avocat de l'ange sur chaque idée.

Cette production est finalisée puis transmise pour étude et mise en œuvre.   ■

Préparer une réunion de créativité

1) Fixer les objectifs opérationnels de la réunion

Sens, enjeux, objectifs de la réunion

À quoi sert cette réunion ?

Quels sont les enjeux de l'animateur ? du demandeur ? des différents intervenants ? des participants ?

Quels sont les différents niveaux d'objectifs, affichés ou cachés ?

Quels sont les indicateurs de résultats ?

Les questions à traiter peuvent-elles se régler autrement et plus efficacement que par une réunion ?

2) Partager les objectifs de la réunion avec les participants

Un objectif de réunion est :

- adapté : compréhensible par tous,

- précis : formulé en terme d'actions,

- réaliste : suffisamment accessible pour être atteint,

- transparent : le même pour tous.

Pour cela, écrire l'objectif de la recherche créative en gros sur un paperboard.

Ainsi que chaque étape de la recherche.

3) Préparer le plan d'animation en fonction des objectifs

Il ne sert à rien de préparer le guide d'animation de votre réunion tant que vous n'avez pas formalisé ses objectifs opérationnels.

Imaginez le résultat concret de votre réunion : que voulez-vous obtenir à la fin de cette réunion ? Donnez des exemples précis de ce qui sera dit vers la fin de votre réunion :

- quel genre d'idées voulez-vous obtenir ?
- de quels types de compétences avez-vous besoin ?

4) Concevoir le guide d'animation de la réunion créative

Le programme se construit en précisant :
1) À quelle étape-clé correspond la réunion créative dans le parcours général (le E, le D, le I, le T, le O) ?
2) Quel temps maximum peut être consacré à cette réunion ?
3) Des exemples de ce que l'on aura fait produire aux participants en fin de réunion.
4) Les techniques successives que l'on compte utiliser en faisant de chaque réunion un « mini » EDITO© : préciser pour chaque technique la consigne qui sera donnée aux participants.
5) Veiller à ce que chaque technique ait sa phase d'ouverture et parfois sa phase de fermeture.
6) Les moments de pause et de synthèse proposés par l'animateur.

5) Réussir le démarrage

Une réunion est un acte de communication avec un enjeu. Soigner le démarrage de sa réunion, c'est se donner les moyens de maîtriser la conduite de la réunion vers les objectifs que l'on s'est fixé.

Un processus de démarrage de réunion comprend les étapes suivantes :

> ▶ Éviter d'entamer une discussion avec quelqu'un en particulier.

L'accueil. Arriver avant tout le monde, avoir un contact personnalisé avec chacun des participants (serrer la main…), mettre à l'aise (éventuellement café, jus de fruits).

La présentation des participants : connaître le nom de chacun, vérifier que tout le monde a bien identifié les autres (nom, fonction, rôle dans un projet éventuellement), prévoir un tour de table de présentation (classique ou plus originale).

Les règles de fonctionnement : rassurer les participants, donner un cadre bien défini et en être le garant, valider ces règles avec le groupe, prendre soin de les nommer et de les afficher.

Exemple

Exemples de règles de fonctionnement (ou règles du jeu) : horaires, règles de participation telles que réactivité, confidentialité, co-responsabilité, écoute… ■

© Éditions d'Organisation

Choisir un mode de présentation en prenant en compte les objectifs de la réunion, le degré d'implication possible des participants (peurs, blocages), le temps disponible, la nécessité ou non d'établir une relation entre les participants.

Le programme et les objectifs de la réunion : situer ou rappeler le cadre de la réunion (au nom de quoi…), présenter les différentes séquences de la réunion, préciser les indicateurs de résultats attendus (ce à quoi nous voulons aboutir en fin de réunion : forme et contenu), vérifier si les participants n'ont pas d'autres attentes et recadrer si nécessaire.

Éventuellement, un tour de table de recueil des attentes est utile pour s'assurer de l'adhésion de chacun aux objectifs de la réunion.

Le recueil de représentations, l'évacuation des idées connues (et reçues). Faire émerger les pré-acquis sur le sujet abordé (les *a priori*, les références), impliquer les participants dès le démarrage, s'appuyer sur la perception des participants pour aborder un contenu de réunion, identifier le degré de compétence (connaissance et savoir-faire) et le degré de motivation (implication et appropriation) des participants vis-à-vis du sujet à traiter.

Développer ses talents d'animateur

Les qualités	Cela se manifeste par les comportements de l'animateur
Neutre	Il ne prend pas du tout partie, ni pour les idées ni pour les personnes, pendant les échanges.
Disponible	Il reste tout le temps de la séance avec le groupe (ne s'absente pas, ne téléphone pas, ne s'entretient pas avec un membre du groupe sur une question qui n'intéresse pas les autres membres du groupe).
Flexible	Négocie sur les questions de moyens (horaires des pauses, présentation d'un sujet) mais pas sur les objectifs à atteindre ni sur les termes non négociables arrêtés avec le groupe (mixité des fonctions, participation d'un décideur, par exemple).
Constructif	Fait rebondir les échanges et relance les propos sur « et qu'est-ce que vous proposez ? » plutôt que : « pourquoi dites vous ça ? » par exemple.
Ouvert	Accepte toutes les propositions et n'intervient que pour les reformuler et les rendre compréhensibles.
À l'écoute	Veille à ce que tous les participants s'expriment, distribue la parole et aide les participants peu loquaces à exprimer leurs idées.
Méthodique et rigoureux	Présente le programme de la séance, expose les règles du jeu, explique la démarche et les méthodes, les écrit sur un tableau de papier, les affiche, respecte l'horaire annoncé.
Dynamisant	Utilise l'humour : le sien et celui des participants, pour créer la bonne humeur et favoriser la prise de recul.

Outils PRATIQUES — *Exemple de diagramme de l'animateur*

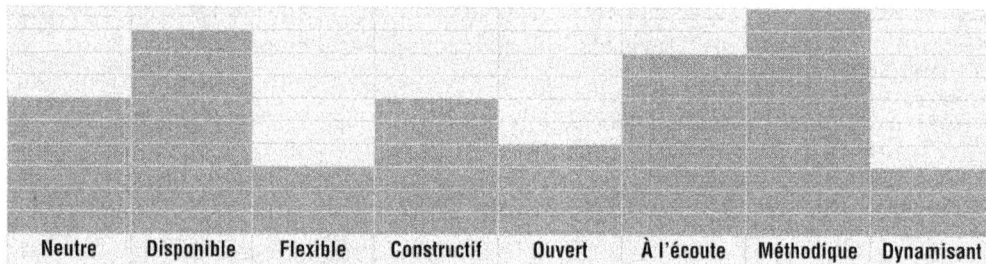

| Neutre | Disponible | Flexible | Constructif | Ouvert | À l'écoute | Méthodique | Dynamisant |

Comment perfectionner son rôle d'animateur ?

Chaque caractéristique est importante.

Neutre : donner à chaque participant la même possibilité de s'exprimer.

Disponible : montrer l'importance de l'enjeu et la générosité qu'il faut y accorder.

Flexible : s'attacher à atteindre l'objectif visé sans polémiquer sur les moyens.

Constructif : privilégier une idée meilleure à une justification stérile.

Ouvert : accorder le bénéfice du doute.

À l'écoute : être attentif à chacun et reformuler en cas de malentendu.

Méthodique : être très structuré sur la forme et ouvert sur le fond.

Dynamisant : rebondir avec humour, jouer et faire jouer.

Pour s'améliorer, un animateur :

– s'évalue en fonction de ce qu'il pense,
– se fait évaluer par les participants,
– mesure les écarts,
– prend des mesures correctives.

© Éditions d'Organisation

Les attitudes de l'animateur qui encouragent et les attitudes qui bloquent

Ce qui encourage	Ce qui décourage
Déplacement – bouger – rester de face *Regard* – multidirectionnel – s'arrêter sur chaque personne *Corps* – ouvert – naturel – avec le sourire – les mains libres – les jambes décroisées *Voix, langage et méthode* – moduler le débit – varier les intonations – porter sa voix au fond de la salle – articuler – terminer ses phrases – éviter les termes généraux (« je » et « nous » au lieu de « on ») trop imprécis – un langage simple – dire les mots clés avec plus de force – illustrer ses propos par des images et des anecdotes – faire régulièrement des points de synthèse	Rectifier les erreurs, cristalliser la discussion sur un point de détail. Ne pas tenir compte des sentiments, éventuellement négatifs, d'un participant ou de soi-même (Une personne énervée ne se calme qu'après avoir exprimé ses réactions). Donner des conseils personnels, au lieu d'écouter et de reconnaître une difficulté. Imposer des solutions, sans se montrer pressé. Porter des jugements moralistes. Se laisser tenter par la curiosité et encourager la dispersion. Rappeler ses bons souvenirs. Se positionner en expert. Éviter le conflit ou noyer les difficultés par les bons sentiments. Présenter son point de vue avant les autres.

Pratiquer la reformulation

> **Important :** si ce que dit la personne n'est pas compréhensible, évitez de dire « je n'ai rien compris » mais distinguez ce que vous avez compris de ce que vous n'avez pas compris et posez des questions.

La reformulation a pour objectif d'aider une personne à préciser sa pensée en répétant d'une manière plus concise ou plus explicite ce qu'elle vient d'exprimer.

Dans une situation où l'émotion tient une place importante (source de confusion), la reformulation est centrée sur l'expression du ressenti de l'autre.

Une fois le ressenti exprimé et reconnu, la personne en question peut entrer dans un registre plus rationnel et réfléchir à proprement parler.

La reformulation se déroule en deux temps :

1) Exprimer en quelques mots ce que l'interlocuteur vient de dire :

> « donc… »

> « autrement dit… »

> « si j'ai bien compris… »

> « vous voulez dire que… »

2) Reconnaître le sentiment éprouvé :

> « et le problème dans cette situation, c'est que cela t'a mis en colère… »

3) Soit la personne acquiesce et elle continue son explication :

> soit elle corrige et vous reformulez à nouveau,

> soit elle complète, etc.

Savoir écouter

Écouter, c'est :

• se centrer sur l'autre, se décentrer de soi-même,

• être empathique : ouvert, accueillant, positif,

• entrer dans le cadre de référence de l'autre, dans ses représentations,

• encourager l'autre à parler,

• reformuler ce que l'on a compris (contenu et sentiment sous-jacent),

• vérifier que l'on est sur la même longueur d'onde,

• ne pas se laisser « envahir » par l'autre et occuper sa place,

• montrer une attitude physique encourageante : regard, hochement de tête, position vers l'avant, sourire et visage ouvert,

• observer tous les signes non-verbaux de son interlocuteur,

• respecter les silences,

• laisser la personne aller au bout de ce qu'elle a à dire,

• ne pas anticiper sur ce que l'autre va dire,

• relancer par des questions,

• faire préciser le sens de certains termes, en particulier les termes généraux (on, jamais…).

L'écoute active se pratique avec la technique de la reformulation et elle aide l'interlocuteur à enrichir ses idées par un jeu de questions qui relancent.

© Éditions d'Organisation

Donner des signes de reconnaissance

Cinq verbes clés pour une bonne circulation des signes de reconnaissance :
• Donner
• Accepter
• Refuser
• Demander
• Se donner à soi même

1) Donner un signe de reconnaissance à quelqu'un, c'est lui indiquer qu'il existe pour nous, et que nous le reconnaissons.

2) Pour grandir l'enfant a besoin de signes de reconnaissance : être touché, embrassé, nommé.

3) Par la suite, les signes de reconnaissance sont toujours indispensables à tout être humain. Ils deviennent le plus souvent symboliques dans les rapports courants entre individus : un sourire, un regard, une parole.

4) Nous cherchons tous à recevoir la « dose » de signes de reconnaissance dont nous avons besoin pour nous sentir reconnu, vivant, inclus dans une communauté.

5) Par l'intermédiaire des échanges de signes de reconnaissance, les individus se reconnaissent mutuellement et se re-énergétisent.

6) Faute d'obtenir ou d'accepter des signes de reconnaissance positifs, nous risquons de faire ce qu'il faut pour recevoir des signes de reconnaissance négatifs.

10 INTÉGRER LES RÉUNIONS CRÉATIVES DANS L'ORGANISATION GÉNÉRALE DES RÉUNIONS

La « base des 4 réunions »

Chaque réunion poursuit un objectif précis. L'expérience montre que des réunions sans objectif ou des réunions qui en cumulent une trop grande quantité se révèlent inefficaces.

En soi, une réunion répond au besoin très précis de rassembler des acteurs susceptibles de contribuer activement à l'obtention d'un résultat donné.

Les exigences qui en découlent ne sont pas moins précises :
• l'objectif est connu de tous les participants avant la réunion,
• le commanditaire de la réunion est identifié,
• la réunion est animée par un ou plusieurs animateurs identifiés,
• le résultat attendu est formalisé,
• chaque participant convié est concerné par l'objet de la réunion, autrement dit : sa participation apportera une contribution réelle au résultat attendu,
• le résultat obtenu est évalué et retranscrit dans un compte rendu envoyé dans un délai annoncé à chaque participant, éventuellement pour information et/ou *feed-back* à d'autres destinataires prévus.

La réunion créative s'inscrit dans ce cadre, de même qu'elle fait partie d'une base, dite « base des 4 réunions »[2] qui comprend une séance :

- d'information : donner et recueillir de l'information factuelle et opérationnelle,
- d'exploration thématique : approfondir un thème important pour la compréhension et l'appropriation des missions,
- de créativité : résoudre des problèmes et anticiper pour innover dans des domaines variés,
- de décision : prendre des décisions, prévoir la communication de ces décisions.

> La réussite du participatif créatif se vérifie sur deux indicateurs simples : la montée en compétences et en motivation des individus.

Cette base n'est pas exhaustive, elle représente le minimum vital dans la conduite stratégique et opérationnelle de l'entreprise. Ainsi conçue, la « base des 4 réunions » est un outil simple et assez sobre pour être facilement utilisé.

Le choix de 4 objectifs :
- s'informer mutuellement,
- s'immerger et réfléchir,
- inventer ensemble,
- décider pour agir.

correspond aux ingrédients incontournables d'un mode de management participatif et impliquant. La réussite du participatif créatif dépend du bon niveau d'information et de culture que chaque participant a acquis.

Le POINT

- Alternez les différents types de réunions.
- Ne prenez pas de décision pendant la phase créative d'une réunion, vous risquez une grosse autocensure.
- Lors des choix : préférez le vote au consensus.

---

2. La « base des 4 réunions », expression utilisée par les auteurs lors de leurs interventions.

© Éditions d'Organisation

Le modèle de base des quatre réunions

1. Information	2. Exploration thématique
Objectif : Transmettre des informations techniques, institutionnelles, événementielles *Processus :* a) Donner les informations b) Tour de table : questions / suggestions c) Reformuler les points clés en synthèse *Durée idéale :* 15 à 25 mn	*Objectif :* Réfléchir ensemble, échanger les points de vue, pratiques et expériences *Processus :* a) Présenter le thème b) Organiser les échanges c) Reformuler les points clés et faire valider par le groupe en conclusion *Durée idéale :* 1 h à 2 h 30
3. Créativité	**4. Prise de décisions**
Objectif : Résoudre des problèmes, améliorer, innover (le fonctionnement, la communication…) *Processus :* a) Poser le problème b) Mener une recherche en suivant une démarche c) Donner un *feed-back* sur les propositions de solutions et annoncer un plan d'action à suivre *Durée idéale :* 3 à 8 h	*Objectif :* Prendre des décisions collectives, préparer une décision avec son équipe *Processus :* a) Présenter le sujet b) Tour de table : écouter les points de vue de chacun c) Reformuler et vérifier la bonne compréhension d) Proposer un mode de prise de décision e) Décider *Durée idéale :* 1 h

11 CONSTITUER DES GROUPES DE RECHERCHE D'IDÉES

Certains tests proposent des cocktails détonants. Un savant mélange des différentes constitutions cérébrales donnent effectivement des chances d'aboutir à des résultats ultra-performants. Nous vous invitons à vous reporter à ces référentiels si vous souhaitez pousser plus loin et plus fort les exigences attendues d'un groupe d'une dizaine de personnes.

Nous resterons ici plus modestes et, pour un certain nombre de situations, plus pragmatiques. Nous vous proposons quelques règles de constitution de groupes en fonction des objectifs recherchés.

L'animation créative tient de la mise en scène : la notion d'acteurs concernés est primordiale, surtout quand il s'agit d'innovations à mettre en place dans les domaines de l'organisation et du service. Les préconisations qui suivent ne sont pas à suivre à la lettre. Elles correspondent à une expérience de plus de quinze ans dans le domaine de l'animation. La dite expérience montre aussi qu'il existe toujours des exceptions à la règle !

1) Le nombre idéal d'un groupe de travail se situe entre huit et douze personnes.
   En deçà, l'effet démultiplication est réduit. Au-delà, la maîtrise est plus difficile.

2) Dans une démarche d'innovation, il faut un minimum de personnes compétentes dans le domaine recherché et motivées par le thème. Ce qui n'implique pas obligatoirement qu'elles partagent les orientations officielles. Il est souvent utile d'apporter de l'information pour alimenter la recherche.

3) Préférer les groupes mixtes, hommes et femmes aux groupes unisexes (sauf si la problématique l'exige).

4) Intégrer la présence d'une ou deux personnes candides et encourager leur pouvoir d'étonnement.

5) Dans toute recherche liée à des questions de fonctionnement (management, organisation, communication, commercial, etc.) reconstituer « in vitro » la situation réelle avec les acteurs concernés par le sujet.

6) Dans toute recherche liée à l'organisation entre les personnes et/ou les services, intégrer des managers de proximité (chefs d'équipe, agents de maîtrise) qui connaissent bien le terrain et qui bénéficient d'un certain recul.

7) Dans toute recherche ciblée sur des questions d'interactions entre des personnes ou des services, favoriser le mélange des prestataires et des clients (internes et/ou externes) qui n'ont pas d'enjeu d'influence dû à leur statut.

Il faut éviter de réunir des acteurs qui représentent des enjeux importants par rapport à d'autres : un hiérarchique ou un client qui représente un pouvoir fort (c'est le cas par exemple de la participation d'un PDG à des groupes de travail ou d'un responsable des achats avec des fournisseurs). Cette configuration risque de provoquer des inhibitions. Il vaut mieux intégrer ces acteurs décideurs dans le processus en amont et en aval de la recherche.

© Éditions d'Organisation

12 REPÉRER LES COMMANDITAIRES INTERNES

Le principe de toute démarche d'innovation participative repose sur la notion de commanditaire. Tout projet doit viser à répondre à un besoin réel ou latent d'un destinataire acheteur de l'idée.

Le commanditaire interne est celui qui peut permettre ou faciliter la mise en œuvre d'une idée. La plupart des démarches d'innovation échouent lorsque les idées sont émises, approuvées, récompensées mais qu'elles restent dans les cartons.

Le rôle d'un commanditaire consiste à exprimer un besoin et à fixer des objectifs de résultats qualitatifs et/ou quantitatifs et à s'engager sur la mise en œuvre des projets qui lui sont transmis.

Exemple

Les objectifs peuvent être très globaux et concerner toutes les propositions qui améliorent la marge par exemple, comme ils peuvent être très spécifiques et concerner la réponse à un client qui exprime une demande totalement atypique. ∎

Le commanditaire, parfois appelé « client » ou « sponsor » de la recherche, est celui qui :
• formule son besoin (le briefing)
• valide la proposition que l'on lui remet (le debriefing)
• accompagne et soutient les équipes, sans intervenir lors des phases de recherche (l'accompagnement)
• promeut les propositions au sein de l'entreprise (communication, vente de l'idée à d'autres services, etc.)

Troisième partie

Comment accélérer et réussir l'innovation participative ?

Entre prévoir et anticiper
il y a la même différence
qu'entre la divination et
la prospective.

Le premier est entre les
mains du destin, le second
entre celles du décideur.

Innover n'est pas prévoir
l'avenir mais le vouloir
et se porter au-devant
de lui.

Chapitre

Adopter les pratiques managériales de l'innovation

1 PROMOUVOIR UN STYLE DE MANAGEMENT INNOVANT : L'ASCENDANT

En quoi le management crée-t-il un contexte qui incite à l'innovation ?

> « L'innovation, c'est d'abord une communication très importante avec le personnel : réunion hebdomadaire avec chaque équipe, 1 heure pour discuter des différents projets. Les innovations naissent ou ne naissent pas... C'est difficile pour un opérateur d'innover sur un nouveau produit, parce que chacun ne connaît qu'une partie des composants, d'où la communication entre les salariés de disciplines différentes. »
> F., Directeur d'usine.

La réussite d'une démarche d'innovation participative dépend en grande partie du management. La question centrale est « en quoi le management crée-t-il un contexte qui incite à l'innovation ? »

Cette question se décompose en de multiples sous-questions : quels défis ambitieux la direction lance-t-elle aux équipes ? L'innovation fait-elle partie des priorités affichées ?

Quelle place occupent les clients dans les mentalités de chacun ? Satisfaire un client représente-t-il une préoccupation plus importante que de plaire à la hiérarchie ? Les managers sont-ils les premiers à impulser l'innovation ? Le travail en groupes multidisciplinaires est-il une habitude ? Les salariés sont-ils formés à la créativité, au *benchmarking*, à l'animation de groupe, à la conduite de projet ? Le recrutement encourage-t-il la diversité des profils, des formations, des parcours, des âges ? L'idée qu'à tout problème, il y a au moins une deuxième solution a-t-elle cours ? Les échecs et les erreurs sont-ils exploités à des fins d'innovation ? Etc.

Ce sont toutes les questions que nous retrouvons dans les référentiels et outils de diagnostic proposés dans cet ouvrage.

En d'autres termes : à quels résultats doit parvenir un manager qui veut promouvoir l'innovation à tous les étages ?

Un terme répond globalement à cette question : l'ascendant. Avoir de l'ascendant sur ses équipes et faire en sorte que chacun développe son ascendant et occupe au mieux sa zone d'influence.

La confiance et l'énergie

À quoi sait-on qu'une personne exerce un ascendant ? Principalement à sa manière d'avoir confiance en soi et de faire confiance aux autres en toute situation, y compris et surtout en période de crises.

Il s'agit d'une compétence qui se traduit par une capacité d'interdépendance avec les autres :
• savoir donner et recevoir des autres,
• agir en toute liberté,
• respecter et faire respecter les règles du jeu communes.

© Éditions d'Organisation

L'innovation participative fonctionne bien quand les managers exercent un leadership fort. Quand ils perçoivent ce qui est bénéfique et souhaitable au-delà de l'écran des obstacles et des handicaps. Un bon leader en innovation est celui qui défend sa vision sans savoir comment concrètement y aller mais qui donne envie d'y aller. La notion d'incertitude et de plaisir est déterminante.

Le portrait du « manager innovant » idéal

Les portraits du manager idéal abondent dans tous les fascicules et tous les stages de management. « Cherche mouton à vingt-cinq pattes désespérément. » Celui qui sait gérer des situations complexes, entraîner et motiver son équipe, piloter le changement, identifier et faire croître les compétences et les ressources de son équipe, s'engager, se remettre en cause, être créatif, créer lui-même ses missions dans le cadre des orientations stratégiques, être porteur de sens, avoir le sens du client, etc.

Tous ces attributs peuvent se résumer en quelques idées simples et vérifiables :
• connaître et faire partager les enjeux et les défis de l'entreprise,
• comprendre une situation particulière,
• vouloir la modifier dans un sens donné et annoncé,
• entraîner des individus dans cette aventure.

Un manager exerce au mieux son ascendant quand il connaît parfaitement bien les limites de sa responsabilité, qu'il veille à ce que ses supérieurs hiérarchiques et ses collaborateurs jouent le même jeu que lui.

Exemple

Prenez l'exemple d'un directeur administratif et financier qui, conscient que les relations de ses services avec les clients et les fournisseurs sont dépourvues de toute chaleur, décide d'organiser une rencontre entre ses équipes et des clients. L'ascendant de chacun des acteurs, lui et les autres : son directeur général, ses pairs, ses collaborateurs se mesure au nombre de démarches à entreprendre et au nombre d'obstacles rencontrés pour faire aboutir son projet. À lui de discerner les réticences infondées des véritables inconvénients. À lui de savoir exprimer clairement à ses interlocuteurs le risque réel que représenterait une telle initiative. Et de convaincre bien sûr de son utilité ! ■

Les solutions aux situations courantes

Les situations qui s'enlisent faute d'une réelle volonté de confronter des perceptions différentes sont légions !

« Témoignage

Gilles TRAVOT, Directeur Général, Direction des
Marchés Service, UNILOG

Leadership et « innovation terrain »

Gilles TRAVOT a la responsabilité de trois Directions
Opérationnelles, soit environ 500 personnes.

Comment stimulez-vous l'innovation dans votre direction ?

Je dois dire d'abord que les innovations sont permanen-
tes à UNILOG. Il s'agit essentiellement d'innovations
technologiques proposées par les équipes opérationnelles en contact avec les réels besoins de nos clients. À
l'origine de leur développement, je suis la plupart du
temps incapable d'en évaluer le contenu technique et ce
n'est pas ce qui m'intéresse en premier lieu. Je sonde le
business plan, ce que la nouvelle offre peut rapporter
comparée aux investissements associés, selon quel
calendrier elle sera opérationnelle. Je considère également la crédibilité des personnes qui me présentent un
projet d'innovation et si elles sont légitimes, à mes yeux
pour le mener à bien.

Maintenir un contact informel avec les clients permet de
bien les connaître et cela me donne une idée des tendances sur lesquelles se lancer.

Mais ce qui guide le plus ma décision c'est comment les
gens parlent de leur proposition. La passion et l'engagement qu'ils y mettent. Après, ils se débrouillent ! Si le
choix n'est pas judicieux, je ne vais pas les mettre à la
porte… mais je veux le savoir et savoir pourquoi. Je
favorise la transparence.

Vous impulsez une démarche d'excellence. En général, on associe l'excellence à l'anticipation et à l'innovation. Quelle organisation mettez-vous en place pour faire fonctionner ce « trio ? »

Ces trois termes sont comme des couleurs primaires !
Tous les autres aspects sont des combinaisons de
l'excellence, de l'innovation et de l'anticipation. Je ne
vois pas d'organisation qui crée de l'anticipation.

Par contre le rôle du leader est essentiel dans une
démarche d'excellence. Il doit sans cesse, lancer des
défis en interne !

Et mettre en regard de ces impulsions, des indicateurs
qui permettent de mesurer les évolutions. Ces indicateurs fournissent également des repères précieux pour
anticiper !

Comment faites-vous monter vos collaborateurs en puissance et comment les aidez-vous à trouver leur meilleure place ?

C'est vrai que l'innovation a besoin de gens bien à leur
place, bien dans leur peau ! En confiance !

En tant que leader, une de mes missions consiste en
« faire grandir les gens ». Préparer l'avenir, trouver les
leaders de demain.

Une stratégie propre à UNILOG consiste à multiplier les
petites unités à taille humaine plutôt que laisser se développer des structures tentaculaires. Cette forme de fonctionnement garantit aux innovations une notoriété
rapide et précise auprès du boss, de par la proximité.

Et puis nous avons besoin de managers en permanence
pour diriger les unités qui se créent. C'est une façon de
me faire progresser moi-même. Il faut que mes collaborateurs aient envie de prendre ma place !

Cette mission de « faire grandir » se heurte souvent à
des obstacles de poids chez les leaders : la peur de se
faire prendre sa place, par exemple.

Ou la prise de risque et de responsabilité que cela exige
de la part du leader.

Je m'explique :

Il faut tout d'abord chercher des personnes susceptibles
d'être positionnées au delà de leurs responsabilités
actuelles. Que va-t-il se passer lors de la mise en nouvelle situation ? Sur 100 risques pris, vous en aurez 20
personnes exceptionnelles capables de mieux encore, 40
bien à leur nouvelle place et 40 sur lesquels vous vous
serez trompé !

Pour les deux premières catégories, aucune difficulté !
Mais que fait-on des 40 « mal à leur place ? » D'abord,
il faut reconnaître que nous nous sommes trompés sur
leur compte et leur expliquer que vous vous êtes trompés.

Il est de votre responsabilité de les aider à se repositionner sans casse car c'est vous qui êtes allés les chercher.
Or, bien souvent, la tendance est de repositionner les
gens en dessous de leur niveau d'origine! Leur redonner
une chance au niveau qu'ils ont quitté exige beaucoup
de recul pour le leader qui s'est trompé. C'est pourtant
ce qu'il doit faire pour conserver la confiance de ceux
qui le suivent et qui prendront d'autres risques avec lui,
demain.

Une telle démarche exige beaucoup d'énergie!

(février 2001)

»

© Éditions d'Organisation

Exemple

Une direction des ressources humaines doit communiquer son programme à l'attention des cadres. La communication choisie est totalement jargonnante et inaccessible à l'utilisateur. Le service de communication interne se propose de l'aider. Il suggère de travailler deux heures avec un groupe de managers pour clarifier leurs besoins à l'égard des RH. Il a pour toute réponse que c'est inimaginable aujourd'hui, les gens ne sont pas mûrs, etc.

On pourrait penser que la proposition de faire travailler des managers en direct avec le service des ressources humaines est une innovation en soi : cela ne s'est jamais vu dans cette entreprise ! Il reste au directeur de la communication d'aider le DRH à prendre conscience par exemple que tous y gagneront si la communication destinée aux cadres est parfaitement claire pour eux.

S'il y arrive et que la réunion avec les cadres se réalise, non seulement le bénéfice éclatera au grand jour mais chacun se demandera pourquoi ne pas y avoir pensé plus tôt.

La situation est d'une banalité déconcertante. Alors, pourquoi l'évoquer dans un livre dédié à l'innovation ?

La réponse est dans la question : l'innovation participative a pour but de sortir de ces innombrables ornières à coup de « ruptures utiles », plus ou moins spectaculaires.

Une fois dépassées, elles font l'effet du fil à couper le beurre ou de l'œuf de Christophe Colomb : « Mais comment pouvait-on vivre autrement ? ».

Du jour où le DRH aura réuni son groupe de managers avec l'aide de la communication, qui l'aura aidé à assurer une animation créative dynamique, nous savons par expérience qu'il en tirera le plus grand bénéfice et la plus grande satisfaction et que ses relations en seront différentes. Ainsi que l'efficacité de son action ! ∎

Créer un climat créatif dans l'entreprise

La créativité se manifeste souvent par la capacité de proposer des solutions nouvelles applicables à des problèmes anciens. Mais elle contribue également à percevoir et à analyser les situations d'une façon différente.

Exemple

Le directeur marketing d'une société de service de routage nous confie : « *Pendant des années, le service des réclamations s'est heurté à l'indifférence générale. Des centaines d'idées fusaient pour le faire mieux fonctionner. Jusqu'au jour où la question n'était plus de mieux le faire fonctionner mais de transformer les réclamations en défis internes, communiqués, traités en groupes de projet, portés au niveau du projet de l'entreprise, devenu le symbole de la voix du client.* » ∎

La créativité en soi est stimulante, elle apporte des réponses vivantes et concrètes, elle associe chacun et elle favorise le travail en équipe ; compétence qui manque parfois cruellement dans les entreprises aujourd'hui. En même temps, elle n'est rien si la direction n'encourage pas sa pratique à tous les étages et dans toutes les instances et ne la considère pas comme une ressource à part entière pour relever ses défis.

La direction et le management encouragent la créativité de chaque individu s'ils :

1) *engagent leur responsabilité dans le processus et dans les résultats*
Cela implique concrètement :
• d'expérimenter de nouvelles formes d'organisation,
• de faciliter les échanges d'idées et d'informations entre les individus,
• de créer des moments de créativité ouverte (pas de censure, originalité…) et de transformer la production en actions nouvelles,
• d'intégrer la créativité, en tant qu'esprit de travail et de méthode, dans l'organisation et le système de management à tous les niveaux.

2) *créent un contexte favorable à l'autonomie*
L'autonomie de chacun dépend de son degré de motivation et de compétence par rapport à ses missions.

Exemple

Un manager veut installer un Intranet spécifique à son service. Il sollicite la créativité de tous pour concevoir un cahier des charges original et attractif. S'il ne veut pas se retrouver devant un club de fans du web, une poignée de rebelles réticents à toute forme d'utilisation de l'informatique, et une masse d'attentistes vaguement sceptiques, il doit prendre du temps à expliquer les tenants et les aboutissants de son projet et proposer une forme d'initiation simple pour mettre tout le monde à niveau.

La mission du manager ne consiste pas à créer le site du siècle avec un petit groupe d'enragés du net mais bien d'intéresser chacun à partir de son niveau de motivation et d'appréhension de ce sujet. ∎

Créer l'autonomie de son équipe, c'est prendre en compte la diversité des perceptions individuelles et créer un esprit de créativité commune. Cela revient à :
• communiquer au maximum sur les objectifs du projet, sans se laisser phagocyter par les « allumés de la technique »,
• laisser un minimum de liberté à chacun pour diriger sa propre approche en négociant avec lui des zones spécifiques d'auto-direction, puis élargir ces zones progressivement avec l'aide des plus initiés,
• complimenter les contributions collectives sans laisser de côté les créatifs solitaires,
• apprécier les caractéristiques de chacun, ses forces et ses faiblesses, ses besoins, ses motivations, sa valeur et son enthousiasme,
• et ne pas focaliser tous vos efforts sur les 10 à 15 % de récalcitrants.

© Éditions d'Organisation

3) *considèrent que l'innovation est le mélange d'une multitude de « flashes » spontanés et d'une attitude qui se construit au quotidien*

Les idées viennent sans crier gare. C'est le propre de la phase d'« illumination » qui succède à l'imprégnation et à l'incubation d'un problème donné. Les idées viennent aussi quand des individus se réunissent et s'associent autour d'un objectif. Les deux formes doivent être encouragées. Il faut rappeler sans cesse que l'innovation est une attente forte de l'entreprise et encourager chaque jour les comportements créatifs.

4) *stimulent l'enthousiasme et l'esprit constructif*

L'enthousiasme est un sentiment puissant *(étymologiquement : avoir Dieu en soi)*. Un manager affirme son leadership par l'enthousiasme : le sien et sa capacité à le provoquer autour de lui.

Pour cela, il doit inciter ses collaborateurs à s'ouvrir à de nouvelles idées et à de nouvelles expériences. Il doit également amener chacun à valoriser les idées des autres.

5) *valorisent l'innovation*

Pour que l'esprit et la pratique de l'innovation se développent, le manager doit se donner des objectifs précis et des indicateurs de suivi et de résultats.

Cette disposition pourra sembler contraire à l'esprit de la créativité pour ceux qui ont de cette discipline une vision délirante et sans contrainte. En même temps, elle montrera progressivement que l'innovation n'est pas un foisonnement d'idées pures mais qu'elle se concrétise par des résultats mesurables.

Souvent des personnes s'étonnent qu'il faille une méthode : « si c'est trop structuré, ça va brider la créativité ». En même temps, ces mêmes personnes qui sollicitent les services d'experts en créativité exigent des cahiers des charges très ambitieux : préparer des animateurs qui pourront conduire des démarches d'innovation sur plusieurs mois, travailler cette formation à partir d'un cas réel qui sera résolu lors de la formation, obtenir des résultats surprenants, le tout en deux jours de séminaire !

Manager l'innovation consiste aussi à donner du temps au temps !

6) *définissent leur propre style de management*

Le « manager créatif » – celui qui a une idée par minute – n'est pas forcément celui qui facilite l'expression créative des autres. C'est même assez souvent le contraire !

Le manager de l'innovation participative se reconnaît surtout à ses capacités à s'adapter aux circonstances et aux personnes impliquées. Il sait faire participer, être autoritaire ou délégatif quand il le faut.

Définir son propre style de management ne signifie pas tout faire au feeling ou suivant son bon sens. Il y a des règles et des pratiques qui aident à mieux se faire comprendre et orienter les actions dans un sens ou dans un autre.

Dans le domaine de la créativité et de l'innovation, le manager doit appliquer sa façon de faire sans pour autant étouffer ceux qui ont d'autres méthodes. Il doit également permettre aux individus de tester leurs idées personnelles et leur laisser une marge d'erreur raisonnable. La répression systématique de l'erreur conduit à ce que plus personne ne prenne aucun risque !

Sur ce point très sensible du management, l'impératif numéro 1 tient un mot : accompagner. Plus le manager est proche et à l'écoute de ses collaborateurs, plus il peut leur laisser une certaine latitude. Au moindre signal d'alarme, il peut réagir et recadrer sereinement la situation.

7) créent la convivialité et la bonne humeur

La bonne humeur est une source d'énergie. Mauvais caractère s'abstenir ! Les motifs de mécontentement ne manqueront jamais. La capacité d'un manager à « prendre les choses du bon côté » fait de lui un homme de ressources. Confondre critiques cinglantes et marques d'autorité est redoutable pour la créativité. On peut être sincère et sérieux ou drôle et détendu selon les occasions tout en restant serein et accueillant. La maîtrise de son amabilité, y compris pour exprimer des remontrances et des griefs, fait partir des qualités du manager de choc !

8) promeuvent la responsabilité et font grandir leurs collaborateurs

La maturité se manifeste par un engagement fort et réfléchi et par la capacité de prendre des initiatives en accord avec les acteurs concernés : hiérarchie, pairs, collaborateurs.

L'immaturité est maintenue en général dans des entreprises qui accordent peu de place à la remise en question, aux idées neuves et qui récompensent plutôt ceux qui ne « font pas de vagues ».

9) lancent des défis

Celui qui vient au monde pour ne rien troubler ne mérite ni égard ni patience. René CHAR

Le défi appelle la créativité et le dépassement de soi-même. Un manager doit lancer des défis à ses collaborateurs, en leur confiant des missions intéressantes qui leur demandent un investissement et une certaine prise de risque. Contrairement à ce qu'on entend souvent « *nous ne pouvons*

© Éditions d'Organisation

nous permettre aucun risque, nous n'en avons pas les moyens », il faut envisager le risque comme une ressource.

Lancer un défi commence par aider un collaborateur à voir les problèmes et les difficultés comme des opportunités. C'est une forme de compétence que de désirer et savoir surmonter les obstacles.

Mais le défi n'est pas synonyme d'acte héroïque. Les risques doivent être évalués et l'effort demandé, dans les délais demandés, à la hauteur de l'enjeu et des capacités physiques et intellectuelles de la personne concernée.

10) *favorisent la pensée créative*

La pensée créative fonctionne comme la pression d'un liquide dans un tuyau ! Plus le tuyau est étroit plus la pression est forte et fait jaillir le liquide le plus loin possible. La comparaison est triviale mais elle essaie de mettre un terme à cet *a priori* « anti-créatif » qui consiste à croire que tout doit être débridé, ouvert dans tous les sens, etc. Le tout azimut, le désordre est propice à cette étape du processus créatif mais ce n'est pas la créativité.

La pensée créative est d'autant plus efficace que le problème est défini avec précision au départ.

11) *suscitent la curiosité*

L'innovation et la créativité sont alimentées tous les jours par des informations et des stimulations diverses. Encourager la curiosité consiste, par exemple, à demander à chacun de diffuser des articles ou à recommander des lectures qui peuvent enrichir des débats. Il ne s'agit pas obligatoirement de sujets professionnels.

12) *reconnaissent et exploitent les erreurs*

Le droit à l'erreur est peut-être la revendication la plus entendue ces dix dernières années. En réalité, il se pratique en fort peu d'endroits. À tel point que l'on cherche le plus souvent à occulter les erreurs. Quand on sait combien d'innovations doivent leur succès à un taux d'erreurs conséquent, on se dit que le droit à l'erreur devrait être systématiquement instauré demain à tous les étages de l'entreprise !

Le problème est criant dans des domaines comme la sécurité, par exemple, où l'accident est passé sous silence à cause des statistiques. Il est difficile d'innover dans un domaine où l'erreur est pénalisée.

13) *personnalisent la reconnaissance à l'innovation*

Ce qui rapporte à l'entreprise doit rapporter aux salariés. Cela n'empêche pas d'envisager des récompenses honorifiques : appréciation personnalisée du président et autres formes de distinctions devront refléter l'admiration de l'excellence créative.

La presse d'entreprise doit rendre compte des réalisations. Toute opportunité de reconnaître les talents individuels et collectifs doit être explorée.

14) *encouragent la « fertilisation croisée »*

Une des clés de l'innovation participative est la multiplicité des disciplines, des compétences, des expériences, des cultures différentes. Un groupe multidisciplinaire est d'emblée créatif dès que chacun de ses membres est invité à décrire ce qu'il sait faire avec son produit ![1]

Au groupe multidisciplinaire il faut ajouter toute forme de support qui permet de croiser les points de vue. Les analyses, les idées, les critères de sélection et les modes de mise en œuvre représentent en soi des matrices créatives, forum intranet en tête !

Le POINT — *Les cinq clés de l'innovation participative*

1) **Le climat :** favoriser l'innovation c'est encourager les collaborateurs à prendre du plaisir dans la créativité et des risques dans l'application. Tout échec est accompagné et transformé en référentiel d'excellence.

2) **Le challenge :** la provocation est à la racine de l'innovation. Il faut lancer des défis à la limite de l'infaisable et tout à fait mesurables.

3) **La méthode** : la créativité est naturelle à tous, l'esprit d'innovation est minoritaire. Donner le goût de l'innovation passe par une professionnalisation des outils de la créativité : ils révèlent un talent caché qu'il est enfin permis d'exercer.

4) **La reconnaissance** : l'innovation exige un effort et une prise de risque. Elle a pour objectif d'enrichir l'entreprise. Les innovateurs doivent être récompensés financièrement et moralement.

5) **La structure :** l'innovation modifie nécessairement l'organisation entre les acteurs. La structure en place doit être en mesure d'accueillir ces modifications. Sa première qualité est la souplesse qui permet d'innover sans obligatoirement tout détruire !

Extrait de Catalyse, magazine du personnel du groupe Solvay en France, mai 1999.

---

1. D'après Eugène RAUDSEPP (*Training and Development Journal*).

© Éditions d'Organisation

2 DÉVELOPPER SON LEADERSHIP : PROFITER D'UN 360 DEGRÉS POUR INNOVER ET FAIRE PARTICIPER À L'INNOVATION

L'innovation participative nécessite de la part de chaque manager une stratégie d'innovation personnelle et une forte capacité de remise en cause. Comment faire pour se mettre en situation de changer tout en aidant les autres à changer ?

L'innovation est, en elle-même, une aptitude à innover : se remettre en cause, s'aventurer dans des domaines peu expérimentés, prendre des risques.

Le leadership du manager apporte puissance, permission et protection à ses collaborateurs.

Concrètement, un manager leader :
• propose un projet avec des objectifs mesurables,
• fixe un mode de fonctionnement clair,
• est le premier à respecter les règles qu'il instaure,
• défend son équipe,
• se connaît bien pour adapter son mode de management aux personnes et aux situations.

_Le_ POINT *Les cinq piliers d'un manager leader*

1 Avoir un projet avec des objectifs mesurables à proposer.
2 Fixer un mode de fonctionnement clair pour parvenir aux objectifs.
3 Être soi-même exemplaire.
4 Savoir défendre son équipe.
5 Se connaître assez pour savoir à quel genre de responsabilités son type de management-leadership est naturellement adapté (autoritaire, cordial, négociateur).

Comment faire de la remise en cause un facteur de développement ?

Entre ceux qui prétendent que c'est inné et ceux qui affirment que tout s'apprend avec de bonnes méthodes (américaines, de préférence !) il y a peu de place pour une réflexion personnalisée. La créativité n'apporte pas de réponse toute faite sur ce point. Elle aide en revanche à avancer à partir de remise en cause. Le leader est celui qui sait améliorer son attitude et son comportement à partir de chaque situation où il a été remis en cause.

Le leader est aussi missionné pour aider ses collaborateurs à se remettre en cause sans les « casser ».

En réalité, la difficulté ne réside pas dans le contenu de l'information mais dans la légitimé de l'émetteur.

Exemple

Une personne en qui vous avez confiance et que vous admirez, peut vous adresser des critiques virulentes qui vous toucheront, qui vous blesseront peut-être, mais qui vous aideront à améliorer votre comportement. Les mêmes critiques émises par une personne peu exigeante vis-à-vis d'elle-même ou qui démontre fréquemment un écart flagrant entre ses paroles et ses actes n'auront aucun effet bénéfique. ■

La réussite d'une démarche participative fondée sur l'ouverture et le risque dépend de la capacité de chacun à tirer un parti constructif d'un renvoi d'image qui met le doigt là où ça fait mal.

En famille ou entre amis, cette qualité d'échanges est souvent difficile et conflictuelle.

En entreprise, ça devient parfois un véritable champ de bataille, feutré, convenu, cruel : paralysant totalement la spontanéité et la créativité.

L'exercice de la remise en question est fondamental. Il doit être conduit avec des règles du jeu très rigoureuses.

Un outil intéressant : le 360°

Depuis quelques dizaines années, les démarches de communication interpersonnelles fleurissent ici et là. Fertilisantes pour les uns, stériles pour certains, venimeuses pour les autres. Et le facteur déterminant est presque toujours lié à cette problématique de légitimité des protagonistes à se remettre en question.

La méthode du 360 ° apporte une réponse intéressante. Elle repose non sur une interrelation entre deux individus mais sur un système, sur une communauté peut-on dire.

Le 360 degrés a pour objectif d'auto-évaluer son mode de management et de le faire évaluer par ses interlocuteurs les plus proches.

La relation entre l'image perçue par soi-même et l'image que l'on pense que les autres ont de soi est un levier de progrès. Les décisions que l'on

© Éditions d'Organisation

est amené à prendre à la suite de l'exercice vont dans le sens de ce que l'on veut obtenir en tenant compte de ce qu'attendent les autres.

Cette démarche, rappelons-le, est très liée à tout ce que l'on peut attendre de l'innovation participative car elle procède elle aussi d'une dynamique fondée sur le rapport du voulu (projet, prospective) et de l'attendu (réponse à des attentes) et sur la notion du système.

La démarche du 360 degrés

1) *La mise au point d'un questionnaire avec l'intéressé*

Le questionnaire est établi en fonction des objectifs managériaux de l'entreprise et des managers qui effectuent la démarche (cf. Proposition d'un questionnaire adapté au leadership d'un manager dans le cadre d'une démarche d'innovation participative).

2) *Les destinataires du questionnaire ?*

Il est prévu de consulter plusieurs catégories de personnes :
• les supérieurs hiérarchiques du manager,
• ses collaborateurs,
• ses pairs,
• éventuellement des clients et des fournisseurs.

Chaque manager qui se livre à cet exercice remplit son propre questionnaire.

Le questionnaire est envoyé aux personnes consultées simultanément. Les réponses sont à renvoyer individuellement dans un délai donné.

3) *Le traitement des réponses*

Un organisme neutre prend en charge le traitement des réponses. Elles sont gérées selon un protocole établi à l'avance.

En tout état de cause, doivent apparaître :
• les segmentations par population (d'où l'importance de consulter au moins une dizaine de personnes par population quand les effectifs le permettent),
• les écarts type par segmentation,
• les points communs et les différences entre les réponses données par le manager lui-même et les réponses des personnes consultées.

4) *L'utilisation des résultats*

La méthode exige une grande rigueur dans l'utilisation des résultats. En principe, et sauf convenance contraire, seul le manager connaît les résultats de son 360 °. L'outil doit lui permettre de travailler sur les points mis en valeur. C'est une base de travail très fructueuse dans une démarche d'accompagnement.

Outils PRATIQUES *Exemple de questionnaire 360 degrés pour évaluer le leadership innovateur*

Le leadership

Grille proposée à partir de sept composantes du leadership qui correspondent à ce que des collaborateurs attendent du leadership : conduire l'équipe vers la performance et l'excellence.

1 = donner du sens à l'action de chacun

M. ...
- a des projets avec des objectifs mesurables
- s'investit pour faire partager sa vision
- lance des défis à l'équipe en permanence
- contamine l'équipe de la prépondérance des besoins du client
- explique le changement

2 = faire grandir son équipe
- refuse qu'un collaborateur lui soumette un problème sans suggérer de solutions
- accueille les idées de ses collaborateurs d'une façon constructive
- propage l'esprit d'innovation : on peut toujours faire mieux autrement
- commente les erreurs commises et en tire des conclusions constructives

3 = développer sa crédibilité : faire preuve d'intégrité et créer un climat de confiance
- tient ses engagements en toutes circonstances
- s'oppose à sa hiérarchie lorsque les intérêts de l'équipe sont en jeu
- écoute, intègre les idées des autres dans ses décisions et les reconnaît
- applique à lui-même ce qu'il exige des autres
- exige des résultats mesurables
- relativise les situations de crise

4 = transmettre et partager son enthousiasme
- met en valeur les succès de son équipe
- amène les autres à aimer le changement
- fait tout pour que son équipe travaille dans le plaisir
- donne une image positive de l'entreprise

5 = rester proche de chacun de ses collaborateurs
- fait parler ses collaborateurs sur leurs valeurs personnelles
- prend l'initiative de renouer après un conflit ou une colère
- encourage ses collaborateurs à s'exprimer

© Éditions d'Organisation

6 = s'affirmer, s'appuyer sur ses ressources et les développer
– fait appel à son intuition surtout pour les décisions importantes
– développe en permanence ses propres compétences
– accepte la critique et la remise en cause
– n'est pas prisonnier de l'image que l'on a de lui
– s'entoure de collaborateurs capables de le remettre en cause et de le faire progresser

7 = prendre des risques et aller de l'avant
– accepte de se lancer dans une action avec une marge d'incertitude significative
– décide et assume ses décisions
– prend les décisions malgré les obstacles et les résistances

Des items complémentaires plus spécifiques à l'innovation et à la créativité peuvent inclure :
– demande de proposer au moins deux solutions à un collaborateur qui lui pose un problème
– ne fait pas prédominer sa méthode sur celles des autres
– permet aux individus de tester leurs idées personnelles
– laisse à ses collaborateurs une marge d'erreur raisonnable
– agit comme un catalyseur plutôt qu'un démolisseur
– aide ses collaborateurs à voir les problèmes comme des défis et des opportunités
– place la barre à une hauteur élevée et stimulante
– encourage les autres à prendre des risques calculés
– entraîne les autres à voir ce qui est positif dans toute idée proposée
– observe dans quelles conditions les individus sont le plus créatifs
– encourage les aptitudes et les talents particuliers
– considère les erreurs comme des occasions d'apprendre
– instaure une attitude saine et objective face aux échecs
– organise et facilite les échanges d'expériences
– facilite la communication transversale interdisciplinaire
– fait confiance aux individus qui ont une capacité à aider les autres à développer leur potentiel
– s'efforce de faire en sorte que la créativité se convertisse en idées appliquées

Remarque : Les questions proposées ne doivent pas figurer dans un questionnaire 360° selon un ordre affiché.

Le POINT *Stimuler la créativité de ses collaborateurs*

– Pour chaque problème que vous soumettent vos collaborateurs, demandez-leur au moins une ou deux solutions.
– Posez systématiquement des questions.
– Sollicitez leur avis et prenez-le en compte.
– Incitez-les à voir comment ça se passe ailleurs, dans d'autres endroits.
– Lancez-leur des défis et accompagnez-les pour les réussir.

3 ACCORDER PUISSANCE, PERMISSION ET PROTECTION POUR LIBÉRER LES ÉNERGIES

Les trois ingrédients pour libérer les énergies, couramment appelés les « 3 P du management » sont la Puissance, la Permission et la Protection.

1) La puissance se caractérise par celui qui :
- a envie de faire ce qu'il fait : il prend du plaisir et sa première source de satisfaction lui est apportée par les résultats eux-mêmes,
- est convaincu de ce qu'il fait, il est en accord avec ses valeurs personnelles,
- est muni des informations clés qui lui permettent d'alimenter et d'argumenter son action : il possède son sujet à fond et peut entendre des contradictions dont il peut débattre sereinement.

2) La permission se caractérise par celui qui :
- peut exprimer librement ses idées, ses doutes et ses questionnements,
- se donne le droit à l'erreur,
- est capable de développer un niveau d'expertise (voire de revenus financiers, en cas de primes sur résultats) supérieur à celui de ses responsables hiérarchiques.

3) La protection se caractérise par celui qui :
- joue à fond dans la perspective d'un objectif donné,
- peut choisir les moyens de son action,
- connaît les règles du jeu.

> ⊯ Se sentir protégé en ayant droit à l'erreur, se donner la permission de s'exprimer en dehors des sentiers battus sont les conditions nécessaires pour avoir la puissance d'innover dans un cadre institutionnel que représentent toute entreprise et sa hiérarchie.

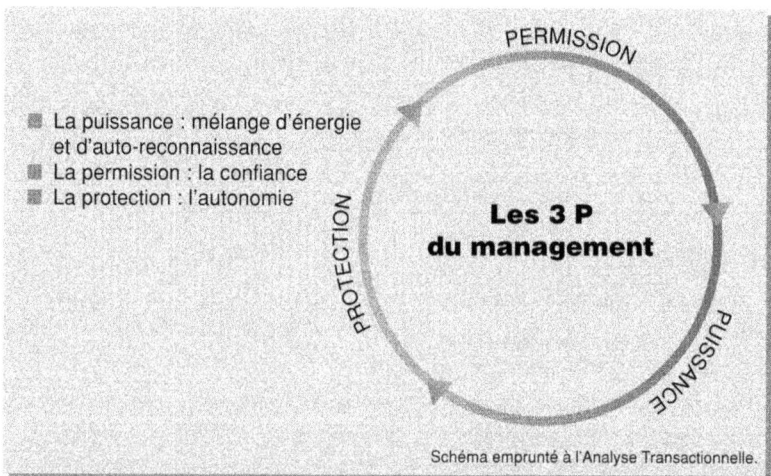

- La puissance : mélange d'énergie et d'auto-reconnaissance
- La permission : la confiance
- La protection : l'autonomie

Les 3 P du management

PERMISSION
PROTECTION
PUISSANCE

Schéma emprunté à l'Analyse Transactionnelle.

© Éditions d'Organisation

La démarche pour libérer les énergies

Le respect des règles formalisées par le manager permet à chacun d'évoluer dans les limites de ses possibilités actuelles.

Lorsque ces règles ne sont pas respectées, certains peuvent se trouver dans une situation d'insécurité telle que toute évolution deviendrait difficile, voire impossible.

Le management de l'innovation consiste à encourager :

• la mise en place d'un climat de sécurité pour les individus et pour les équipes,

• la permission à chacun d'exprimer des propos qui sortent des habitudes et des règles de conformité,

• la position de puissance de chaque manager (je suis OK, vous êtes OK) pour que celui-ci puisse entraîner ses collaborateurs dans leur avancée vers les objectifs communs de succès.

1) *Garantir la protection de chacun : sécuriser sans « sur-protéger »*

Pour l'individu, cela revient à :

• définir clairement la mission et le rôle de chacun,

• définir précisément les objectifs individuels dans le contexte des objectifs commmuns,

• identifier les sphères de décision et d'intervention,

• respecter les difficultés et les limites de chacun,

• établir des règles de fonctionnement en commun,

• créer un style constructif du « *feed-back* » qui induit d'abord : écoute, reformulation, mise en valeur des points forts, questions qui aident à améliorer avant tout jugement catégorique.

En donnant ce cadre de fonctionnement à ses collaborateurs, le manager protège l'équipe de la passivité et des « explosions » qui ralentiraient la progression vers les objectifs et empêcheraient une cohésion objective de l'équipe.

Pour l'équipe, cela revient à poser des règles de fonctionnement collectives par rapport au temps et à l'énergie :

• ponctualité, lors de travaux avec d'autres membres de l'équipe,

• présence,

• assiduité (être présent et ponctuel de façon régulière),

• confidentialité (à savoir : ce qui doit être conservé comme confidentiel vis-à-vis de l'extérieur de l'équipe),

• réactivité : participer activement à tout ce qui concerne l'équipe,

• confrontation : exprimer ce que l'on ressent au sein de l'équipe et être confronté en cas de non-respect des règles.

Le rôle du manager est de rappeler ces règles si nécessaire et voire de procéder à un des entretiens de « remise en selle », lorsqu'elles sont transgressées.

2) *Permettre à chacun de se donner la permission d'agir*

> Le manager adoptera son style de management en fonction du degré d'autonomie de chacun.

Cela consiste à inciter chacun à :
- s'exprimer, dire ce qui va et ce qui ne va pas,
- proposer des idées même les moins conventionnelles,
- prendre des initiatives et des risques,
- poser des questions, même les plus excentriques par rapport aux normes,
- analyser et exploiter ses erreurs,
- afficher des domaines d'expertise non maîtrisés par ses supérieurs hiérarchiques.

Les règles de protection ayant sécurisé les individus et l'équipe, le manager peut alors :
- valoriser, encourager, positiver et ainsi permettre à chacun de s'exprimer, d'être force de proposition, d'intégrer les objectifs,
- donner la permission d'évoluer, d'optimiser ses compétences. Le manager encouragera ses collaborateurs à évoluer dans leur sphère de compétence et selon leur potentiel de performance.

3) *Affirmer sa puissance et la reconnaissance de soi-même*

> L'innovation participative nécessite un changement culturel majeur des entreprises : d'un rôle d'exécutant, soumis à des consignes, les salariés doivent devenir des acteurs participatifs et responsables.

La puissance, c'est la capacité à guider, à trier, à synthétiser, à trancher s'il le faut, à décider, en connaissance de cause et dans le respect de soi-même et de ses collaborateurs.

Le manager a des objectifs d'équipe à remplir. Il guide ses collaborateurs vers ces objectifs. Il a un savoir, mais pas l'intégralité du savoir. Il est leader mais pas omnipotent. Puissance ne veut pas dire pouvoir abusif. Le manager a suffisamment de puissance personnelle pour prendre du recul, une distance qui garantit sa lucidité. Il doit être conscient de sa puissance, savoir qu'il en a besoin et en connaître les limites, qui lui sont personnelles. La puissance, c'est avant tout la prise de conscience des points forts sur lesquels il va s'appuyer pour manager : ses aptitudes, sa personnalité. Identifier ses propres points forts est un préalable à la reconnaissance des points forts des autres.

■ *La réponse à DOUGLAS MCGREGOR*

Selon les deux conceptions du management de Douglas MᴄGʀᴇɢᴏʀ (1960), il y aurait une théorie qui dirait que :
- *les gens sont paresseux,*
- *en font le moins possible,*
- *manquent d'ambition,*
- *veulent être commandés,*
- *ne sont pas très intelligents,*
- *doivent être surveillés.*

© Éditions d'Organisation

Et une autre théorie qui dirait que :
- *les gens ont un potentiel à développer :*
- *connaissances, créativité, expérience…*
- *font un bon travail s'ils en ont les moyens,*
- *intègrent les buts de l'organisation,*
- *s'ils y sont associés.*

> Le problème n'est jamais de faire germer dans sa tête des pensées nouvelles et innovantes mais de réussir à en arracher les anciennes.
> Dee Hock, fondateur de l'entreprise Visa

La question est de savoir comment réduire l'écart entre ces deux théories.

La réponse a pour noms :
- décentralisation,
- délégation,
- enrichissement de poste,
- gestion participative,
- évaluation.

4 AIDER AVEC DES CRITIQUES CONSTRUCTIVES

L'accueil de l'innovation

Qu'est-ce qui fait qu'un collaborateur reviendra une deuxième fois proposer à son manager une idée « à risque » ?

Une part énorme du succès de l'esprit d'innovation d'une entreprise dépend du « *feed-back* ».

En cela le manager se donne pour objectif :
- de formuler son insatisfaction de manière non culpabilisante,
- d'obtenir une modification des manières d'être ou de faire,
- de trouver et faire trouver des solutions d'amélioration,
- d'obtenir un accord et définir les moyens à mettre en place,
- de garder des relations satisfaisantes pour tous, qui mènent au progrès.

Le POINT

- Bannir les « toujours », « jamais », « trop »… qui sont des généralisations, vécues comme des accusations à caractère définitif et qui provoquent des attitudes défensives.
- Éviter les interprétations abusives.
- Rester factuel, concret, précis.
- Exprimer clairement, fermement et sans agressivité sa position.
- Dire « je… » et non « vous … », interprété comme une mise en accusation.
- Éviter les comparaisons avec d'autres.

Treize règles pour formuler des critiques qui aident

1. Saisir rapidement le bon moment.
2. Choisir un lieu protégé, répondant aux règles de confidentialité.
3. Rappeler le contexte du sujet.
4. Exprimer son insatisfaction en s'appuyant sur des faits concrets, sans jugements sur la personne elle-même. Critiques sur ce que fait la personne mais pas sur ce qu'elle est.
5. Citer les conséquences négatives de ce comportement.
6. Limiter les critiques à ce qui peut être changé.
7. Exprimer ses sentiments.
8. Énoncer clairement ses intentions : ce à quoi le manager veut aboutir ensemble.
9. Faire trouver des solutions réalistes et acceptables par les deux parties.
10. Définir ensemble la mise en œuvre des solutions.
11. Demander l'accord et l'engagement. Vérifier la qualité de l'accord.
12. Évoquer les conséquences positives.
13. Encourager et terminer positivement.

5 RENFORCER LA RECONNAISSANCE PAR L'ÉCOUTE ET LE « FEED-BACK »

Écouter est une action

L'écoute est de ces mots prononcés à tout bout de champ, peut-être parce qu'il est difficile à appliquer ! Pour le manager, il faut reconnaître que l'exercice n'est pas toujours aisé. Question de temps plaident certains ! Comment réagir pour maintenir l'énergie de la bonne volonté tout en ne créant ni l'illusion ni le découragement ? Comment écouter et renvoyer à l'émetteur la reconnaissance nécessaire à son énergie ?

Écouter est une action. C'est le contraire d'une attitude passive. L'expression « écoute active » couramment utilisée est en soi un pléonasme. En même temps, le fait qu'elle ait été créée mérite le détour d'un commentaire. En particulier dans ce domaine de l'innovation où le « feed-back » est aussi important que l'émission. C'est le mouvement alternatif du courant électrique. C'est dire si écouter ne se réduit pas à faire semblant d'être intéressé pour renvoyer un « c'est bien, c'est une bonne idée » condescendant !

© Éditions d'Organisation

Un manager qui veut encourager ses collaborateurs à être force de propositions va :
• oublier ce qu'il pense lui-même du sujet présenté,
• poser des questions ouvertes,
• montrer une attitude physique bienveillante : regard, hochement de tête, position vers l'avant, sourire et visage ouvert,
• reformuler ce qu'il a compris : contenu et émotions,
• aider ses interlocuteurs à ne pas dériver du sujet,
• observer les signes non-verbaux de ses interlocuteurs,
• capter les moments « pétillants » et rebondir dessus,
• respecter les silences, ne pas se précipiter pour les combler,
• laisser ses interlocuteurs aller au bout de la présentation, ne les interrompre que s'ils se répètent,
• ne pas montrer l'impatience de celui qui a tout compris,
• faire préciser le sens de certains termes : les « on » en tout premier lieu,
• etc.

Reconnaître : « *naître avec ... à nouveau* »

Souvent les mots sont plus forts que les actions qu'ils désignent. En l'occurrence, il faudrait que l'action de reconnaître *(naître avec à nouveau)* et que l'acte de reconnaissance soit au niveau du terme.

Reconnaître ne consiste pas seulement à apprécier ou à évaluer.

Exemple

Un collaborateur vient proposer une idée au responsable de son équipe, si celui-ci se contente de lui répondre : « Tu as eu une bonne idée mais je ne vois pas en ce moment quoi en faire ... », il est peu probable que le collaborateur revienne le voir. Au mieux, il ira voir quelqu'un d'autre. ■

> « L'œil moyen distingue les 10 % de mauvais dans une idée et ne voit pas les 90 % de bon ».
> Charles F. KETTERING

Reconnaître est un acte à part entière, dont les deux interlocuteurs, celui qui propose et celui qui accueille doivent sortir enrichis. Le premier parce que son idée aura été précisée, élaborée, orientée. Le second parce qu'il aura participé à ce travail et qu'il en partagera dès cet instant le succès ou l'échec.

Quelle que soit la décision prise, positive, négative ou ajournée, le manager doit argumenter le choix fait.

Si la décision est positive : annoncer le programme de mise en œuvre et les indicateurs de résultats et prendre rendez-vous pour faire un bilan (autre acte de reconnaissance).

▷ L'INNOVATION
découvrir du nouveau
pour un changement
utile
= CRÉATIVITÉ
inventer à partir de
données partagées
+ COMMUNICATION
écouter, reformuler,
recadrer

Si la décision est négative : expliquer pourquoi et laisser ouverte toute possibilité de nouvelles propositions.

Si la décision est ajournée : fixer un calendrier ou au moins une date prochaine de rendez-vous pour envisager la suite à donner.

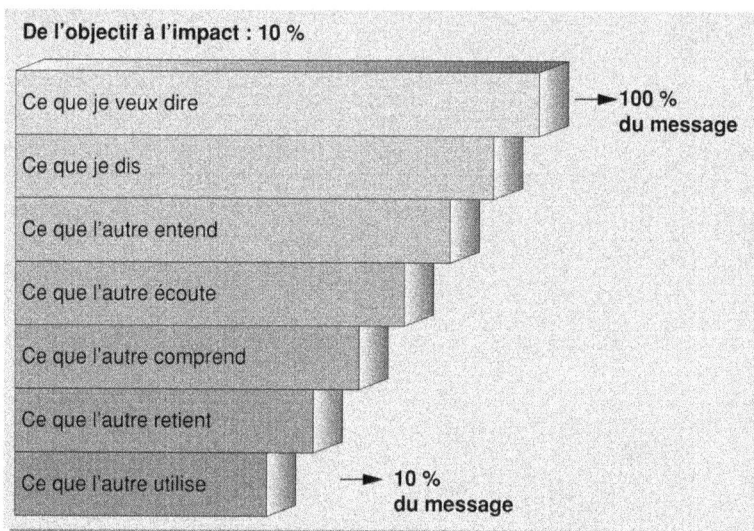

De l'objectif à l'impact : 10 %

Ce que je veux dire	➤ 100 % du message
Ce que je dis	
Ce que l'autre entend	
Ce que l'autre écoute	
Ce que l'autre comprend	
Ce que l'autre retient	
Ce que l'autre utilise	➤ 10 % du message

6 STIMULER LA CRÉATIVITÉ ET L'INNOVATION PAR LES QUESTIONS

La maïeutique : « faire accoucher » les idées

▷ Maïeutique : terme philosophique employé spécialement à propos de la méthode d'enseignement de SOCRATE, qui d'après PLATON, « faisait accoucher », l'esprit de ses interlocuteurs en leur faisant trouver eux-mêmes la vérité (terme emprunté au grec maieutikê (art d'accoucher).

Les modes de questionnement visent des objectifs de communication extrêmement variés. De l'enquêteur de police qui veut obtenir des informations qui le conduiront au coupable au coach qui cherche à mettre son client en situation d'analyser par lui-même et d'adopter l'attitude facilitante, la gamme est large.

Les stratégies de questionnement sont bien liées d'abord à « ce qu'on veut obtenir » : des aveux ? des informations pratiques ? des progrès personnels ? Il existe aussi des questions qui donnent du pouvoir à l'interlocuteur et celles qui lui donnent de la puissance.

Par exemple, demander à son supérieur hiérarchique : « est-ce que je peux faire telle chose ? » c'est lui donner tout pouvoir sur la réponse. Les situations dans lesquelles ces questions sont posées doivent être exceptionnellement limitées à des enjeux stratégiques forts sur lesquels

© Éditions d'Organisation

on ne peut pas décider (seuil financier, image, recrutement ...) mais pas à des domaines qui sont du ressort du collaborateur.

En revanche, une question comme « en quoi telle proposition pourrait contribuer au développement de ... ? » met l'interlocuteur en position de conseil (*versus* censeur) et l'implique dans une réponse contributive. Si vraiment la proposition en question est inacceptable, il sera amené à devoir l'exprimer et à l'argumenter. À l'inverse d'un « est-ce que ... » trop propice à une réponse binaire, une question ouverte du type « en quoi ... » amène l'interlocuteur à prendre de la hauteur par rapport à un sujet précis. C'est une question qui n'induit pas une réponse unique mais une réflexion et un effort de formalisation. En cela, elle incite l'interlocuteur à déployer sa puissance et non à user de son pouvoir.

La stratégie de questionnement qui aide un individu à exprimer sa créativité par rapport à un thème donné nous est inspirée d'une discipline vieille comme l'antiquité : la maïeutique, rendue célèbre par SOCRATE.

Citons, à titre d'exemple, une question attribuée au Maréchal FOCH. Quand la situation était confuse et que les informations données allaient dans tous les sens, il avait, raconte-t-on, l'habitude de dire : « de quoi s'agit-il ? ». Pour certains de nos confrères, cette question figure parmi les « phrases idéicides ». Il nous semble au contraire qu'elle met un terme à la confusion, contraignant les interlocuteurs à se recentrer sur l'essentiel. Cela nous renvoie à une autre phrase d'un autre homme politique non moins célèbre, André MALRAUX, qui, lorsque quelqu'un lui présentait une idée abstraite, disait « Développez ! »

Les trois niveaux de questions complémentaires

La créativité est initiée par une phase ouverte, dite divergente. À phase ouverte, question ouverte.

Exemple

Si vous demandez à un interlocuteur : « vous préférez le rouge ou le bleu ? » vous faites appel non à sa créativité mais à son pouvoir de trancher : « je préfère le rouge ». C'est l'égal d'une voix dans un vote. En revanche, si vous lui demandez : « quelles sont pour vous toutes les couleurs que vous associez à l'amitié ? » ou « si l'amitié était une couleur, quelle serait-elle ? », vous l'amenez à ouvrir le champ des possibilités et des perceptions, à participer à la créativité. ∎

Les questions fermées sont davantage prévues pour valider, voire amener à trancher.

La créativité fait appel à des registres différents de la personnalité. L'analyse transactionnelle, créé par Éric BERNE (1956), les désigne par les trois États du Moi.
• Le « Moi Parents » : valeurs, acquis par l'expérience,
• Le « Moi Adulte » : informations,
• Le « Moi Enfant » : émotions.

Les cours classiques de grammaire dispensés dès l'école primaire traduisent ces niveaux à travers les modes de conjugaison : indicatif, subjonctif, conditionnel.
Indicatif : ce qui est (je chante)
Subjonctif : ce qu'on pense (il faudrait que tu chantes)
Conditionnel : ce qui pourrait être (si tu chantais, on pourrait monter un duo …).

La créativité est au carrefour de ces niveaux : elle fait appel autant à des informations « objectives » et mesurables, qu'à des hypothèses non vérifiées, qu'à des jugements de valeur.

> L'invention consiste à mettre de la lumière dans un phénomène obscur tout autant qu'à rendre perceptible un phénomène nouveau. Pour cela, il faut faire et faire décrire l'objet.

Le questionnement qui stimule la créativité est celui qui croise ces niveaux et les fait rebondir les uns sur les autres de manière à créer des perturbations de logiques chez l'interlocuteur. Ne s'exprimer que sur un niveau mesurable amène à une mise à plat utile mais stérile. Ne s'exprimer que sur un niveau de jugement amène un entassement de propos subjectifs mais livrés au seul débat. Ne s'exprimer que sur des hypothèses conduit à vouloir mettre Paris en bouteille et se satisfaire de cette intention (l'intention n'étant qu'une idée avortée).

Nous retenons donc les questions :
• indicatives : mesurables, quantifiables, palpables,
• subjectives : expriment un jugement, une sensation,
• projectives : provoquent les mises en situation, décrivent un univers virtuel.

Exemple

Mélanger les niveaux c'est par exemple questionner successivement :

– De quels matériaux est composée cette matière ? (question indicative)

– Si cette matière passait un an dans une rivière comment réagirait-elle ? (question projective)

– À quoi savez-vous qu'elle résiste à une température en dessous de zéro ? (question indicative)

– Qu'est-ce qui vous fait dire qu'elle est mieux en jaune ? (question subjective)

– Si vous aviez à définir la sensation produite par le contact avec cette matière, à quoi la compareriez-vous ? (question projective)

– etc. ■

La créativité naît de croisements des réponses données. On peut conduire un parcours EDITO© par un jeu de questions ouvertes en phase de divergence et fermées en phase de convergence, chaque thème de questions correspondant aux étape Explorer (découverte), Disséquer (analyse), Imaginer, Trier (choisir), Organiser (élaborer).

Les questions qui déclenchent l'action

Un des pièges les plus dangereux pour l'innovation est l'intention, dont on dit que l'enfer est pavé ! Une intention, s'exprime le plus souvent d'une façon normative non factuel : le fameux « Y a qu'à... » « Faut qu'on ». Elle est souvent l'aboutissement d'un problème formulé avec des termes langue de bois (les « mots plastiques » disent nos collègues québécois !), tels que améliorer... optimiser... renforcer..., autant d'expressions qui ne mouillent pas leur utilisateur et qui débouchent assez naturellement sur des intentions :
• il faut écouter le client et considérer sa demande comme un conseil, par exemple !

Certaines questions aident à transformer une intention en idée concrète par un simple « comment ? » qui induit des réponses concrètes :
• nous inviterons des clients lors de notre prochain séminaire de direction,
• nous les recruterons selon tel et tel critères,
• nous leur poserons les questions suivantes...
• nous comparerons leurs réponses avec les résultats d'études et les réclamations ...

Les questions qui font passer du concret à l'abstrait et de l'abstrait au concret

Une des difficultés pour se comprendre est de ne pas parler de la même chose, aurait dit Monsieur de LA PALISSE. Et pourtant ...

Exemples

Un collaborateur dit à son manager : « Il faudrait rajeunir le look de notre plaquette ». Exemples de réponses fermant la communication : « pourquoi la rajeunir, elle fait donc si ringarde ? ! » ou bien : « c'est une bonne idée, rajeunissons la plaquette ! ». Qui peut savoir concrètement ce que veulent dire l'un et l'autre des interlocuteurs ?

Exemples de réponses qui ouvrent la communication : « rajeunir le look ? en quoi trouves-tu que la plaquette n'est plus jeune ? ».

Réponses possibles de l'interlocuteur : « la plaquette date d'il y a cinq ans, les données sont obsolètes » ou bien « la mise en page avec ses encadrés bien rectangulaires sur fond jaune ne passe plus à côté des présentations de nos concurrents qui mettent des dessins humoristiques et utilisent le style des pages du web »

En fonction de chacune de ces réponses, la position à prendre n'a rien à voir ! D'un côté, il s'agit de réactualiser des données. De l'autre, il faut s'adapter à un style de communication qui « fait moderne ».

Le situation aurait pu être identique si le collaborateur avait proposé une plaquette illustrées avec des dessins humoristiques sur fond de mise en page « web ». La question serait alors « qu'est-ce ça représente pour toi ? ». Invitant le collaborateur à exprimer son envie de « rajeunissement », concept en soi très vague qui peut devenir « à la mode » (*versus* réactualisée, par exemple).

Ces exemples montrent combien il est important d'amener ses interlocuteurs à traduire la signification de leur pensée :

– ils s'expriment en concept : « rajeunissement », la question est « en quoi n'est-ce plus jeune » ?

– ils s'expriment en manifestations concrètes : « style page web », la question est « qu'est-ce ça représente pour toi ? » ∎

Le mode de questionnement peut se résumer en une matrice :

Niveaux	Indicatif	Subjectif	Projectif
Concept	Il est Français	Il fait jeune	Il ferait un animateur de jeu génial
En quoi …	*À quoi reconnais-tu sa nationalité ?*	*En quoi fait-il jeune ?*	*Qu'est-ce qui te fait dire cela ?*
Manifestation	Son passeport est français.	Il connaît le nom de tous les groupes de musique moderne.	Je le vois bien sur une scène avec sa façon de rire et de parler aux gens.

Toute idée est l'expression d'un besoin et ce besoin est exprimé plus ou moins précisément : la demande est concrète ou abstraite.

© Éditions d'Organisation

Outils PRATIQUES *Les modes de questionnement*

QUESTIONS	OUVERTES Pour stimuler	FERMÉES Pour valider
INDICATIVES **Mesurable**	– Quelle est la cible visée ? – Quelle est son utilisation ? – Quelle est la nouveauté technique de ce produit ? – Quelles sont les caractéristiques d'entretien de ce produit ?	– Est-ce que ce produit… ? oui ☐ non ☐ NSP ☐ – Quand… ? – Combien… ? – Qui… ? – Où… ?
SUBJECTIVES **Jugement**	– Quelle est la meilleure présentation pour l'article ? – Quelles sont les spécificités du produit ? – Avec quel services l'associer ? – Comment le mettre en valeur ? – En quoi ce produit est-il moderne ?	– Est-ce que ce produit… ? – Est-ce que ce produit plaît… ? – Est-ce que le rapport qualité / prix est bon ?

PROJECTIVES
Mise en Situation
Imagination
Univers virtuel
	• Que dirait le client si …
	• Donnez-moi cinq mots qui feraient que tout le monde parlerait demain de ce produit.
	• Qu'est-ce que vous voulez que le client :
	   – ressente
	   – comprenne
	   – retienne
	• Si c'était… un animal, ce serait…
		• Si le client parlait de ce produit, il dirait qu'il est :
		  chaud ☐ doux ☐ gai ☐ moderne
		
		• Si c'était un animal : ce serait un chat ? – un tigre ? - un éléphant ?

Exemples

Exemple de demande concrète : *organiser une réunion d'équipe hebdomadaire.*

Question de relance : *qu'est-ce que ça représente ?*

Réponse possible : *la cohésion, ça permet d'assurer la régularité et l'information à tout le monde en même temps.*

Exemple de demande abstraite : *mieux communiquer entre les services.*

Question de relance : *comment cela peut-il se manifester concrètement ?*

Réponse possible : *organiser une réunion hebdomadaire entre les services.* ■

▷ Ce qui tue la créativité et l'innovation est l'imprécision et le manque de compréhension entre les acteurs.
Ce qui stimule la créativité et l'innovation c'est la capacité d'exprimer des idées que chacun peut s'approprier pour les enrichir et contribuer à leur réussite.

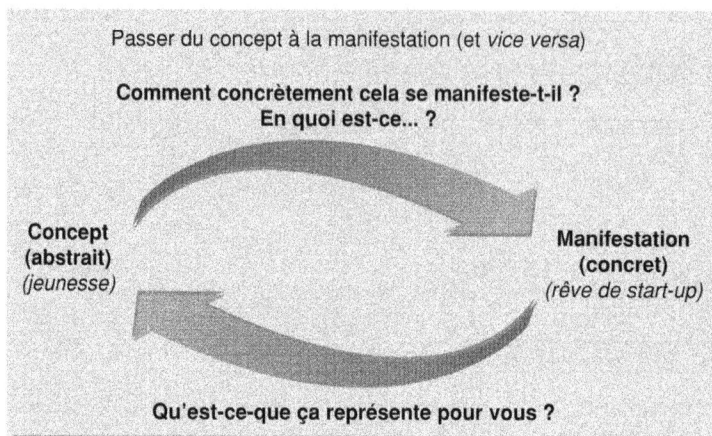

Passer du concept à la manifestation (et *vice versa*)

Comment concrètement cela se manifeste-t-il ?
En quoi est-ce... ?

Concept (abstrait)
(jeunesse)

Manifestation (concret)
(rêve de start-up)

Qu'est-ce-que ça représente pour vous ?

Le rôle de l'animateur d'une réunion est d'aider les participants à préciser le niveau de leurs demandes et de leurs idées et à « passer » alternativement du concept (abstrait) à la manifestation (concret) pour bien identifier les besoins (la problématique) d'une part et avancer dans l'élaboration de solutions pratiques d'autre part (le plan d'action).

7 FACILITER L'EXPRESSION SINCÈRE ET OUVERTE PAR LES RÈGLES DU JEU

Traditionnellement, les règles de créativité sont :
• la « non censure » : ne pas censurer les autres ni se censurer soi-même,
• la quantité : fluidité des idées d'abord,
• le farfelu : tout est permis y compris les propositions les plus folles pourvu qu'elles alimentent la dynamique,
• la démultiplication : on fait le contraire de ce qu'on a appris à l'école, on copie sur les autres, on récupère les idées des uns pour rebondir et faire mieux, etc.

À ces règles d'animation qui concernent surtout la phase ouverte de la créativité, nous pensons utile de rappeler d'autres niveaux de règles qui sont valables en toutes circonstances dans l'entreprise et qui incitent le management à être moteur dans la démarche d'innovation participative.

D'une façon générale, toute règle qui contribue à développer la capacité d'un manager à renvoyer un *feed-back* qui alimente ses collaborateurs en réflexions constructives, en outils, en énergie, en latitude d'action, en responsabilité.

© Éditions d'Organisation

Pour l'innovation participative, nous en retenons quatre :

1. La coopération : mettre tout en œuvre pour que l'action réussisse et que chacun se l'approprie. La coopération implique que le manager pratique un recentrage fréquent sur l'objectif et s'assure que les moyens proposés pour l'atteindre soient bien adaptées à ceux qui vont les appliquer. La coopération induit également une forme de reconnaissance de la contribution de chacun.

2. L'écoute : accueillir les idées des autres avec a priori le désir de les enrichir (et non de les juger voir de les casser par le *oui mais* fatidique !) et l'effort de les comprendre. L'écoute est difficile, chacun le sait, d'abord parce qu'il s'agit d'un acte qui demande plus d'énergie et plus de maîtrise de soi et de ses émotions que tout autre acte d'expression. L'écoute est indispensable à une créativité collective, c'est la matrice de toute forme de projet commun et de tout épanouissement de l'intelligence partagée. Le manager a pour mission d'organiser l'écoute en terme d'espace-temps et d'attitudes.

3. La réactivité et la contribution : le terme désigne dans ce cas la capacité de contribuer activement à la démarche, aux niveaux de la recherche des idées et de leur mise en œuvre. Le manager doit stimuler ceux qui se mettent à l'écart. Cette mission est des plus délicates car beaucoup d'individus participent activement sans « faire de bruit » : leur manière de contribuer consiste à agir sur les leviers les plus discrets (parfois les plus subtils !). Beaucoup d'individus confondent également l'action et l'agitation. Le manager doit veiller au grain et distinguer clairement ceux qui fournissent des résultats contributifs aux objectifs de ceux qui font seulement beaucoup parler d'eux !

4. La « non censure » : il s'agit de loin de la règle la plus difficile à faire appliquer. Plus d'ailleurs pour pousser chacun à ne pas se censurer soi-même que d'éviter que les uns censurent les autres. Le second aspect est visible et aisément analysable (on peut donc plus objectivement le réguler). Le premier aspect est secret et intime. Se censurer soi-même est une protection permanente à laquelle chacun a recours en cas de danger ! Il faut dire que l'expérience montre que la liberté d'exprimer ses opinions n'est pas toujours récompensée dans l'univers de l'entreprise.

Alors, contentons-nous d'exprimer des idées : des propositions constructives ! La non-censure peut être vaincue par un effort d'élaboration. Plus une idée est communicable, c'est-à-dire concrète et formalisée et moins elle a de chance de faire l'objet de critique assassine. Et là, le manager a un rôle déterminant : il est l'avocat de l'ange ! Il est celui qui renverse les tendances du censeur, du coup de stylo rouge du maître d'école qui fait haro sur l'élève auteur coupable de faire des fautes d'orthographe ! Et c'est pourquoi l'exercice est délicat : valoriser les points forts d'une idée ne dispense pas d'être exigeant. Être exigeant ne doit pas être compris comme un acte censeur !

5. Respect et réussite : le sens de la finalité. Ces règles, empruntées aux démarches en équipe, s'appliquent en général en séminaire de cohésion d'équipe et de régulation. Elles doivent devenir des principes clés du management de l'innovation participative, parce qu'elles incitent à faire coexister des valeurs perçues souvent antinomiques : le respect et le sens de la réussite.

Très curieusement, le respect de l'autre, valeur ancestrale dans notre civilisation, est très peu pratiqué : l'individualisme prévaut ; la confusion entre l'individu lui-même et ce qu'il fait encourage un très net penchant pour les « grandes gueules » qui s'imposent. On dit d'eux avec admiration et beaucoup de respect (de crainte ?) qu'ils ont une sacrée personnalité !

D'un autre côté, la réussite, concept nouveau « made in USA », fait figure de fille maudite dans la famille … respectable ! À force de mettre les pieds dans le plat, des entreprises qui en veulent affichent, côte à côte, les résultats chiffrés obtenus (montant des actions en bourse compris) et les valeurs humaines.

N'empêche : le travail est devant nous. Le langage des financiers et celui des ressources humaines doivent trouver un autre registre que celui de la seule compétitivité pour se rencontrer.

L'innovation participative fait appel à ces deux valeurs : respect et réussite, à condition de mettre le cap vers la finalité ciblée.

Une entreprise commerciale a des clients à satisfaire. Une direction ministérielle des contribuables à servir. Un laboratoire de recherche, des patients à guérir.

Une association caritative, des déshérités à aider. Etc. Cette finalité est la seule perspective réelle qui fonde son succès sur les valeurs associées de respect et de réussite.

8 ENCOURAGER LA TRANSGRESSION CRÉATIVE : COMPÉTENCES ET MOTIVATION

Un manager qui décide d'innover se trouve avec des individus plus ou moins motivés par le projet d'innovation. En général, le degré de motivation des individus est relatif au lien de dépendance qu'ils entretiennent avec leur hiérarchie et à leur degré de compétence dans le domaine concerné par la démarche.

Une personne qui sait ce qu'elle veut et qui sait ce qu'il lui faut pour faire ce qu'elle veut est *a priori* autonome. À partir du moment où elle s'est entendue avec son manager sur les objectifs à atteindre, gageons qu'elle trouvera les bons moyens d'atteindre ces objectifs.

La notion de transgression créative consiste à aider le collaborateur à bien évaluer son niveau de compétence et de motivation et à l'amener à aller plus loin, vers une autonomie nécessaire pour exercer pleinement sa créativité.

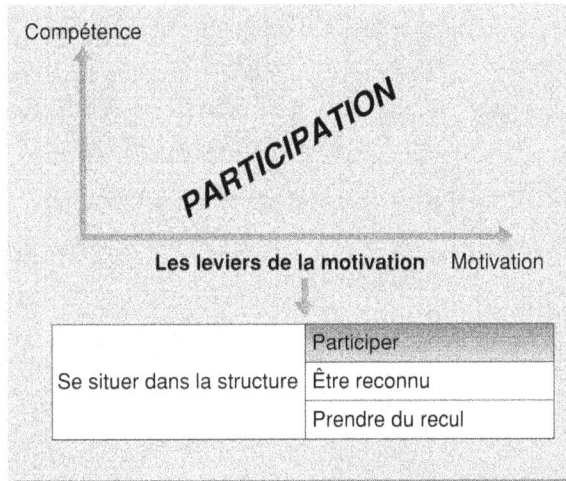

La créativité requiert naturellement beaucoup de liberté et de permission et un certain affranchissement vis-à-vis de l'autorité. Combien de personnes disent : « Je ne sais pas, je n'y arriverai jamais ! » et en réalité n'osent pas risquer de commettre une erreur qu'« on » leur reprocherait. Le « on » étant bien souvent leur manager, ou le manager de leur manager, ou plus confus encore : l'entreprise en général (quand ce n'est pas toute la société).

Le management situationnel

Dans chaque situation, quel style de management adopter en priorité ? HERSEY et BLANCHARD proposent d'adapter son style de management selon deux critères combinés : la compétence et la motivation d'un collaborateur pour chacune de ses missions. Le manager peut :

1) Être directif, à l'égard d'un collaborateur qui ne sait pas et ne veut pas.

C'est-à-dire structurer et :

> donner des consignes pas à pas, détaillées, dire précisément comment s'y prendre,

> vérifier immédiatement le résultat,

> faire un compliment minute ou un blâme minute, sans plus.

2) Être persuasif ou pédagogique, à l'égard d'un collaborateur qui ne sait pas et qui veut bien.

C'est-à-dire expliquer et :

> dire ou montrer comment faire, tout en encourageant,

> faire appel à la bonne volonté des collaborateurs, en leur rappelant leurs compétences dans d'autres domaines,

> faire appel à leur sens du devoir,

> en cas d'erreurs, les aider à faire mieux,

> profiter de la motivation existante pour développer les compétences de ses collaborateurs.

3) Être participatif, à l'égard d'un collaborateur qui sait mais qui est réticent au projet.

C'est-à-dire associer et :

> poser des objectifs clairs et les négocier avec ses collaborateurs,

> laisser des marges de manœuvre, des plages d'innovation, tout en vérifiant l'adhésion aux finalités de l'entreprise,

> laisser s'exprimer les compétences existantes pour développer la motivation.

4) Être délégatif, à l'égard d'un collaborateur qui sait et qui veut.

C'est-à-dire responsabiliser et :

> déléguer : donner seulement les finalités et les grands objectifs, (direction par objectifs),

> faire le point sur les résultats, à date fixe,

> préparer son remplacement.

© Éditions d'Organisation

Tableau récapitulatif du « management situationnel »
(d'après HERSEY et BLANCHARD)

Niveau d'autonomie du collaborateur	Style de management efficace	Mission
Sait Veut	Délégatif	**Responsabiliser** • Déléguer les grandes lignes • Observer • Réguler • Faire réaliser • Donner de l'autonomie
Sait Résistant ou pose des conditions	Participatif	**Associer** • Se concerter • Faire participer • Encourager • Collaborer • Associer
Ne sait pas bien Veut bien	Persuasif ou Pédagogique	**Expliquer** • Former • Entraîner • Clarifier • Encourager les efforts et les questions • Persuader
Ne sait pas Ne veut pas	Directif	**Structurer** • Diriger • Guider • Indiquer • Affirmer • Surveiller • Contrôler

Vous avez dit « participatif » ?

Innovation
+ appropriation
= motivation

Les enseignements de HERSEY et BLANCHARD sur le management situationnel sont clairs : le management participatif n'est pas un remède miracle à toute entreprise en quête de motivation. Il est possible de faire participer des personnes à un projet, dans la mesure où ceux-ci ont un minimum de données sur le sujet traité, un minimum de compétences selon le schéma de HERSEY et BLANCHARD.

Ce premier point met le doigt sur l'importance de faire monter les individus en compétence dans les domaines de l'innovation, par l'information et par la formation, avant de les faire participer à innover dans ledit domaine.

Cela met en perspective également un autre volet non négligeable : faire monter en puissance les collaborateurs en terme de compétences a un effet direct sur leur motivation.

Autrement dit, s'il n'est pas souhaitable de jeter des équipes dans l'innovation participative sans préparation, on sait qu'à terme, le fait de les faire participer aura des conséquences positives sur leur motivation.

Les freins à l'engagement

Le manager est là pour aider ses collaborateurs à donner le meilleur d'eux-mêmes. La grille d'HERSEY et BLANCHARD donne des clés pour y réussir.

Mais : aider à donner le meilleur de soi-même ... cette affirmation peut sembler suspecte à ceux qui ont derrière la tête que, de toute façon, l'entreprise cherche à leur presser le citron au maximum.

Cette même affirmation peut aussi manifester la volonté d'instaurer une relation « gagnant-gagnant » à ceux qui trouvent que leur propre implication dans les enjeux de l'entreprise leur apporte leur satisfaction. C'est la fameuse *équation enjeux individuels / enjeux collectifs.* Le succès de la démarche de l'innovation participative est très liée à cette corrélation. Et ce qui fait la différence entre la suspicion et la relation gagnant-gagnant est la confiance.

Quand le manager veut que ses collaborateurs s'impliquent, il doit tenir compte de leurs attitudes et de leur capacité de recul.

La question centrale étant de savoir pourquoi ils s'engageraient. Qu'est-ce qu'ils gagnent à le faire ?

Et s'ils ne s'engagent pas est-ce...
• par peur de ne pas satisfaire ?
• parce qu'ils se sentent trop peu reconnus ?
• parce que le projet leur semble totalement inintéressant, trop loin de leurs préoccupations ?

Que les résistances soient légitimées ou non par la situation, les freins proviennent du for intérieur de chaque individu. Pour aider un collaborateur à transgresser, il est indispensable d'identifier son degré d'autonomie et lui donner l'envie et la force de crever l'écran !

© Éditions d'Organisation

	La dépendance (besoin de sécurité et d'être protégé) ▸ La peur de ne pas satisfaire	La contre-dépendance (besoin de s'affirmer et d'être reconnu) ▸ Le rejet d'un projet « pas fait pour lui »
Prise de recul faible →		
Prise de recul forte →	L'inter-dépendance (besoin de s'impliquer et d'être leader) ▸ L'enthousiasme et le sens du défi	L'indépendance (besoin d'être en dehors du système et d'être responsabilisé) ▸ La distance

Trois motifs majeurs empêchent généralement une personne de s'impliquer dans une démarche :
• la peur : *ce que vous me demandez est impossible à réussir, je n'y arriverai pas.*
• le rejet, la répulsion, l'indignation : *ce que vous demandez est indigne ! je n'ai pas été embauché pour « ça » !*
• la distance : *ce que vous demandez ne m'intéresse pas.*

Dans le premier cas, la peur, l'accompagnement s'impose :
• partager les risques en faisant équipe sur des étapes pilotes,
• protéger en couvrant inconditionnellement les résultats de l'expérimentation, au moins au début …
• donner clairement la permission de faire des erreurs (les reconnaître, analyser les causes, en tirer ensemble les enseignements).

Dans le second cas, le rejet, une véritable pédagogie des enjeux est d'une aide précieuse :
• explorer les véritables causes du rejet,
• identifier s'il s'agit d'une peur inavouée ou d'un refus pur et simple de collaborer,
• argumenter sur les finalités, montrer les bénéfices,
• expliquer les étapes et comparer avec d'autres sociétés culturellement proches qui ont fait le pas.

▸ « Être libre, ce n'est pas pouvoir faire ce que l'on veut, mais c'est vouloir ce que l'on peut »
Jean Paul SARTRE

Dans le troisième cas, la distance, parier sur l'intérêt du sujet :
• faire participer au maximum,
• donner des responsabilités,
• valoriser le changement d'attitude quand il est positif (sans crier victoire !)

Et dans tous les cas :
- être totalement convaincu soi-même,
- veiller à considérer le cycle de la dépendance – interdépendance vis-à-vis de la hiérarchie, c'est le plus important, et vis-à-vis d'un domaine d'expertise. Certains individus sont dépendants dans un domaine (l'informatique par exemple) et totalement inter-dépendants dans un autre domaine (la connaissance du marché). C'est la raison pour laquelle, le critère de choix des participants est lié aussi à leur domaine de compétence ; même si, dans une démarche de créativité, leur degré de dépendance vis-à-vis de l'autorité est déterminant,
- éviter de terroriser à l'excès : « *Faute d'innover aujourd'hui, on disparaît dès demain !* » même si cette méthode a eu, il faut le reconnaître, de bons résultats !
- éviter de laisser sur la touche ceux qui ne s'expriment pas naturellement avec facilité.

Le POINT   *La quête de l'autonomie ?*

▷ La quête de l'autonomie dans l'entreprise c'est :

1. La reconnaissance de l'importance du travail dans la vie : on y passe beaucoup de temps, on y noue des relations, c'est une source d'identité : il doit avoir un sens.

2. La reconnaissance de l'importance de la vie hors travail : l'autonomie provient aussi de la somme des expériences et des relations extérieures au monde de l'entreprise.

3. La conviction que la valeur professionnelle est fondée sur la polyvalence, et la capacité à cumuler de l'expérience à partir de situations variées. Cette expérience permettra d'être prêt à affronter des situations nouvelles, connues ou inconnues, et de renforcer son employabilité.

4. Le désir de faire un travail dans lequel on puisse investir une partie de soi-même parce qu'il permet :
   – de progresser en compétence,
   – de mettre en valeur ses idées, ses projets,
   – de faire des choix : d'horaires, d'activités, de lieux, de rythmes, de méthodes…,
   – d'être en forme, de prendre plaisir à ce que l'on fait.

5. Le désir d'être reconnu et respecté pour ce que l'on est et pour ce que l'on fait.

6. Le désir que le management et les dirigeants aident à la réalisation des points précédents, dans le cadre d'un rapport « contractuel » de durée variable entre l'individu et l'entreprise.

L'autonomie n'est pas l'individualisme ?

▷ L'individualisme dans l'entreprise c'est :

1. Le désengagement, ou le refus d'y investir une partie de soi-même : « Le travail, c'est fait pour gagner de l'argent, la vraie vie, c'est ailleurs… »

2. Le carriérisme, ou la gestion de sa propre image et de son avenir à moyen et long termes le plus souvent au détriment de celui des autres : « Ici, c'est chacun pour soi, et que le meilleur gagne… »

© Éditions d'Organisation

3. La méfiance envers les dirigeants, et l'entreprise dans son ensemble induisant un caractère « nécessaire » et passif dans le rapport au travail.

> **Mesurer l'autonomie des collaborateurs à partir de ces deux critères :**

1. La compétence (maturité professionnelle)
   - l'expérience antérieure dans le travail,
   - les connaissances pratiques,
   - la capacité à résoudre les problèmes,
   - la capacité à prendre des responsabilités,
   - la capacité à respecter des délais,
   - la capacité à s'organiser.
2. La motivation (maturité psychologique)
   - la volonté d'assumer des responsabilités,
   - la motivation pour réussir,
   - la persévérance,
   - la confiance en soi,
   - l'autonomie d'action.

9 PROVOQUER LES ATTITUDES CRÉATIVES GRÂCE AUX CROYANCES ADAPTÉES

Les croyances conditionnent la créativité

Les facteurs et les freins à l'innovation sont liés aux croyances, collectives et individuelles.

Exemple

Pendant des millénaires et pour l'immense majorité des humains, le soleil tournait autour de la terre et la terre était plate. Comment imaginer alors que l'on puisse faire le « tour du monde » ? L'idée même était inconcevable. Une telle croyance implique de penser que l'homme et son environnement proche sont le cœur de l'univers. Toute réalité méconnue dont on perçoit des signes : l'orage, l'arc-en-ciel, la tempête sont déifiées par l'homme comme pour mieux quémander leur clémence et leur protection. ∎

Derrière toute croyance, se cache le besoin de se protéger contre une réalité méconnue qu'on ne maîtrise pas :

Exemple

Aujourd'hui, n'affirme-t-on péremptoirement qu'une machine ne peut ni imaginer ni avoir de sentiments ? Qu'existe-t-il derrière cette croyance, sinon la peur de se faire dépasser par nos propres inventions – syndrome de l'apprenti sorcier ? – Comment mieux démontrer que nous ne connaissons bien ni l'homme ni ses incommensurables capacités d'invention ? ∎

Jadis, l'homme craignait le ciel. Maintenant, il craint ce qui peut venir de lui-même. Que craindra-t-il demain ?

D'une façon plus pragmatique, les innovations dont les entreprises ont besoin visent à sortir leurs personnels de la dépendance qu'ils entretiennent vis-à-vis d'un système bloqué par la prédominance du statut des cols blancs sur la valeur ajoutée. Elles ont besoin elles-mêmes de ne plus faire figure d'institution providence, générateur d'attentisme et de crainte de dire un mot de travers.

> **Une croyance est l'action, le fait de croire une chose vraie, vraisemblable ou possible**
> **Le Petit Robert**

Les signes annonciateurs de ce grand chambardement se multiplient comme des opportunités ou des menaces selon les cas : urgence de mettre le client au cœur de l'organisation, primauté absolue de la loi du marché, réduction des niveaux hiérarchiques etc. Nombre d'entreprises ont traversé et traversent encore la phase aiguë d'une contre-dépendance à l'égard des nouvelles donnes, qui se traduit souvent par des comportements qualifiés d'« ultra-libéraux » : étranglement des fournisseurs, valse des emplois, restructurations sauvages …

Ces situations humainement difficiles à vivre peuvent être évitées par des stratégies où l'anticipation prend le pas sur un opportunisme à court terme. Elles peuvent également prendre une tournure plus sereine et plus bénéfique en fondant leur avenir sur le potentiel de leurs ressources humaines. Les individus sont capables d'apporter beaucoup plus à l'entreprise qu'une simple contribution exécutoire. L'obstacle à franchir n'est pas de l'ordre des savoir-faire mais de l'ordre des croyances.

L'idée de travail

Une des croyances les plus répandues dans notre société occidentale, largement imprégnée de judéo-christianisme, consiste à associer le travail à une punition originelle. Travailler c'est purger une peine. À partir de cette conception, tout ce qui est lié au travail doit être teinté de souffrance. Est-ce un hasard d'ailleurs si le mot lui-même, *travailler*, trouve son étymologie dans le mot latin *tripalium* qui désigne un instrument de torture ?

Vouloir insuffler un esprit de créativité, associé *a priori* à l'épanouissement, dans le monde du travail ? ! Cherchez l'erreur. L'enjeu de l'innovation participative fait face à ce défi. Deux croyances se confrontent : le « travail-punition » et la « créativité-épanouissement ».

Notre croyance à nous est d'affirmer que ce changement est possible grâce justement au potentiel créatif de chacun. La vraie force en jeu est de croire précisément que la créativité de l'homme est capable de soulever des montagnes !

© Éditions d'Organisation

Exemples

VALEUR	CROYANCE	ATTITUDE	COMPORTEMENT
DEVOIR (dans le sens de devoir se racheter)	Le travail est une punition originelle	Se donner absolument du mal pour gagner sa vie	Saboter l'action d'un collaborateur qui réussit facilement
ÉPANOUISSEMENT	La créativité permet d'épanouir les talents	Saisir toutes les opportunités pour faire exprimer les idées	Initier toutes les réunions par un recueil des propositions originales de la semaine et faire appliquer les plus innovantes

■

> Derrière une croyance, se cache le besoin de se protéger contre une réalité méconnue qu'on ne maîtrise pas. L'innovation participative invite chaque acteur à se familiariser avec l'inconnu.

La démarche de l'innovation participative apporte une dimension contradictoire à la culture traditionnelle du travail et répond à une aspiration de société tournée vers la démocratisation du temps libre et des loisirs.

Il est temps d'entrer dans la brèche et d'accélérer le mouvement en s'attaquant à ces trois questions :
• quelles sont les croyances qui empêchent l'innovation ?
• quelles sont celles qui favorisent l'innovation ?
• comment agir sur ces leviers dans les nouveaux systèmes de valeur qui se mettent en place ?

Exemples

Pour une personne âgée, l'informatique représente une innovation conséquente. Pour un enfant, cet outil fait partie de son environnement naturel.

Il s'agit moins pour la personne âgée d'apprendre à maîtriser la technique que d'en accepter la brutalité symbolique à ses yeux : l'informatique déshumanise, l'informatique est un danger pour la liberté, etc. ■

Les croyances qui empêchent l'innovation et celles qui la facilitent

Exemples de croyances...

qui empêchent ...	qui facilitent ...
.... L'INNOVATION EN ENTREPRISE	
Le plus important c'est que mon supérieur hiérarchique soit satisfait de mon travail.	Plus de la moitié de mes activités dépend d'abord de moi.
Il y a des gens pour faire, des gens pour vendre, des gens pour gérer : chacun s'occupe de son champ et les vaches seront bien gardées.	À dix personnes d'expertises différentes, on n'est pas dix fois plus intelligent : on représente une force de proposition inédite.
Il y a des problèmes qu'on ne résoudra jamais.	À tout problème il y a au moins deux solutions.
On ne peut pas demander à un ingénieur d'être un bon commercial ou à un vendeur d'avoir une vision à long terme.	On ne vend aucun produit à personne, les clients achètent des solutions utilisables.
On a tout inventé.	80 % des produits qui seront présents sur le marché dans 10 ans, n'existent pas aujourd'hui ... On peut dire la même chose pour plus de 50 % des situations de travail (temps, organisation, management...)
L'homme ne change pas, il n'est pas prêt de le faire : il est d'abord conservateur.	On ne motive personne : on crée un contexte favorable à la motivation ... et à l'innovation.
On est créatif ou on ne l'est pas.	Chaque être humain dispose d'un potentiel de créativité.
Tant que la hiérarchie existera : il n'y aura pas d'initiative et donc pas d'innovation dans l'entreprise.	L'innovation collective se développe beaucoup plus efficacement quand il y a des règles du jeu, un arbitre et quelque chose à gagner.

Tenir compte du contexte

Les attitudes dépendent des croyances qui elles-mêmes relèvent d'un niveau psychologique complexe profondément inscrit dans la nature

© Éditions d'Organisation

humaine. Les croyances sont le résultat d'une expérience façonnée par les messages parentaux depuis la petite enfance, par les systèmes de valeurs auxquels chacun est confronté, par des rencontres et des lectures initiatiques. Une partie importante de cette expérience se trouve dans l'inconscient.

La démarche d'innovation participative n'a en aucun cas pour objectif d'éradiquer une croyance « empêchante » pour la remplacer par une croyance « facilitatrice ». Aucune croyance n'est en soi bonne ou mauvaise, elle est adéquate ou non selon le contexte dans lequel elle s'exerce.

> La créativité et l'innovation procèdent souvent par correction des erreurs et remises en question de nos croyances et de celles des autres.

L'innovation est une stratégie de changement qui vise à faire évoluer, non l'identité des individus, mais leur perception de l'environnement. Il s'agit de provoquer un décadrage qui incite chacun à faire appel à d'autres croyances qui les aident à participer au mouvement novateur.

Exemple ──────────────────────────────────────

Prenons l'exemple des croyances qui font agir un individu en temps de paix et de celles qui le font agir en temps de guerre.

Dans un contexte de paix et d'abondance, la croyance la plus facilement exprimée peut être : « *Tout le monde doit avoir sa part du gâteau* ». L'égalité est alors proclamée comme valeur universelle et chacun s'installe dans une logique d'acquis et de privilèges que rien ne vient entraver dans la mesure où pratiquement tout le monde peut y prétendre. C'est ce qui s'est passé dans le contexte des « Trente Glorieuses » (années 1950 à 1980).

Dans un contexte de guerre et d'occupation, la croyance qui s'exprime le plus naturellement est : « *Tout le monde doit s'allier pour conquérir le droit de vivre librement* ». Les valeurs de cohésion et de liberté sont dressées comme un étendard. ■

Si l'on prend des exemples plus récents, un des bouleversements contextuels les plus marquants concerne le monopole d'état associé à la notion de service public.

Cet exemple encore très présent dans les esprits et dans de nombreux modes de fonctionnement, fera comprendre un principe basique du rôle des croyances dans le succès d'une démarche d'innovation : on n'innove pas dans un contexte donné en cherchant à remplacer une croyance par une autre, mais un changement de contexte peut permettre de s'appuyer sur une croyance différente pour innover.

C'est une des raisons pour lesquelles l'innovation est plus propice dans une période de changement de contexte comme celle que nous traversons en ce moment que de grande stabilité.

Le POINT

L'innovation passe par un circuit complexe qui met en évidence :
- qu'une croyance peut être légitime dans un contexte,
- qu'elle peut perdre cette légitimité dans un contexte nouveau,
- qu'elle doit être remplacée par une autre croyance adaptée au nouveau contexte et acceptable par les acteurs qui en garantiront les applications pratiques. ■

10 AIDER À SE TOURNER VERS L'AVENIR

Nous attachons beaucoup d'importance au fait que l'innovation est une valeur relative à chaque contexte et à chaque situation. Le défi de chacun consiste à se tourner vers l'avenir sans pour autant faire table rase du passé. Cette mutation est profonde, souvent douloureuse, elle nécessite une étape de deuil bien accompagnée. La « carte des potentiels » nous aide à suivre l'itinéraire de ce changement.

La « carte des potentiels » : un outil d'analyse dynamique

> « Plus l'on roule vite, plus les phares doivent porter loin »
> Gaston BERGER

La démarche consiste à observer l'existant pour identifier les leviers et les freins à l'innovation. Ensuite chaque élément est positionné sur une carte baptisée « carte des potentiels ».

La carte des potentiels permet de faire le point sur la situation actuelle pour être en mesure de mieux se lancer dans une démarche innovante qui va exiger énergie, réflexion et renoncements.

Cette carte distingue d'un côté ce qui « empêche » d'innover :
- les *rêves nostalgiques* que nous ne voudrions jamais quitter, où se regroupent les croyances liées aux valeurs initiales et au contexte fondateur, les privilèges acquis : une forme de refuge protégé éternellement de l'environnement,
- les *schémas répétitifs* que nous pratiquons rituellement pour conjurer l'incertitude des changements et qui consomment assez d'énergie pour justifier d'en faire suffisamment : une sorte de bonne conscience qui étouffe l'esprit de veille, ouvert sur les menaces et les opportunités.

De l'autre côté, on trouve au contraire tout ce qui pousse et entraîne à l'innovation :

© Éditions d'Organisation

- les *réalisations concrètes* que nous faisons d'une façon plus ou moins stratégique et coordonnée mais dont l'ensemble s'oriente dans le sens du progrès,
- les *innovations* qui sont les actions que nous devons mener parce que nous savons qu'elles feront atteindre l'autre rive en un voyage unique, rapide et qui exigera l'énergie du sprinter.

Mapping, d'après « Carte des Potentiels » CRC.

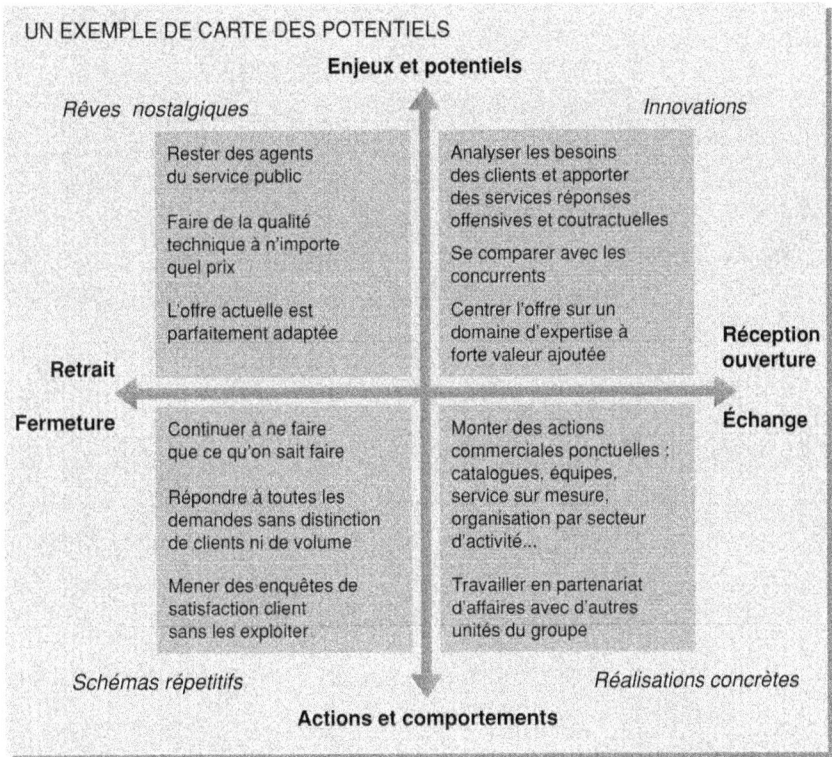

UN EXEMPLE DE CARTE DES POTENTIELS

L'exemple de cette carte montre en quoi le changement d'une culture administrative dans un service public vers une culture client représente une véritable innovation.

Du constat au plan d'action

« Il faut avoir à l'esprit l'avenir et le passé dans les actes » TALLEYRAND

Ce constat une fois établi et confronté aux réactions, questions, suggestions de tous les acteurs-clé de l'entreprise, un plan d'innovation est établi pour tous, en réponse à chaque élément observé de la carte des potentiels.

C'est par exemple :

Innover

1. Établir des objectifs chiffrés par service et par département.
2. Identifier les clients et les concurrents et établir une stratégie commerciale structurée.
3. Créer et « packager » une offre sur mesure à forte valeur ajoutée.
4. Établir systématiquement une procédure contractuelle dans la relation client fournisseur.
5. Déployer un plan de communication interne pour faire connaître, faire comprendre, et faire s'engager les salariés à cette nouvelle dynamique commerciale.

Valoriser et généraliser les réalisations concrètes

6. Recenser les meilleures présentations de l'offre (catalogue, plaquette, présentations, etc.) et généraliser ces outils commerciaux à l'ensemble des services.
7. Coordonner les actions localisées, former les salariés à la présentation des produits et à la contractualisation des transactions et faire témoigner les ingénieurs d'affaire qui ont fait le pas.

Sortir des schémas répétitifs

8. Sélectionner les demandes pour confirmer l'image haut de gamme.
9. Régulariser les études de satisfaction et les utiliser comme outil de progrès.
10. Développer les synergies entre les services : prescription, offres ensemblières, conseil...

Se détacher des rêves nostalgiques pour « grandir »

11. Passer du « statut » d'exécution à la mission de développeur de l'entreprise.
12. Encourager les bonnes relations existant entre les salariés et les clients pour créer une véritable communication au service de l'offre.
13. Passer d'une logique de réactivité à une logique d'anticipation et d'objectifs.

© Éditions d'Organisation

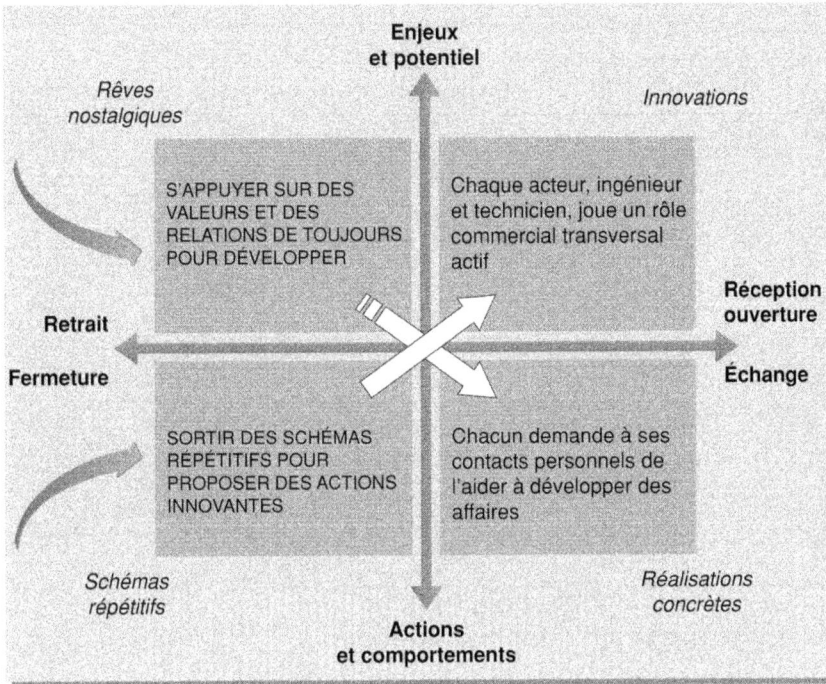

Les diagonales de l'innovateur

Diagonale 1.	**Des schémas répétitifs aux actions innovantes :** les schémas répétitifs représentent des actions qui perdent de leur efficacité parce qu'elles fonctionnent en boucle fermée. Innover, c'est ouvrir cette boucle vers une orientation dont les conséquences conduisent à innover. Par exemple, « faire des études de satisfaction sans les utiliser » est un schéma répétitif. Sélectionner les principaux motifs d'insatisfaction et les transformer en plans d'action est une initiative innovante.
Diagonale 2.	**Des rêves nostalgiques aux réalisations concrètes :** un rêve nostalgique représente une situation que l'on a peur de perdre (syndrome du paradis perdu). Le transformer en action concrète consiste à s'appuyer sur un potentiel contenu dans ce rêve. Par exemple : rebondir sur la bonne relation affective des salariés avec leur client pour développer une véritable communication sur l'offre.

Conclusion

Les effets induits de l'innovation participative

Les effets induits de l'innovation participative

Le propre d'une démarche est de provoquer des effets collatéraux. Quel manager n'a pas multiplié les groupes projets dans son entreprise avec le secret espoir de briser le cloisonnement entre les départements ? Ce qui n'empêche pas d'attendre des résultats opérationnels performants. Mais l'expérience montre qu'à travers les succès, les échecs, les surprises heureuses et les enlisements de tous les projets, un effet positif d'importance émerge : la cohésion du groupe.

L'innovation participative apporte indéniablement des résultats opérationnels marquants et mesurables. Elle apporte aussi des bénéfices précieux à la culture de l'entreprise. Nous avons listé ceux qui nous semblent les plus remarquables. Nous en avons profité pour publier des exemples de citations entendues lors de nos différentes interventions en ce domaine.

1. La découverte des autres métiers

Le mélange de fonctions différentes permet de voir le problème différemment et de mieux comprendre les enjeux des autres métiers.

« Le groupe était constitué de commerciaux et de producteurs. Les uns n'étant pas habitués à parler de produits et les autres de solutions clients, chacun a dû prendre le temps de s'approprier le point de vue de l'autre ».

2. La découverte des richesses communes : clients, savoir-faire, talents ...

« La chose la plus importante est la connaissance de nos confrères et nous avons appris que nous avions des clients en commun : nous faisons ainsi de la veille commerciale et financière. Nous avons découvert que des collègues se fournissaient chez des concurrents, cela nous a permis de revoir cette configuration et de profiter de cette situation pour obtenir des informations sur nos concurrents. Nous avons décidé d'aller voir des clients ensemble ou de faire venir des clients dans nos groupes de travail ».

3. La mise en place d'une veille

Le fait que les groupes transverses à l'entreprise se rencontrent régulièrement leur permet de développer une véritable veille sur le marché et sur la concurrence et un « *benchmarking* » interne.

© Éditions d'Organisation

4. La découverte de talents d'animateur

Des personnes qui n'avaient jamais eu l'occasion d'animer se découvrent des talents nouveaux.

« Comme je n'avais aucune idée dans ce domaine, j'ai lu des ouvrages de référence sur l'innovation et la créativité. J'ai noté ce qu'étaient des outils comme la carte mentale et je les ai appliqués. Au bout d'une ou deux séances, j'ai compris comment ça marchait et j'ai découvert que j'adorais animer des séances de créativité : il faut conduire les gens dans une phase de chaos puis les faire converger. C'est une méthode très structurée sur la forme. J'ai senti qu'il fallait me faire épauler par des professionnels de la créativité. Alors, j'ai "espionné" les méthodes utilisées, j'ai observé tout particulièrement à quel moment il fallait diverger et à quel autre il fallait converger. J'ai pris des méthodes de divergence, comme le brainwritting et des méthodes de convergence, comme la technique du questionnement, qui est un mode de sélection. Il en sort des idées. On va jusqu'au contour de l'idée. En même temps, nous devions obtenir des choses concrètes. J'ai donc animé des séances d'une journée complète. Une première partie en créativité pure et une seconde, l'après-midi, sur des projets sélectionnés que nous transformions en actions concrètes. À chaque réunion, on émet environ cinquante idées. En totalité, il y a en moyenne une idée sur cinq qui est "sérieuse" ».

5. L'amélioration du climat social

Tous les témoignages de managers de proximité se ressemblent. Ils constatent que l'esprit d'équipe est un des principaux gains des démarches d'innovation participative.

Au moins trois ingrédients sont concentrés dans l'innovation participative :

• un processus de bas en haut, autrement dit une organisation de l'écoute, du recueil des idées venant du terrain. Ce sont précisément ces processus d'écoute qui sont spontanément rares dans nos entreprises pyramidales, dans des organisations descendantes,

• un dialogue local autour de l'idée, de la suggestion, le travail en commun pour construire l'innovation,

• une reconnaissance de l'initiative : le sentiment que les initiatives sont appréciées, les occasions de reconnaissance, de récompense et de festivité sont nombreuses dans ces dispositifs.

Une responsable d'équipe de montage explique comment elle sollicite ses vingt opérateurs : toute occasion de dialogue est saisie au vol. Des arrêts de production aux entretiens annuels, dès que c'est possible, « Je donne des informations sur des objectifs du moment, par exemple la réduction des frais indirects. Et je pousse les autres à faire des propositions dans ce sens ». Pour l'essentiel des idées proposées, à savoir celles sur le poste de travail, la sécurité,... soit 93 % des idées, cette responsable d'équipe prend le temps d'écouter avant de donner son feu vert. Les 7 % d'idées sur le produit lui-même sont transmis au service compétent pour analyse. Avant, « les opérateurs étaient un peu agressifs quand ils rencontraient un problème. Aujourd'hui, on peut en parler et chercher à le résoudre ensemble ».

6. L'élimination de toute forme de passivité

Être passif, c'est atténuer les problèmes, être sourd aux suggestions, plus finement les appeler et ne pas y répondre, voire agresser ceux qui sont forces de proposition... Les formes de passivité ne manquent pas.

Combien de fois entendons-nous dans les entreprises et à tout niveau (opérateurs, maîtrise, commerciaux, ingénieurs, managers) : « *Nous l'avons déjà proposé vingt fois mais personne ne se décide à le faire, nous attendons qu'il se passe quelque chose.* »

> Et vous, quels autres bénéfices avez-vous identifiés de l'innovation participative ?

Ce que l'innovation participative cherche à créer, c'est un processus d'anti-passivité radicale qui non seulement évite de perdre son énergie à attendre mais qui plus est devient auto-générateur d'énergie.

Le passage de la passivité à l'implication s'effectue là aussi au plus près du terrain.

Exemple

Un responsable d'une ligne de montage profite de son arrivée récente pour chercher avec les trente opérateurs qu'il encadre toutes les idées d'amélioration sur le fonctionnement de l'atelier. Face à l'incrédulité du personnel « Des idées, nous en avons mais elles ne sont pas écoutées », il crée avec son ordinateur des formulaires types : une case est destinée au descriptif de l'idée, l'autre à la réponse. Ces fiches sont mises dans un classeur à le portée de tous. Il décide aussi de détacher un technicien de fabrication trois heures par jour pour suivre les retours et établir des plans d'action. En un an, plus de deux suggestions en moyenne par personne (soit 60 suggestions en moyenne) ont ainsi vu le jour. ■

© Éditions d'Organisation

Bibliographie

Créativité et innovation

James Adams, *L'explosion créative*, InterÉditions, 1989.

Norbert Alter, *L'innovation ordinaire*, Puf, Sociologie, 2000.

Alan Barker, *Créativité pour manager*, Éditions JVDS, 1999.

Alan Barker, *Le brainstorming*, Édition JVDS, 1999.

Joël Barker, *Les paradigmes* (à la découverte du futur), Édition « monde différent », Québec, 1992.

Marcel Botton, *50 fiches de créativité appliquée*, Éditions d'Organisation, 1990.

Jacques Champeaux et Christian Bret, *La cyberentreprise*, Dunod, 2000.

Collectif, *Innovation dans les services*, ANRT économia, 1999.

Luc de Brabandère et Anne Mikolaczak, *Le plaisir des idées (libérer, gérer et entraîner la créativité au sein des organisations)*, Dunod, Paris, 1994.

Luc de Brabandère, *Devenir plus créatif* (test, jeux et conseil), Dunod, Paris, 1997.

Yann de Kermadec, *Innover grâce au brevet*, Insep Éditions, 1999.

Mac Dermott, Mikulak et Beauregard, *Développer l'initiative et la créativité*, édition française, publié aux États-Unis en 1993 sous le titre « Employée-driven quality : releasing the creative spirit of your organization through suggestion systems », Dunod, Paris, 1996.

François Dert, *L'art d'innover (ou la conquête de l'incertain)*, Maxima, Paris, 1997.

Jean-Philippe Deschamps et P. Ranganath Nayak, *Les maîtres de l'innovation totale*, Éditions d'Organisation, 1997.

Hubert Jaoui, *Créatifs au quotidien*, Éditions Hommes et Perspectives, ouvrage épuisé disponible pour consultation au Pôle Initiative & Créativité.

Hubert Jaoui, *La Créativité Mode d'Emploi*, ESF Éditeur, 1990.

Tom Peters, *L'innovation, un cercle vertueux*, Village Mondial, 1998.

Alan G. Robinson et Sam Stern, *L'entreprise créative, comment les innovations surgissent vraiment ?*, Éditions d'Organisation, 2000.

Bernie Sander, *Les systèmes de suggestions en révolution*, Édition française chez JVDS, Paris, 1995.

Louis Timbal-Duclaux, *La stratégie de la créativité dans l'entreprise et ses tactiques*, Retz, 1990.

Florence Vidal, *La créativité totale* (les nouvelles stratégies du Japon), InterÉditions, Paris, 1995.

Andrex Wood, *101 façons d'améliorer les idées*, M.F.K., Édition française.

Management et qualité

Norbert Alter, *Sociologie de l'entreprise et de l'innovation*, Presses Universitaires de France, Paris, 1996.

Claude Bourcier et Yves Palobart, *La reconnaissance : un outil de motivation pour vos salariés*, Éditions d'Organisation, Paris, 1997.

Marcus Buckinghan et Curt Coffman, *Les talents du salarié*, Village Mondial.

Robert Camp, *Le Benchmarking*, Éditions d'Organisation, 1995.

Gaston de Couray, *Mobilisez la matière grise : Intelligence et pratique de la créativité*, Les Presses du Management, Québec.

Philippe Détrie, *Le Client Retrouvé*, Éditions d'Organisation (dernière version 2001).

Dominique Génelot, *Manager dans la complexité* (réflexion à l'usage des dirigeants), INSEP Éditions 1992. Voir en particulier les chapitres 11 et 12 : « manager l'innovation » et « dix conseils pour manager dans la complexité ».

Gysa Jaoui et Marie Claude Gourdin, *Transactions*, InterÉditions, 1982.

Gysa Jaoui, *Le triple Moi*, Laffont, collection « Réponses », 1979.

Katznbach et Smith, *Les équipe de hautes performances*, traduction du livre « The wisdom of teams », HBS Presse, 1993.

Masaaki Imai, *Gemba Kaizen* : (l'art de manager avec bon sens), Édition française chez JVDS, Paris, 1997.

Manuels et Brochures

Amanda Dunn et Geof. Lloyd, *Suggestion schemes*, The management toll for the 90's, IFASS, 1995 (50 pages). Traduit en français (édition novembre 96).

A. Héron, *Manuel des suggestions à l'usage de la ligne hiérarchique*, publication Renault, 1996.

Ministère de la Défense, Six *ans d'idées en marche : le guide juridique de la Mission Innovation*, Paris, 1994.

Vauxhall, *Le manuel des suggestions*, traduit en français en 1997.

Autres documents

Vidéos

• le défi du juste nécessaire (Service Initiative et Créativité Renault),
• les paradigmes (de J. Baker) chez Formavision,
• la puissance d'une vision (de J. Baker) chez Formavision,
• la pensée créative : un moteur à deux temps, conférence de Luc de Brabandère.

Pièces de théâtre

• *Une leçon de créativité* (P. Fustier – La Collégiale),
• *Le patron qui ne donnait pas d'ordre* (P. Fustier – La Collégiale),
• *Suggestions : celui qui y croyait et celui qui n'y croyait pas* (Renault 96 avec le Théâtre à la carte : C. Poissonneau),
• *Suggestions : dialogue difficile entre un auteur de suggestion et un expert* (Renault 98 avec le Théâtre à la carte : C. Poissonneau).

• *La veille pour le lendemain* (Emmanuel Gradt, agence INoui du groupe INergie)

Les sites Web « Créativité »

* Sites
particulièrement
recommandés

Créativité Web*

▸ http : //www.ozemail.com.au/~caveman/creative/

Un centre de ressource où vous pouvez trouver des informations qui vous aideront à être plus créatif : techniques, livres, logiciels et autres ressources internet.

The global ideas bank

▸ http : //www.newciv.org/GIB//

Une « boîte à idées internationale » pour des idées et des projets innovants sur le plan social et non technique.

The innovation network

▸ http : //www.thinksmart.com/

Un groupe dynamique qui cherche à améliorer les performances de leurs organisations/ entreprises respectives en utilisant de manière efficace créativité, innovation et complémentarité des compétences.

Lateral thinking – Edward de Bono*

▸ http : //www.edwdebono.com/

Le nom le plus connu en matière de pensée créative, au niveau mondial.

National center for creativity INC

▸ http : //www.creatviesparks.org/

Une organisation dédiée au progrès en matière de pensée créative.

Les sites Web « Suggestions et Innovation participative »

AVIP (La Poste)

▸ http : //www.irep/apic

MFQ/ IQM/ Pôle Initiative & Créativité

▸ http : //www.mfq.asso.fr

© Éditions d'Organisation

> e-mail : <u>apic2001@aol.fr</u>

Association du Royaume-Uni

> http : //www.ideas.uk.mcmail.com
> e-mail : <u>ideas.uk@mcmail.com</u>

Institut de gestion d'entreprise de Francfort

> http : //www.dib-ev.de

Center for suggestion systeme development

> http : //www.suggestionsystem.com

Comment développer la qualité et la participation du personnel ?

Association Nord-Américaine pour l'implication du personnel

> http : //www.eia.com

Index

A

ACCOR 15, 141
acteur XX, 12, 18, 22, 29, 33, 38, 62, 64, 84, 91, 98,
   111, 114, 117, 118, 135, 136, 157, 169, 172
acteur-clé 305
adaptation 12
AÉROPORTS DE PARIS (ADP) 137
analogie 226
analyse multi-critères 240
animateur 252
anticipation 12, 18, 51, 52, 54, 110, 170, 208
apprentissage 11, 12, 19, 64, 86, 103, 118, 160
APRIL ASSURANCES 143
ascendant 264
associé 98
attitude 253
autocensure 66
autonomie 71, 111, 298
auto-reconnaissance 278
avenir 31, 47, 300, 304
avocat de l'ange 230

B

benchmarking 29, 86, 90, 105, 118, 145, 146, 264,
   310
boîte à idées 153
bonne humeur 96, 270
Brainstorming 223
BULL 145

C

carte des mots 222
carte des mots associés 212
CEDAC 154

challenge 136, 272
chaos management 20
CITROËN 143, 159
classement prioritaire 229
client XIX, XX, 20, 21, 24, 25, 26, 73, 74, 86, 88,
   91, 95, 102, 103, 111, 114, 115, 116, 119, 143,
   149, 152, 167, 197, 264, 276, 306, 310
CNAV 99
comité de direction 194
communication 85, 87, 90, 100, 118, 134, 139, 153,
   157, 187, 306
communication interne 89
compétence XIX, 11, 12, 13, 14, 15, 16, 17, 18, 20,
   33, 38, 64, 68, 71, 86, 92, 107, 110, 145, 251,
   272, 277, 280, 292, 293, 294, 295, 298, 299
confiance 264
convivialité 96, 270
créativité XXI, 9, 12, 20, 26, 60, 61, 86, 93, 100,
   102, 105, 115, 118, 136, 151, 164, 167, 182, 184,
   187, 190, 194, 195, 202, 203, 242, 243, 245, 256,
   257, 264, 267, 268, 271, 277, 284, 285, 287, 293,
   311
culture 9, 67, 75, 89, 95, 112, 161
cybernétique 187

D

défi XIX, 4, 6, 22, 48, 49, 70, 72, 74, 80, 82, 85, 86,
   88, 90, 111, 122, 156, 162, 172, 184, 185, 195,
   200, 225, 248, 264, 265, 267, 270, 276, 277, 297,
   300
désir 298
DESSANGE Jacques 29
diagramme causes-effet 239
direction 18, 110, 115, 116, 148, 155, 167, 199, 233,
   247, 264, 266, 267
Direction Générale 138

© Éditions d'Organisation

www.ingramcontent.com/pod-product-compliance
Lightning Source LLC
Chambersburg PA
CBHW082136210326
41599CB00031B/6006